BRAD THURSTON

Erfasst von seinem Erbarmen

Titel der englischen Originalausgabe:
„Surprised by Mercy“

1. Auflage 2015

2. Auflage 2019, GM Publishing, Hamminkeln

Die zitierten Bibelverse sind der revidierten Elberfelder Übersetzung (2008) entnommen.

Für die übrigen Übersetzungen gelten folgende Abkürzungen:

Hfa	= Hoffnung für alle
GNB	= Gute Nachricht Bibel

Aus dem Englischen übersetzt von Sabine Njock

Umschlaggestaltung und Satz:
Jan Henkel (www.janhenkel.com)
Titelbild: ©iStock.com/Martin McCarthy

ISBN Taschenbuch: 978-3-948279-03-5

ASIN Kindle: B07RR94CQS

Empfehlungen

Meine erste Begegnung mit Brad hatte mich irritiert. Ein humorvoll lachender Missionar, kann das echt sein? Seit 2007 ist Brad Beirat vom Leitungsteam des Glaubenszentrums, genannt PRISMA-Team. Dabei habe ich einen Mann kennengelernt, der eine wahre Tiefe in Gott gefunden hat und nicht religiös ist, sondern eine große Liebe zu Gott und seinem Auftrag hat, in alle Welt zu gehen. Er hat aus seinem Wandel mit Gott gelernt und wurde für uns zu einem weisen Freund und Berater. Dieses Buch inspiriert und bereichert jeden Leser, weil Brad aufrichtig von einem handelnden Gott mitten durch die Höhen und Tiefen in seinem Leben spricht.

Markus Germann
Gesamtleiter Glaubenszentrum

Brad Thurston kenne ich seit über 25 Jahren und war einige Jahre unter seiner Leitung Missionar in Nicaragua. In den eineinhalb Jahren, in denen ich vor der Leitungsübergabe mit Brad eng in der Zentrale zusammenarbeitete, hatte ich die Gelegenheit, seine besonderen Qualitäten aus erster Hand noch besser kennenzulernen. Ich bekam Einblick, mit welcher Weisheit er die Leitungsübergabe des von ihm gegründeten Werkes vorbereitete und staunte, mit welcher durchgehend konstruktiven Haltung Brad mich einarbeitete. Seine Integrität und Demut bewiesen sich umso mehr, als der Zeitpunkt kam, sich nach der Übergabe aus dem Tagesgeschäft zurückzuziehen, um mir als neuem Leiter Freiraum zur Entfaltung zu geben. Das ist wahre Größe. Darin und in vielem mehr ist mir Brad zu einem wirklichen Vorbild geworden.

Andreas Pestke
Missionsleiter von Globe Mission in Deutschland

Brad und Janet Thurston sind Menschen mit großen Herzen und großzügigen Händen. *Erfasst von seinem Erbarmen* beschreibt anschaulich ihr überzeugtes und überzeugendes Engagement für Mission. Die Entwicklung von Globe Mission beruht auf Brad und Janets Gehorsam gegenüber der Führung Gottes und auf ihrer Investition in Menschen – in Gemeinden und Organisationen – mit einer Schau für Mission, und besonders in diejenigen, die als Träger der Botschaft Christi in alle Welt gehen. Das Buch ist Wegweisung und Ermutigung für jeden Leser mit dem Herzensanliegen Mission.

Ulrike Krallmann
Koordinatorin für Mitarbeiter-Begleitung bei Globe Mission

Ich kenne nur wenige Missionare, die das Herz der Deutschen so rasch gewinnen konnten wie Brad und Janet Thurston. Ihre Leistung in einer für sie anfangs fremden Kultur ist beeindruckend: Innerhalb von nur 25 Jahren bauten sie mit Globe Mission ein Missionswerk auf, das heute innerhalb der „Arbeitsgemeinschaft Pfingstlich-Charismatischer Missionen (APCM)“ die meisten Missionare entsendet. Auch den deutschen Missionsdachverband APCM half Brad aufzubauen und war fünfzehn Jahre lang dessen geschätztes Vorstandsmitglied. Es war mein persönliches Vorrecht, als Freund entscheidende Abschnitte der in diesem Buch geschilderten Entwicklungen miterlebt zu haben.

Dr. theol. Andreas Franz
Vorsitzender APCM

Das vorliegende Buch schenkt dem aufmerksamen Leser viele hilfreiche Einblicke, sowohl in die geistliche Reise des Autors als auch in die Entstehung des Werkes, das zu gründen er berufen war. Für alle, die sich genauso ernsthaft für die Erfüllung des Missionsauftrags engagieren, ist dieses Buch eine strategisch bedeutsame Lektüre.

Dr. Günter Krallmann
Bibellehrer, Mentor und Autor

Ich danke Gott, dass er Brad, der uns herausgefordert und inspiriert hat, Jesus nachzufolgen, nach Europa gesandt hat. Gemeinsam mit Janet ist er ein großes Vorbild der Beharrlichkeit, den Missionsbefehl zu erfüllen. Jede Begegnung und jede Zusammenarbeit habe ich als persönliche Bereicherung erfahren. Vielen Dank für deine Weisheit, Einsicht und Leidenschaft für Jesus, die sich auch in diesem Buch wiederfinden. Und niemals werden wir vergessen, wie dein persönlicher Einsatz die Leben unserer Schwiegertochter und unserer Enkelin gerettet hat. Tausend Dank!

Wilkin van de Kamp
Direktor „Frei sein“, Niederlande

Weil ich Brad seit vielen Jahren kenne, kann ich das Buch von ganzem Herzen empfehlen. Brad ist ein echter geistlicher Vater, der es versteht, aus Mitarbeitern Freunde zu machen. Wer wissen will, wie man einen Dienst pflanzt und geistliche Frucht hervorbringt, für den ist dieses Buch ein Muss. Brad und Janet haben nicht nur Globe Mission zur Geburt gebracht– damals noch Globe Europe–, nein, sie haben die Vision von Globe Mission Schweiz in mein Herz gepflanzt und so lange dafür geglaubt, bis es Wurzeln schlug und zu wachsen begann.

Markus Zaugg
Missionsleiter Globe Mission Schweiz

INHALT

Vorwort von George Verwer

Ich danke dem Herrn für den Tag, an dem ich Brad zum ersten Mal begegnet bin, und auch für die freundschaftliche Beziehung, die uns seitdem verbindet. Wir überquerten beide am gleichen Tag den Ärmelkanal und begegneten einander auf eine ganz typisch „von Gott orchestrierte" Weise.

Erst später fand ich heraus, dass auch er eine Verbindung mit der Gemeinde Hollybush im Nordosten von England hatte, wo ich fast jedes Jahr eingeladen wurde, um zu dienen. Beide waren wir mit Jim Wilkinson befreundet, dem Gründer dieses herausragenden Dienstes.

Ich war dann ganz überrascht, als Brad mich zu seiner besonderen Missionskonferenz nach Deutschland einlud. Er war beinahe der erste pfingstliche Leiter in Deutschland, der diesen George Verwer, der von einigen als anti-pfingstlich eingestuft wurde (was übrigens nie gestimmt hat), einlud, um bei einem wichtigen Missionsevent der Pfingstkirchen zu sprechen. Diese Einladung nahm ich voller Freude an.

Seitdem ich 1962 angefangen hatte, in Deutschland zu dienen, als ich an der deutschen Grenze in den Niederlanden, dem Land meines Vaters, wohnte, habe ich immer den Wunsch gehegt, dass die Liebe zwischen Evangelikalen und Pfingstlern stärker wird. Und nun sollten wir beide dabei eine kleine Rolle spielen. Er lud mich noch mehrmals ein, und seit ein paar Jahrzehnten sind wir schon Freunde, die in Gedanken und im Herzen verbunden sind. Ich hatte mir selbstverständlich nie vorgestellt, dass ich eines Tages das Vorwort zu seiner Autobiographie schreiben würde, und so ist es mir eine Ehre, dies hiermit zu tun.

Ich glaube, dass Brad, ohne es zu wissen, einer der vielen ist, die dazu beitragen, den tiefen Graben, der in Deutschland zwischen diesen beiden Gemeindeströmungen und Diensten besteht, zu überbrücken. Es gibt in dieser Hinsicht allerdings noch sehr viel zu tun. Heute können pfingstliche Missionsgesellschaften in Deutschland, von denen es inzwischen nicht wenige gibt, zur Arbeitsgemeinschaft Evangelikaler Missionen (AEM) gehören. Ich erinnere mich, dass ich später beim Treffen der Arbeitsgemeinschaft Pfingstlich-Charismatischer Missionen (APCM) war, bei dem auch der Leiter der AEM eingeladen war, zu sprechen. Brad und ich setzen uns auch heute noch dafür ein, gemeinsam mit vielen anderen. Ich bete, dass auch dieses Buch dazu beitragen wird.

Ich habe eine große Liebe für Missionarskinder, und ich bin überzeugt, dass Menschen, die in eine solche Familie hineingeboren werden, das Zeug haben, später selbst großartige Leiter und Missionare zu werden.

Es ist ein sehr ehrliches Buch, besonders dort, wo so aufrichtig von den Kämpfen berichtet wird, die sie am Anfang ihrer Zeit in Deutschland zu bestehen hatten. Dieses Buch ist auch wichtig, weil wir uns bewusst werden müssen, dass Deutschland bei der Aussendung von Missionaren in der Vergangenheit eine bedeutende Rolle gespielt hat. Wahrscheinlich war es sogar die erste Nation, die Missionare in dieser Weise aussandte, wenn man bis zu Zinzendorf zurückgeht. Brad und sein Team haben eine neue Missionsgesellschaft ins Leben gerufen, die sich besonders um die pfingstlich orientierten Christen kümmert und die Verbindung zu ihren Gemeinden sucht. Sie trägt den Namen Globe Mission (ehem. Globe Europe). Die Geschichte dieses Werkes, die zum Teil in diesem Buch wiedergegeben wird, ist eine spannende Lektüre, die in uns Lob Gottes hervorruft. Erst vor einigen Jahren sprach ich an einem Jubiläumsevent, und wir lobten den Herrn gemeinsam für das, was er schon getan hatte, und für das, was er – dessen sind wir sicher – auch weiterhin auf der ganzen Welt tut.

Unterm Strich geht es meiner Ansicht nach darum, dass Gott durch Gemeinde- und Missionsfamilien wirkt. Jede dieser Familien ist unterschiedlich. Alle sind unvollkommen und sagen oder tun irgendwann törichte Dinge oder begehen sogar ganz herkömmliche Fehler – und sogar Sünde. Und doch wirkt Gott weiter in einer Weise, die wir erst im Himmel völlig verstehen werden.

Ich schätze ganz besonders Brads aufrichtige Schilderung von zerbrochenen Beziehungen und der Schritte, die notwendig sind, um diese Beziehungen wiederherzustellen. Auch wenn die vollständige Geschichte von Brad und Janet erst im Himmel geschrieben werden wird, kann dieses Buch Ihnen schon einen Vorgeschmack darauf geben, und so hoffe ich von Herzen, dass Sie es lesen werden.

Dr. George Verwer
Gründer und ehemaliger Vorsitzender von OM
(Operation Mobilisation)

Prolog

Als unsere Tochter Hannah 1999 ihren Oberschulabschluss machte, wurde ich gebeten, die Eröffnungsrede zu halten. Der von der Klasse ausgewählte Bibeltext, den ich kommentieren sollte, war Jeremia 29,11:

> *„Denn ich kenne ja die Gedanken, die ich über euch denke, spricht der HERR, Gedanken des Friedens und nicht zum Unheil, um euch Zukunft und Hoffnung zu gewähren."*

An diesen Anlass und diesen Bibelvers erinnerte ich mich, als ich darüber nachdachte, wie treu Gott im Laufe meines Lebens zu mir gewesen ist. Ich staunte, ja ich war geradezu überrascht darüber, wie er mir seinen Plan für mein Leben nach und nach immer klarer gezeigt hat. Als ich die einzelnen Begebenheiten aneinander reihte, entstand vor meinen Augen ein umfassenderes Gesamtbild. Es war eine Mischung aus Wünschen, Träumen, Training, Vorbereitung, Enttäuschungen, Versagen, Prüfungen und Schwierigkeiten, die insgesamt nicht nur ein spannendes Leben im Glauben bewirkten, sondern auch das Erkennen und die Erfüllung meiner mir zugedachten Aufgabe im Reich Gottes. Was als eine persönliche Suche nach dem Willen Gottes für mein Leben, und später für uns als Ehepaar und Familie, begonnen hatte, wurde zu einer Leidenschaft, dieses Leben Gottes ebenfalls in anderen zu multiplizieren. Mein Leben in das Leben anderer Menschen zu investieren und zu sehen, wie sie erfolgreich werden, ist für mich die Quelle höchster Zufriedenheit geworden.

Als ich anfing, dieses Buch zu schreiben, wollte ich die Ereignisse dokumentieren, die zur Entstehung und Entwicklung der Missionsgesellschaft Globe Mission geführt haben, die meine Frau Janet und ich 1990 in Deutschland gegründet haben. Mein Eindruck war, dass es für die zukünftigen Generationen deutscher Missionare von Bedeutung wäre, die bescheidenen Anfänge eines Glaubenswerks zu kennen. Ich hoffe, dass all die Erfahrungen, die Janet und ich gemacht haben, neue Missionare ermutigen werden, Gott zu vertrauen und seinen Willen in ihrem Leben zu erfüllen.

Doch während ich schrieb, merkte ich, dass sich ein noch größeres Thema durch die Seiten dieses Buches hindurchzieht. Ein Thema, das noch umfassender ist als meine eigene, persönliche Geschichte. Es ist das Zeugnis darüber, dass Gott seine Pläne realisiert, weil ganz gewöhnliche Menschen bereit sind, den Befehlen Jesu Christi zu gehorchen und Gott dann ihre Wege auf ganz komplexe und verworrene Weise miteinander in Beziehung bringt. Als Team zusammenzuarbeiten, das Projekt eines anderen zu unterstützen oder sich auf andere Menschen zu verlassen und ihrem Urteil zu vertrauen, wird letztendlich mehr bewirken, als ein Einzelner je bewirken könnte. Der Aufbau gesunder und anhaltender Beziehungen ist in der Tat einer der zentralen Punkte des Evangeliums. Zu lernen mit der Andersartigkeit des anderen umzugehen, Enttäuschungen zu überwinden und zerbrochenes Vertrauen wiederherzustellen, sind kritische Lektionen, die wir lernen müssen, wenn wir Beziehungen erfolgreich leben wollen. Das Reich Gottes ist darauf aufgebaut, wie Menschen einander lieben, nicht nur auf erstaunliche Ereignisse. Ich habe herausgefunden, dass Gott im Zentrum großer Glaubenstaten am Werk ist, um noch größere Taten der Barmherzigkeit und der Gnade zu vollbringen.

Es ist gut möglich, dass ich in diesem Rückblick auf über 42 Jahre Missionsdienst einige Details bestimmter Ereignisse vergessen oder auch einige Dinge ausgelassen habe, um den Erzählfluss nicht zu behindern. Ich bitte deshalb an den Stellen um Entschuldigung, wo bestimmte Einzelheiten ausgelassen wurden. Manche der Geschichten, die ich aufgeschrieben hatte, habe ich später wieder gelöscht, und ich frage mich heute, ob ich manche, die ich nicht aufgeschrieben habe, hätte einfügen sollen. Irgendwie scheint das aber widerzuspiegeln, wie mein Leben verlaufen ist. Wenn man aus dem Glauben lebt, dann kann man allerdings nicht einfach bestimmte Erlebnisse löschen und sich wünschen, man hätte stattdessen etwas anderes getan. Ich musste lernen, Gott zu vertrauen, dass er mir für mein Leben alles zum Guten mitwirken lässt, und dass ich mit dem Leben, das er mir gegeben hat, zufrieden sein kann. Trotz meiner Unzulänglichkeiten habe ich gelernt, dass es etwas Wunderbares ist, an der Seite eines liebenden und gnädigen Vaters zu gehen. Ich lernte ihn dabei immer besser kennen, sowohl durch meine Fehler, aber oft zu meinem großen Erstaunen auch durch die Momente, wo ich etwas richtig machte. Nachdem ich auf diesen Seiten mein Leben noch einmal ganz überdacht hatte, wurde mir am Schluss wieder ganz stark bewusst, dass Gott schon die ganze Zeit über einen Plan für mein Leben gehabt hat und dass der herrlichste Frieden, den ich erfahren kann, darin besteht zu wissen, dass ich auf den Wegen gewandelt bin, die er für mich geschaffen hat.

Janet und ich möchten ganz besonders all jenen unseren Dank aussprechen, die ihre Zeit und ihre Freundschaft, ihre Gebete und ihre Unterstützung in unser Leben investiert haben und auf diese Weise an der Frucht dieses Dienstes Anteil haben. Ihr habt an uns geglaubt, uns ermutigt und uns ausgerüstet. Ohne eure Treue und eure Investition wäre dies alles nicht möglich gewesen. Ich wünschte, ich könnte alle Menschen, die uns über die Jahre beeinflusst haben, einzeln auflisten. Wir möchten uns bei unseren Familienangehörigen für all die Opfer bedanken, die sie gebracht haben, damit wir so vielen anderen Menschen auf der ganzen Welt dienen konnten. Ich möchte an dieser Stelle meiner Tochter ganz besonders danken, die dieses Manuskript für mich editiert hat, und auch den Mitarbeitern des Glaubenszentrums für die Übersetzung und die Zusammenarbeit mit Globe Mission bei der Veröffentlichung der deutschen Ausgabe dieses Buches. Doch vor allem möchte ich meiner Frau danken, denn ihre große Geduld und die vielen Stunden treuen Gebets sind für mich immer die größte persönliche Unterstützung gewesen. Sie hat mich durch viele schwierige Momente hindurchgetragen und meine Freude an den schönen Momenten geteilt. Doch sie hat sich auch darum bemüht, dass ich zu allen Zeiten demütig bleibe.

Ich bete, dass dieses Buch die Leser ermutigen wird, Schritte des Glaubens zu tun und Gottes Treue in ihrem eigenen Leben zu erfahren. Ich bete auch, dass es viele darin bestärken wird, in ihren persönlichen Beziehungen barmherzig zu sein, damit alle Menschen erfahren können, dass wir Jesu Jünger sind aufgrund der Liebe, die wir zueinander haben.

Brad Thurston

TEIL 1: 1971–1977

„Gott aber, der reich ist an Barmherzigkeit, hat um seiner vielen Liebe willen, womit er uns geliebt hat, auch uns, die wir in den Vergehungen tot waren, mit dem Christus lebendig gemacht – durch Gnade seid ihr gerettet!“ (Eph 2,4-5)

„Brad Thurston, warum bist du gekommen?“, fragte Janet und schaute mich an. Wir hatten uns zum Abendessen hingesetzt und gerade das Tischgebet beendet. Ich wandte meine Augen von meinem Teller mit herrlich duftendem Hähnchen und Reis ab, ohne das Essen angerührt zu haben und erwiderte ihren Blick. Es war unser erstes offizielles Rendezvous, und so dachte ich, dass es das Beste wäre, gleich zur Sache zu kommen. „Ich bin hier, um dich zu fragen, ob du mich heiraten möchtest.“ Ihr Lächeln wurde breiter und ihre Augen funkelten. „Ja, gerne“, gab sie mir sanft zur Antwort. „Komm einmal herüber zum Sofa und halte mich ein wenig in deinem Arm, und ich werde dir etwas erzählen“, sagte sie und führte mich von unserem duftenden, aber unberührten Abendessen weg. Die Geschichte, die ich dann zu hören bekam, gab mir einen Einblick in das Herz dieser ganz außergewöhnlichen, erstaunlichen und faszinierenden Frau, die soeben eingewilligt hatte, meine Frau zu werden. Wir standen ganz am Anfang einer glaubensvollen Abenteuerreise zu zweit, die nur Gott geplant haben konnte. Keiner von uns beiden hatte eine Ahnung, wohin uns diese Reise die nächsten 35 Jahre führen sollte oder wie viele Menschenleben durch die Kraft und Gegenwart Gottes und unseren Gehorsam ihm gegenüber verändert werden sollten.

1. Kapitel: Eine ungewöhnliche Berufung

Aus meiner Sicht begann der Weg zu jenem Montagabend am 23. April 1979 mit einer Serie unvorhersehbarer Ereignisse, die im Sommer 1971 ihren Ursprung nahmen. Ich hatte mal wieder Streit mit meinem Vater. Ich war gerade 20 geworden und hatte auf alle Fragen des Lebens eine Antwort parat. Mein Vater dagegen sah in mir nur einen unverantwortlichen und verwirrten jungen Mann. Als er also wieder den berüchtigten Satz sagte: „Als ich in deinem Alter war ...", reagierte ich sehr sarkastisch, indem ich sagte, wenn ich die gleichen Möglichkeiten hätte wie er damals, als er so alt war wie ich heute, dann könnte ich das alles auch schaffen. Er sagte darauf nichts, und so dachte ich, dass ich endlich einmal eine Runde für mich entschieden hätte.

Mein Vater war Professor am Bethany College, einer Universität in West-Virginia, wo ich zu der Zeit gelegentlich auch Vorlesungen besuchte. Mein erstes Jahr an der Universität bestand darin, zwischen dem Unterricht und einem regen Sozialleben zu jonglieren. Ich fiel deshalb aus allen Wolken, als mein Vater einige Wochen später nach Hause kam und mir eröffnete, dass ich am darauf folgenden Sonntag und die vier Sonntage danach in einer kleinen ländlichen Gemeinde in McMechen in West Virginia predigen sollte. „Aber ich bin seit Jahren nicht in einen Gottesdienst gegangen", protestierte ich. „Ich habe überhaupt keine Ahnung, was eine Predigt ist." „Nun", antwortete mein Vater, „du hast mir gesagt, dass, wenn du die gleichen Möglichkeiten hättest, wie ich in deinem

Alter, du das alles auch schaffen könntest. Und als ich so alt war wie du, war ich ein Prediger." Er gab mir dann einen Stapel Bücher über Homiletik (die ich nie gelesen habe) und eine Wegbeschreibung zur Gemeinde. Ich entdeckte einen Zeitschriftenartikel über das Abendmahl, fand ihn recht gut, übertrug ihn auf Kartelkarten und machte mich am Sonntagmorgen auf den Weg, um meine erste Predigt zu halten. Die Vorstellung, die ich ablieferte, war anscheinend so gut, dass der Berufungsausschuss hinterher auf mich zukam und mir einen Job als Gemeindepastor anbot. Mit dem Gehalt, das sie mir zahlten, finanzierte ich im folgenden Jahr meinen Sprit und mein sündhaftes Leben. Die guten Leute von der Ersten Christengemeinde in McMechen schienen mit meinen sonntäglichen Predigten in dem Jahr zufrieden zu sein. Auf diese Weise begann meine Karriere als Prediger. Für mich war es leicht verdientes Geld, mit wenig Arbeit. Ich ahnte allerdings nicht, was nach diesem Jahr mit mir geschehen würde.

Obwohl meine Familie aus Oregon stammt, studierte mein Vater in Chicago Theologie, während er gleichzeitig eine Pastorenstelle innehatte. Dort kam ich 1951 zur Welt, das jüngste von drei Kindern, mit zwei älteren Schwestern, die mich nach Strich und Faden verwöhnten. Nach einer zweijährigen Dienstzeit als Vorsitzender des Manhatten-Bible-College in Kansas zog mein Vater mit seiner Familie in die Gegend von Boston und arbeitete dort an seiner Doktorarbeit in Theologie an der Harvard-Universität. Am Ende des Sommers 1958 bestiegen wir alle ein Schiff und segelten nach Beirut im Libanon, das sich mitten in einem Bürgerkrieg befand. Dad arbeitete dort als Lehrprofessor, zunächst an der Near East School of Theology und danach an der Amerikanischen Universität Beirut. 1970 kehrten meine Eltern wieder in die Vereinigten Staaten zurück. Ich habe viele schöne Erinnerungen an meine Kinder- und Jugendzeit im Nahen Osten. Wir reisten durch viele Länder und verbrachten die meisten Oster- und Weihnachtsfeste in Jerusalem und Bethlehem, bis wir 1967 im Zuge des Sechstagekrieges aus Beirut evakuiert wurden. Ich hatte in meiner Kindheit sogar mehrere persönliche Begegnungen mit Jesus an Orten, an denen Jesus damals gelebt hatte. Dad taufte mich auch auf meinen Wunsch hin am Karfreitag 1959 im Jordan. Im Sommer 1964, als wir auf einem Camp in Süddeutschland waren, meldete ich mich bei dem Aufruf eines Missionars, der fragte, wer für Jesus nach Afrika gehen wolle. Allerdings vergaß ich dies sehr schnell wieder. Ein sehr unscheinbares, aber dennoch wichtiges Ereignis, das mein Leben ebenfalls prägen sollte, war, dass ich von der 3. bis zur 8. Klasse eine deutsche Schule besuchte. Ich lernte fließend Deutsch und gleichzeitig Französisch und Arabisch. Diese Werkzeuge habe ich später sehr intensiv im Libanon einsetzen können. Ich erinnere mich auch daran, dass meine Mutter mich einmal fragte, ob ich Evangelist und Missionar werden wollte wie mein Vater. Eine Frage, die ich sehr nachdrücklich verneinte. Ich träumte davon, Diplomat zu werden, um die amerikanische Auslandspolitik mitzubestimmen. Ich wollte zu den Menschen gehören, die dazu beitragen, das Weltgeschehen ganz konkret zu formen, aber dabei immer im Hintergrund bleiben.

Als Jugendlicher machten sich meine Mitschüler

über mich lustig, weil ich Christ war. Ich beschloss deshalb, dass ich lieber kein Christ sein, sondern stattdessen Freunde haben wollte. Dieser schicksalsreiche Entschluss führte dazu, dass ich meinen kindlichen Glauben ablegte und mich auf eine Talfahrt begab, auf der ich in Bezug auf meine Moralvorstellungen und meinen Charakter in einen tiefen Morast hineinrutschte.

Ich verließ 1968 den Libanon und zog für mein letztes Oberschuljahr wieder in die USA. Nach meinem ersten Jahr an der Universität, als meine Eltern ebenfalls in die USA zurückkehrten, übten sie finanziell Druck auf mich aus, damit ich wieder bei ihnen zu Hause wohnte und mein Studium am Bethany College fortsetzte. Meine Mutter hatte nie aufgehört, für ihr vom Weg abgekommenes Kind zu beten. Alle diese Ereignisse waren, auch wenn es mir zu der Zeit nicht bewusst war, Schlüsselereignisse, die Gott gebrauchen würde, um mich auf den Lebensweg vorzubereiten, den er für mich geplant hatte.

Ein ganzes Jahr führte ich den Predigtdienst aus und fand in der Bibel immer wieder Themen, über die ich am Sonntagmorgen sprechen konnte. Dabei war mir nicht bewusst, wie Gott selbst sein Wort gebraucht, um das Leben eines Menschen zu verändern. Als meine langjährige Freundin Amy Kirkis aus Beirut mich im August 1972 besuchte, war ich auf die radikale Verwandlung, die in ihrem Leben geschehen war, nicht vorbereitet. Sie behauptete, dass sie in der Woche zuvor „errettet" worden war, und alles, worüber sie sprechen konnte, war, wie wunderbar Jesus zu ihr war. Sie wollte wirklich über nichts anderes reden. Ich dachte, dass ich sie mit einer richtig guten Predigt beeindrucken könnte und nach dem Gottesdienst am folgenden Sonntag fragte ich sie, wie sie es gefunden hatte. „Nun, es war eine gute Botschaft, Brad, aber etwas hat gefehlt: Du musst von Neuem geboren werden." Einem Prediger zu sagen, dass er „von Neuem geboren" werden muss, schien mir, gelinde gesagt, etwas unhöflich zu sein. Den ganzen nächsten Tag über verschlechterte sich unsere freundschaftliche Beziehung so sehr, dass wir nur noch miteinander stritten. Am 8. August 1972 hatte sie mein Gezanke endgültig satt und meinte trocken: „Brad, du denkst zu viel!". Das war für mich der Tropfen, der das Fass zum Überlaufen brachte. Wenn es einen Gott gibt, dachte ich bei mir, dann ist er auf jeden Fall ein Gott der Weisheit, der Erkenntnis und der Logik. Wie also konnte man dann „zu viel denken"? Ich zog mich in mein Zimmer zurück und beschloss, dass es am Ende nur einen Weg gab, dieses Streitgespräch zu gewinnen. Ich würde ihr mit Hilfe der Bibel beweisen, dass Gott auf das Lernen und das WIssen Wert legt und dass Bildung für uns das Mittel war, die Probleme dieser Welt zu lösen. (Natürlich kam es mir überhaupt nicht in den Sinn, dass es nie zuvor so viele gebildete Menschen auf der Welt gegeben hatte wie heute und dass die Welt gleichzeitig noch nie zuvor in einem solchen Chaos war wie heute.) Ich griff mir meine Bibel und staubte sie ab, fest entschlossen, diesen Kampf für mich zu entscheiden. Ich öffnete meine Strong's-Konkordanz und begann, Worte nachzuschlagen wie „Erkenntnis" und „Weisheit". Schließlich musste ich meine Argumentation gut aufbauen, um dieses arme Mädchen von seinen Illusionen zu befreien. Die Verse, die ich dann las, gaben mir sehr viel zu denken, wie z. B. Sprüche 2, Verse 6 bis 8:

„Denn der HERR gibt Weisheit.
Aus seinem Mund kommen Erkenntnis und Verständnis.
Er hält für die Aufrichtigen Hilfe bereit,
ist denen ein Schild, die in Lauterkeit wandeln ...“

Weisheit und *Hilfe*, in anderen Übersetzungen *Gelingen*, sowie Erkenntnis und Verständnis sind das Resultat eines Wandels in *Lauterkeit*? Dieses Wort war nicht unbedingt geeignet, meinen aktuellen Lebenswandel zu beschreiben. Ich suchte weiter im Neuen Testament und stieß auf den Bericht über die Gerichtsverhandlung von Petrus und Johannes vor den gebildetsten Männern der damaligen Zeit in Apostelgeschichte 4,13:

„Als sie aber die Freimütigkeit des Petrus und Johannes sahen und bemerkten, dass es ungelehrte und ungebildete Leute seien, verwunderten sie sich; und sie erkannten sie, dass sie mit Jesus gewesen waren.“

Das weckte meine Neugier, und ich fragte mich, was zu dieser speziellen Situation geführt hatte, bei der zwei ungebildete Fischer den gebildetsten Männern ihrer Zeit anscheinend etwas beibrachten. Als ich den Text im Zusammenhang las, war ich völlig überrascht, dass sie festgenommen worden waren, weil sie einen Gelähmten geheilt hatten. Festgenommen, weil sie etwas Gutes getan hatten. Ich hatte nicht den Eindruck, dass dies eine sehr schlaue Tat dieser geistigen Elite war. Und dann kamen sie zu dem Schluss: *„Wenn du mit Jesus bist, dann wirst du intelligent und weise“*. Ich vergaß, warum ich angefangen hatte, dies alles nachzuforschen, als ich die nächste erstaunliche Entdeckung machte, die im 1. Korintherbrief, Kapitel 1, Verse 18 bis 21 stand:

> *„Denn das Wort vom Kreuz ist denen, die verloren gehen, Torheit; uns aber, die wir gerettet werden, ist es Gottes Kraft. Denn es steht geschrieben: ‚Ich werde die Weisheit der Weisen vernichten, und den Verstand der Verständigen werde ich verwerfen.' Wo ist ein Weiser? Wo ein Schriftgelehrter? Wo ein Wortstreiter dieses Zeitalters? Hat nicht Gott die Weisheit der Welt zur Torheit gemacht? Denn weil in der Weisheit Gottes die Welt durch die Weisheit Gott nicht erkannte, hat es Gott wohlgefallen, durch die Torheit der Predigt die Glaubenden zu retten."*

Ich las diesen Abschnitt mehrmals durch und merkte gar nicht, dass die Zeit verstrich und die Nacht angebrochen war. Das Ganze wurde jetzt sehr persönlich. All die Bildung, die ich erhielt, führte mich nicht zu einer persönlichen Beziehung mit Jesus. Ich kannte ihn nicht. Ich dachte, dass ich vieles über ihn wusste, aber das ist etwas ganz anderes, als eine Beziehung mit ihm zu haben wie mit einem Freund. Ich kannte Jesus auch nicht besser als die Königin von England, der ich nie persönlich begegnet war. Ich legte meine Bücher nieder und ging auf die Knie. Zum ersten Mal seit meiner Kindheit betete ich ganz ernsthaft: „Gott, wenn es dich gibt, dann würde dich zu kennen bedeuten, den Schöpfer aller Dinge zu kennen. Wenn ich etwas nicht weiß, bräuchte ich nur dich zu fragen, und du könntest mich unterrichten. Und was ich lernen würde, wäre die Wahrheit, nicht nur Spekulation, Politik oder Lügen. Wahrheit direkt vom Schöpfer aller Dinge. Wenn es dich gibt und wenn es möglich ist, dich persönlich zu kennen, dann wäre das sehr viel wertvoller als alle Bildung, die eine Lehranstalt zu geben hätte. Wenn es dich wirklich gibt, Jesus, dann möchte ich dich kennenlernen. Du kannst alles wegwischen, was ich gelernt habe, und anfangen, mich neu zu lehren; angefangen beim Lesen, Schreiben und Rechnen. Wenn du wirklich von den Toten auferstanden bist und wirklich lebst, hier und heute, dann will ich dir mein Leben übergeben. Ich möchte dir dienen, dorthin gehen, wo du mich sendest, tun, was du mir aufträgst. Aber ich möchte dich genauso erleben, wie deine Jünger dich damals erlebt haben. Ich möchte erleben, wie du dein Leben in mir und durch mich lebst. Wenn du nicht existierst, dann werde ich dieses Buch verbrennen und allen erzählen, dass es ein Buch voller Lügen ist."

Ich musste wissen, ob Jesus real war oder nicht. Er behauptete von sich selbst, dass er die Macht hätte zu vergeben, und ich wusste, dass ich nicht sein Nachfolger sein konnte, indem ich für den Teufel lebte, wie ich es tat. Ich begann also, ihn um Vergebung zu bitten. Ich betete um Vergebung für die Lügen, die ich erzählt hatte, die Dinge, die ich gestohlen hatte, und die Menschen, die ich absichtlich verärgert oder verletzt hatte. Wellen der Reue fluteten über mich. Ich schrie meine Bitte um Vergebung hinaus, nannte Namen und suchte nach Frieden von all dem Schmutz, der mein Leben erfüllt hatte. Ich erinnerte mich an immer mehr Momente, in denen ich Gottes Gebote absichtlich übertreten und dabei meiner eigenen Seele geschadet hatte. Nach und nach war ich der Sünde gegenüber unempfindlich geworden und hatte eine stolze und zynische Haltung anderen gegenüber entwickelt. Mein Mund war voller Gotteslästerungen und meine Sprache gespickt mit Flüchen. Während ich so betete, kam das alles an die Oberfläche. Ich bekannte jede Sünde, die mir in den Sinn kam und nannte sie beim Namen. Die Reue, die Emotionen und die Intensität des Ganzen wurden immer stärker, und gleichzeitig das innige Verlangen, endlich Frieden mit Gott zu finden. Ich hörte mit dem Beten auf, als nichts mehr zu sagen blieb. Etwas war anders. Etwas hatte sich verändert. Ich erhob mich von meinen Knien und ging zum Fenster meines Zimmers, gerade als die Sonne aufging. Ich starrte in den blauen Himmel und merkte, dass ich gerade eben eine Begegnung mit dem Schöpfer der Farbe Blau gehabt hatte. Dann betrachtete ich das grüne Gras vor mir und dachte: „Ich hatte gerade eine Begegnung mit dem Schöpfer der Farbe Grün". Ich fühlte mich sauber und rein. Innerlich. Es stimmte wirklich: Jesus hatte mein Leben von Sünde gereinigt und meinen Geist und meine Seele mit seinem Frieden erfüllt. Er hörte und beantwortete Gebet. Er lebte und war hier in meinem Zimmer, in meinem Leben gegenwärtig. Auf einmal wusste ich, dass er mit mir sein würde, wohin auch immer mich mein Lebensweg führen würde. Ich war von dieser wunderbaren Gewissheit überrascht, dass Jesus der Herr des Lebens ist, dass er der Herr meines Lebens war und dass ich in Ewigkeit mit ihm leben würde. Das war etwas, von dem ich wusste, dass ich es nicht verdient hatte, doch ich genoss es in vollen Zügen. Nun wurde mir auch klar, wovon Amy gesprochen hatte, als sie Begriffe gebrauchte wie *erlöst* oder *von Neuem geboren* zu sein. Ich war Jesus begegnet und würde ihn von nun an immer besser kennenlernen, auf ganz persönliche Weise. Als ich Amy an jenem Morgen beim Frühstück wieder begegnete, war ihre erste Reaktion: „Du bist heute Nacht Jesus begegnet, nicht wahr?". Und das war ich in der Tat, wie durch die übersprudelnde Freude, die aus mir heraus strahlte, klar zu erkennen war. Ich war dankbar, dass sie bereit gewesen war, mir in diesen vergangenen Tagen so kühn entgegenzutreten.

2. Kapitel: In der Grundschule des Glaubens

Die Leute in McMechen waren unter den ersten, die die drastische Veränderung in meinem Leben bemerkten. Ich kam nun immer rechtzeitig zum Gottesdienst am Sonntagmorgen, ja sogar rechtzeitig für den Bibelunterricht vor dem Gottesdienst. Als nächstes tauchte ich auch unter der Woche auf, wenn es mir möglich war, und die Gemeinde fing an zu wachsen, weil mehrere Personen zum Glauben an Christus fanden und getauft wurden. Drei wichtige Dinge geschahen in jenem Herbst: Das erste war, als ich zum ersten Mal die Stimme Jesu erkannte, wie er zu mir sprach. Der Vers aus Johannes 10,27 wurde für mich zu einer realen Erfahrung:

> *„Meine Schafe hören meine Stimme, und ich kenne sie, und sie folgen mir ..."*

Das geschah, als ich Gott auf der Fahrt nach Hause in meinem Auto lobte. Ich hörte zum ersten Mal, wie Jesus mich beim Namen rief: „Brad!". In dem Moment brach ich in einen enthusiastischen Lobpreis aus. Er kannte meinen Namen! Er war bei mir im Auto. Wieder rief er meinen Namen und sagte, dass er mir etwas zu sagen hätte. Und wieder, ganz überwältigt von seiner Gegenwart, lobte ich ihn noch mehr. Schließlich hörte ich ihn sagen: „Sei still!". Ich zwang mich dazu, still zu sein, und horchte auf die sanfte Stimme, die in mir sprach. „Ich möchte, dass du mein Wort predigst und mein Volk heilst", sagte er. Zunächst war ich sprachlos, doch dann protestierte ich: „Wer bin ich, Herr, dass ich so etwas tun könnte? Ich wüsste nicht einmal, wo ich anfangen soll oder wie man es anstellt, das zu tun, was du von mir verlangst?". Diese Begegnung wurde zu einem wichtigen Grundstein in meinem Leben. Ich würde von nun an mein Vorgehen immer darauf basieren, ob ich dadurch den Ruf Gottes auf meinem Leben ausführte oder nicht. Wenn eine bestimmte Handlung nicht davon motiviert war, den Ruf zu erfüllen, würde ich sie vermeiden. Das ist eine sichere Leitplanke dafür geworden, immer darauf fokussiert zu bleiben, was Gott von mir in meinem Leben verlangt.

Das zweite Ereignis geschah ebenfalls, als ich in meinem Auto an einem Mittwochabend nach der Gemeindeveranstaltung nach Hause fuhr. Mein Herz war so voller Freude und Staunen über die Gegenwart und Güte Gottes. Ich wollte nur eines tun: Gott von ganzem Herzen preisen. Das tat ich, so gut ich konnte. Ich lobte ihn auf Englisch, bis mir die Worte ausgingen. Dann lobte ich ihn in meinem Schuldeutsch, dann mit meinen noch geringeren Französischkenntnissen. Schließlich, in meinem verzweifelten Versuch, Gott zu loben, versuchte ich meine Liebe zu Jesus sogar auf Arabisch zu bekennen. Doch keines der Worte, die ich aussprach, konnte die Freude, die ich in diesem Moment spürte, zum Ausdruck bringen. Nichts konnte die Schönheit seiner Gegenwart in dem Auto beschreiben. „Herr, ich möchte dich so sehr loben, und ich weiß einfach nicht wie!", betete ich laut. Plötzlich sprach ich Laute aus, die ich nicht wiedererkannte. Es hätte eine Sprache sein können, die ich noch nie gehört hatte und nicht verstand. Ich wurde davon so sehr überrascht, dass meine erste Reaktion war, dem Teufel in meinem Leben zu widerstehen. Dann kam mir der Gedanke, dass es sein könnte, dass dies nicht vom

Teufel war, sondern von Gott. Wie konnte ich den Unterschied erkennen? „Gott“, betete ich, „wenn das hier von dir ist, dann möchte ich es weiter tun, egal, was es ist. Wenn nicht, dann bewirke bitte, dass ich damit aufhöre. Ich muss dir darin einfach vertrauen, weil ich keine Ahnung habe, was ich hier gerade tue!“ Nachdem ich das gebetet hatte, sprach ich diese Laute weiter aus, aber mit mehr Nachdruck, und schließlich brach ich in Gesang aus und sang wie noch nie zuvor in meinem Leben. Gottes Gegenwart in dem Fahrzeug war so dicht, dass ich den Eindruck hatte, sogar die Engel würden in dieses Lied mit einstimmen, das wie ein herrlicher Anbetungschorus war. „Herr“, betete ich, „was singe ich denn? Es ist so wunderschön.“ Im gleichen Augenblick fing ich an, einen Lobpsalm auf Englisch zu singen in einem bestimmten Rhythmus und Takt in der gleichen Melodie wie kurz zuvor. Irgendwie schaffte ich es, die kurvigen Nebenstraßen West Virginias zu meistern, um nach Hause zu gelangen. Ich rannte in mein Zimmer, schloss die Tür, öffnete meine Bibel ganz zufällig und fragte: „Jesus, was war das?“. Ich legte meinen Finger auf einen Bibelvers und las:

> *„Und sie wurden alle mit Heiligem Geist erfüllt und fingen an in anderen Sprachen zu reden, wie der Geist ihnen gab auszusprechen.“ (Apg 2,4)*

„O Mann“, dachte ich, „ich bin bestimmt der Einzige, der seit den Aposteln damals diese Erfahrung gemacht hat. Jesus erhört mein Gebet, die gleichen Dinge zu erleben, wie die Jünger in der Bibel. Herr, bitte halte mich demütig!“ Ich hatte bis dahin noch keine anderen „charismatischen“ oder „pfingstlichen“ Christen kennengelernt, deshalb kam dieses Erlebnis für mich völlig überraschend. Ich las darüber in 1. Korinther 12 und 14, wo Paulus die Gabe erläuterte:

> *„Was aber die geistlichen Gaben betrifft, Brüder, so will ich nicht, dass ihr ohne Kenntnis seid. ... Jedem aber wird die Offenbarung des Geistes zum Nutzen gegeben. ... Strebt nach der Liebe; eifert aber nach den geistlichen Gaben ...! Denn wer in einer Sprache redet, redet nicht zu Menschen, sondern zu Gott; denn niemand versteht es, im Geist aber redet er Geheimnisse. ... Wer in einer Sprache redet, erbaut sich selbst ... Ich möchte aber, dass ihr alle in Sprachen redet ...“ (12,1+7; 14,1-2+4-5)*

Man kann sich meine Überraschung vorstellen, als ich eines Tages eingeladen wurde, an einer Konferenz Charismatischer Christen in Pittsburgh teilzunehmen, wo ich erlebte, wie 10.000 Menschen gemeinsam ein neues Lied in Zungen sangen. Ich war von der Schönheit dieses Liedes völlig überwältigt, aber auch von der Tatsache, dass ich so eingebildet gewesen war zu denken, dass ich der Einzige sei, den Gott auf diese Weise gesegnet hatte. Ich erlebte wahrhaftig, dass Jesus wirklich der Gleiche war, gestern, heute und in Ewigkeit, und zwar für alle Menschen überall auf dieser Welt. Es war nur ein Vorgeschmack auf den Himmel, wenn Menschen aus allen Stämmen, Völkern und Sprachen Gott gemeinsam anbeten würden! Ich fing an zu begreifen, dass mit Jesus zu wandeln bedeutete, in einer persönlichen Beziehung mit ihm zu leben, auf seine Leitung zu vertrauen und zu wissen, dass er uns mit allem versorgt, was wir auf unserem Weg benötigen.

Das dritte Ereignis geschah einige Tage darauf. Ich hatte nachts einen Traum, in dem ich dabei war, das neutestamentliche Griechisch zu lernen. Ich wachte mit dem Wunsch auf, Griechisch zu studieren. Ich hatte mir selbst eingeredet, dass ich auf keinen Fall noch eine Sprache lernen würde, doch jetzt hatte ich plötzlich den Wunsch dazu. Ich suchte meinen Vater auf und fragte ihn, wo ich Griechisch lernen könnte. Er lachte mich aus und dachte, ich mache Witze. Er hatte schon mehrmals versucht, mich dafür zu gewinnen, Griechisch zu lernen, und ich hatte jedes Mal abgelehnt. Einige Tage später fragte ich ihn noch einmal, und diesmal wollte er wissen, ob es mir damit wirklich ernst war. Wieder einige Tage darauf erzählte er mir von einem seiner Kollegen aus Harvard, der am Gordon-Conwell-Theologieseminar, ganz in der Nähe von Boston im US-Staat Massachusetts, das Neue Testament unterrichtete. Ich bewarb mich sofort und wurde angenommen. Im Januar verließ ich das Bethany-College, wo mir nur noch ein Wahlfach für den Bachelor-Abschluss fehlte, und begann das Studium am Gordon-Conwell-Seminar, wo man mir versicherte, dass ich ein Fach im Bethany-College anrechnen lassen könnte, um im Sommer 1973 dort meinen Abschluss zu bekommen. Griechisch zu studieren war für mich in dem Jahr das leichteste Fach, das ich je belegt hatte.

In meiner Zeit am Theologieseminar ging es nicht nur um den Unterricht, den ich besuchte, sondern auch darum zu lernen, wie man mit Jesus lebt. Ich verbrachte viel Zeit im Gebet und in der Bibellese. Ich lernte über den Wert des Fastens als eine geistliche Disziplin. Ich lernte, Jesus zu gehorchen, zwischen meinen Wünschen und seiner Führung zu unterscheiden. Es war großartig, in dieser Umgebung zu sein, das Leben großer Männer und Frauen Gottes zu beobachten und von ihrem Glauben zu lernen. Als ich Christ wurde, war ich bereits Pastor, doch jetzt musste ich die Grundlagen dessen lernen, was ich glaubte, und wie ich es am besten weitergeben konnte.

Da ich nicht sehr diplomatisch veranlagt bin, eckte ich mit meinem Eifer oft an. Zum Beispiel sah ich die Notwendigkeit, die Menschen in unserem Stadtviertel zu evangelisieren, und so dachte ich, dass es eine gute Idee wäre, in dieser Gegend eine Gemeinde zu gründen. Ich schrieb an den Regionalleiter des protestantischen Gemeindeverbandes „Disciples of Christ“ und fragte, ob ich für sie eine Gemeinde gründen dürfte. Seine Antwort verärgerte mich zutiefst: „Wir haben festgestellt, dass mindestens 10 Jahre Berufserfahrung und 100.000 US-Dollar Startgeld nötig sind, um eine neue Gemeinde zu gründen“. Ich schrieb zurück, dass ich sehr froh darüber war, dass die ersten Jünger damals diese Kriterien erfüllt hatten, denn wo wäre sonst heute die christliche Kirche? Er muss über meine Antwort nicht sonderlich begeistert gewesen sein, denn mein Vater kontaktierte mich kurz danach, um mir zu sagen, dass ich mich bei dem betreffenden Pastor für meine eher barsche Einstellung entschuldigen sollte. Doch auch wenn ich an meiner Einstellung noch etwas zu feilen hatte, war ich für diese Begegnung dankbar, denn sie motivierte mich, nach Wegen zu suchen, mehrere neutestamentliche Gemeinden in vielen

Teilen der Welt zu gründen – und zwar ohne die Einschränkungen, die von vielen traditionellen Bewegungen diktiert werden.

Ich entdeckte auch, wie wertvoll es war, von Männern zu lernen, die viele Jahre lang auf eine sehr persönliche und vertrauliche Weise mit Gott gewandelt waren. Drei dieser Männer haben mich nachhaltig geprägt. Der erste, an dessen Namen ich mich nicht mehr erinnern kann, war ein messianischer Jude, der einmal die Morgenandacht des Theologieseminars hielt. In seiner Predigt ging es darum, dass das Evangelium zuerst den Juden gepredigt wurde. Hierdurch wurde ich mit meinen Vorurteilen gegenüber Juden und Zionisten konfrontiert, mit denen ich im Libanon aufgewachsen war. Ich hatte meine Vorurteile damit gerechtfertigt, dass aus der Bibel hervorging, dass die Juden die Ersten waren, die die Christen verfolgt hatten, und dass sogar der Apostel Paulus sich von den Juden abgewandt hatte, um das Evangelium zu den Heiden zu tragen. Als der Redner Paulus zitierte, wurde ich innerlich zornig, weil ich meinte, dass seine Auslegung der Schrift sehr verdreht war. Doch dann erkannte ich die leise Stimme des Geistes in mir, die mir sagte: „Mein Sohn war Jude". In diesem Augenblick erkannte ich, wie sehr meine Vorurteile gegenüber einem ganzen Volk ein Angriff auf das Leben und den Charakter von Jesus waren, der niemandem etwas nachgetragen hat, noch nicht einmal denen, die ihn gekreuzigt hatten. Das Erkennen dieser bösartigen Vorurteile in meinem Herzen bewegte mich dazu, auf der Stelle Buße zu tun. Im Herzen eines Christen ist kein Raum für Hass auf diejenigen, die Jesus liebt und für die er gestorben ist. Es war eine sehr wichtige Lektion, die ich am Anfang meines Weges mit Jesus lernen musste.

Meine zweite Begegnung war die mit Richard Wurmbrand, einem rumänischen lutherischen Pastor jüdischer Abstammung, der 14 Jahre lang für seinen Glauben im Gefängnis saß. Er kam für ein paar Tage in unser Seminar und predigte in verschiedenen Gemeinden in der Gegend. Als er von seinen Folterungen und seiner Liebe für diejenigen, die ihn gefoltert hatten, redete, als er berichtete, wie er ihnen Zeugnis gab und anderen Mitgefangenen von Jesus erzählte, wurde ich von seinem einfachen und doch so absolut realen Glauben völlig in den Bann gezogen. Die Ehre, an einem Morgen mit ihm gemeinsam am Frühstückstisch zu sitzen, hat einen bleibenden Eindruck in meinem Leben hinterlassen: „Leben ist für mich Christus und Sterben Gewinn“ (vgl. Phil 1,21). Ich habe danach noch oft an diese Begegnung zurückgedacht, wenn ich bestimmte Länder oder Städte besuchte, wo das Risiko bestand, das gleiche Schicksal zu erleiden wie Pastor Wurmbrand. Er war eine außerordentliche Inspiration dafür, angesichts von Ungerechtigkeit und Verfolgung treu zu bleiben.

Die dritte Begegnung war mit dem Hauslehrer, der über Mission lehrte, Dr. Lit-sen Chang. Dr. Chang war früher ein buddhistischer Priester, der Christen ganz aktiv bekämpft hatte, bis er im Alter von 50 Jahren zum Glauben kam. Er verbrachte den Rest seines Lebens (bis ins hohe Alter von 91 Jahren) damit, seine chinesischen Volksgenossen für den Herrn zu gewinnen und sie mit Lehrmaterial für Jüngerschaft zu versorgen. Er schrieb über 80 Bücher über christliche Theologie und

Apologetik. Er lebte ein sehr einfaches Leben, um sich mit denjenigen Christen zu identifizieren, die um ihres Glaubens willen litten. Nachts schlief er nur vier Stunden, um all seine Energie darauf zu verwenden, die Verlorenen zu erreichen und die Erretteten zu Jüngern zu machen. Seine Lebensgeschichte und sein persönliches Opfer haben in meinem Leben einen tiefen Eindruck hinterlassen und mir eine Sicht für den missionarischen Dienst geschenkt, wie es nur wenige andere konnten.

3. Kapitel: Wachstum durch Beziehungen

Als mein zweites Semester im Theologieseminar zu Ende ging, war ich nicht in der Lage gewesen, eine Arbeit zu finden, mit der ich meine Rechnungen bezahlen konnte. Stattdessen taten sich zwei Gemeinden im nördlichen Mittelteil des US-Staates Pennsylvania zusammen, die Erste Christengemeinde in Alba und die Gemeinde Christi in Troy, und luden mich ein, ihr Pastor zu werden. Im Januar 1974 zog ich also in das ländliche Pennsylvania, um das nächste Kapitel meines Weges und meiner Beziehung zu Jesus aufzuschlagen.

Es war sehr erfrischend festzustellen, dass es in dieser Gegend sowohl eine starke charismatische Erneuerungsbewegung als auch einen wahren Hunger nach dem Evangelium gab. Während der 30 Monate meines Dienstes dort wuchs die Gemeinde in Alba von 40 auf ungefähr 150 Mitglieder an und die Gemeinde in Troy von 20 auf ungefähr 80. Die Jugendgruppe, die wir in Alba starteten, wurde zu einer regionalen Jugendgruppe, zu der Jugendliche aus vielen verschiedenen Gemeinden kamen. Mel Good, ein einheimischer Farmer, stellte eine seiner Scheunen zur Verfügung, in der wir regelmäßig einmal im Monat charismatische Treffen und christliche Konzerte veranstalteten. Wir nannten es die „Herrlichkeitsscheune“. Aus der gesamten Gegend kamen die Leute und saßen auf Strohballen, um eifrig den evangelistischen Botschaften zuzuhören und Gebet zu empfangen. In der Nähe lag das Freizeitzentrum „Mount Zion“. Auch dort hielten Evangelisten und nationale Leiter Veranstaltungen ab. Oft kam es vor, dass die angereisten Lobpreisgruppen und Prediger dann in unseren Sonntagsgottesdiensten dienten. Doch sogar in jener Zeit war es so, dass, wenn mich jemand fragte, ob ich schon einmal daran gedacht hätte, Missionar zu werden, ich diesen Gedanken entschieden von mir wies und mit Nachdruck sagte, dass ich an Mission absolut nicht interessiert war.

Während meiner Amtszeit in Troy und Alba habe ich viele wunderbare Freundschaften geschlossen und wertvolle Erfahrungen gesammelt. Doch es gab drei besondere Erlebnisse, die für meine Zukunft von entscheidender Bedeutung waren.

Grace (Name geändert) war ein 16-jähriges Mädchen, die ab und zu unsere Jugendgruppe besuchte, doch wie viele Mädchen in ihrem Alter war sie mehr an den Jungs interessiert als an geistlichen Dingen. Eines Nachts wurde ich um 2 Uhr morgens von einem schrillen Telefonklingeln geweckt. Man bat mich, unverzüglich zu einem See zu kommen, der sich oben auf dem Berg hinter dem Gemeindehaus, in dem ich wohnte, befand. Als ich dort ankam, herrschte am Seeufer ein reges Treiben von Feuerwehrleuten, Sanitätern, Schaulustigen und Tauchern. Grace war mit ihrem Freund in der Nacht dort schwimmen gegangen, als er plötzlich Krämpfe bekam und in Panik verfiel. Grace hatte versucht, ihn zu retten, indem sie ihn an seinen Haaren zog und versuchte, ihn zu beruhigen. Er schlug wie ein Verrückter wild um sich bei dem Versuch, Luft zu holen. Man fand seine Leiche etwa um drei Uhr morgens auf dem Grund des Sees. Die Beerdigung dieses jungen Mannes durchzuführen, war für mich eine sehr schwierige Aufgabe. Grace war in dieser Zeit untröstlich. Mehrere von uns versuchten, ihr durch diese schwere Prüfung in ihrem Leben hindurchzuhelfen. Sie versuchte, sich von anderen Jungen schwängern zu lassen, um ein Kind zu bekommen, das sie an ihren verlorenen Freund erinnern könnte. Eines Tages fasste sie den Entschluss, an den gleichen See zurückzufahren und sich zu ertränken. Die Straße zum See führte an dem Haus vorbei, wo unser Jugendpastor Arlen wohnte und arbeitete. Er sah sie die Straße heraufkommen und fing an, sich mit ihr zu unterhalten. Er sagte ihr ganz klar, dass sie Jesus brauchte, besonders in dieser Zeit, und dass sie sich ihm ganz ausliefern sollte. Sie war so wütend auf Gott, dass sie ihre Wut an Arlen ausließ. Sie regte sich so sehr auf, dass sie völlig vergaß, dass sie sich hatte ertränken wollen. Einige Tage später war ich auf dem Weg zu einer Gemeinde in einer Stadt nahebei, um den Film „Gospel Road" von Johnny Cash zu sehen, als ich Grace erblickte, die am Straßenrand entlangging. Ich hielt an und fragte, ob sie Lust hätte, mit mir den Film anzuschauen. Sie war so deprimiert, dass sie einwilligte, nur um die Zeit totzuschlagen. In einer Filmszene wurde Jesus gezeigt, wie er draußen vor den Toren Jerusalems gekreuzigt wurde. Während die Schauspieler im Film dieser Szene zuschauten, veränderte sich der Bildhintergrund. Anstatt der biblischen Landschaft waren nun verschiedene moderne Szenen zu sehen, wodurch deutlich gemacht werden sollte, dass Jesus für die Sünden aller Menschen gestorben war, egal, was für ein Leben sie führten. Der Heilige Geist begann, Grace ihrer eigenen Sünde zu überführen, und sie fing an, über ihren Mangel an Glauben und die Notwendigkeit, dass Jesus die Leere in ihr füllen musste, zu weinen. Dieser Abend war für sie der Beginn ihrer persönlichen Beziehung zu Jesus, und am darauf folgenden Sonntag antwortete sie auf den Altarruf, um ihr Leben ganz in Jesu Hände zu legen. Die Veränderung, die sich in ihrem Leben vollzog, war radikal. Einige Monate später leitete ich eine Jugendfreizeit in Connecticut und sie kam mit, gemeinsam mit anderen aus der Jugendgruppe, um den jungen Leuten zu dienen. Am ersten Abend erzählte sie ihr Zeugnis und jeder wurde von der Kraft und der Gegenwart des Heiligen Geistes im Raum erfasst. „Ich habe versucht, meinen Freund zu retten, aber ich konnte es nicht“, erklärte sie. „Ich habe getan, was ich konnte, aber es hat nicht gereicht. Und dann wurde ich damit konfrontiert, dass ich noch nicht einmal in der Lage war, mich selbst zu retten. Ich habe es versucht, aber ich habe hoffnungslos versagt. In meiner Verzweiflung bin ich dem Einen begegnet, der mehr als fähig ist, uns aus allen unseren Ängsten und Sünden zu befreien.“ Es war eines der vollmächtigsten Lebenszeugnisse, das ich je gehört hatte, und es war für alle Anwesenden ein entscheidender Moment, um ihr Leben auch ganz Christus anzuvertrauen.

Das zweite Ereignis war, Eddie Smith kennenzulernen, einen britischen Prediger und Evangelisten. Eddie war der freundlichste und außergewöhnlichste Prediger, den ich je getroffen hatte. Seine einfachen und doch so packenden Darstellungen wohlbekannter Bibelgeschichten konnten seine Zuhörer völlig in den Bann ziehen. Und am Ende seiner Botschaften sprach er mutig Worte der Erkenntnis aus, die der Heilige Geist ihm eingegeben hatte. In den meisten Fällen meldeten sich die Leute von selbst, um zu sagen, dass sie an etwas litten, das Eddie genau beschrieben hatte, und dann erlebten sie Heilung und Ermutigung durch das Wirken des Heiligen Geistes. Ich hatte noch nie zuvor einen so packenden Dienst miterlebt. Wenn sich niemand meldete, nachdem Eddie eine bestimmte Krankheit oder ein bestimmtes Leiden beschrieben hatte, kam nach der Veranstaltung immer jemand auf Eddie zu und erklärte, dass er zu schüchtern gewesen war, sich öffentlich zu bekennen. Durch das einfache Miterleben dieser Ereignisse wurde mein eigener Glaube aufgebaut und ich hatte mehr Mut, für andere zu beten, die ebenfalls Heilung brauchten.

Das dritte Ereignis war eine Reise anlässlich unseres Abschlusses, die ich mit meinem besten Freund Andy Wiegand plante. Andy war ein hervorragender Universitätsstudent und Sportler, der mich in jedem Sport bei jedem Wettkampf schlug. In dem Sommer, bevor wir nach Beirut zogen, hatten sich unsere Familien angefreundet, als wir sie in ihrem Haus in Pittsburgh besuchten. Da wir beide gleich alt waren, festigte sich unsere Freundschaft über die Jahre. Als Belohnung für unseren College-Abschluss beschlossen wir, einige Wochen in Europa herumzureisen und dabei den Willen Gottes für unsere Zukunft zu suchen. Unser geplanter Reisetermin war Mai 1975. Wir waren beide völlig begeistert und aufgeregt bei dem Gedanken an all die Orte, die wir auf unserer Fahrt durch Süddeutschland, Österreich, der Schweiz, England und Schottland besichtigen wollten. Wir planten unsere Flugrouten, Mietwagen, Bahn- und Fährtickets für unser Abenteuer. Das Einzige, was mir noch fehlte, waren 1.000 US-Dollar, um das alles auch zu bezahlen. An einem Sonntagvormittag bei einem gemeinsamen Mittagessen saß ich einer der älteren Damen aus unserer Gemeinde in Alba gegenüber. Ich betete innerlich für die Finanzen für unsere Reise und fragte mich, ob Gott wirklich wollte, dass ich fahre, als ich plötzlich vernahm, wie der Heiligen Geist zu mir sprach: „Die Dame, die dir gegenüber sitzt, braucht die zehn Dollar, die du in deinem Portemonnaie hast“. Ich dachte bei mir: „Mit zehn Dollar kann ich meine Reise nach Europa nicht bezahlen, also kann ich sie auch genauso gut weggeben“. Am nächsten Morgen, als ich nach unten in die Küche kam, um mein Frühstück zu richten, lagen zu meiner Überraschung 100 Dollar auf dem Küchentisch – keine Nachricht, keine Erklärung, nur fünf 20-Dollar-Scheine. In dieser Woche erhielt ich zehn verschiedene Gaben, jede über 100 Dollar. Manche davon waren Schecks von anderen Orten des Landes, andere waren von Freunden, die mich „segnen“ wollten. Doch für mich war es das erste Mal, dass ich Gottes Versorgung auf diese Weise erlebte. Ich fing an zu verstehen, dass im Glauben zu leben erforderte, auf Gottes Wort hin zu handeln, wie in dem Vers aus Lukas 6,38:

> *„Gebt, und es wird euch gegeben werden: ein gutes, gedrucktes und gerütteltes und überlaufendes Maß wird man in euren Schoß geben; denn mit demselben Maß, mit dem ihr messt, wird euch wieder gemessen werden.“*

Für mich wurde dies zu einem Schlüsselprinzip, nach dem ich mein Leben ausrichten wollte.

Das Letzte, was ich in der Vorbereitung auf unsere

Reise tat, war Eddie Smith zu schreiben und ihn zu fragen, ob wir ihn im Laufe unseres bevorstehenden Aufenthalts in England besuchen könnten. Er antwortete, dass er selbst nicht zu Hause sein würde, aber dass er es eingerichtet hatte, dass ich eine Woche lang in einem Erweckungszentrum in Nord-Yorkshire predigen könnte. Ich dachte nicht, dass ich als internationaler Redner etwas taugen könnte, und so war meine erste Reaktion der Wunsch, dieses Angebot abzulehnen. Doch dann erhielt ich eine Ausgabe der Zeitschrift *Decision Magazine*, in der ein Artikel über einen Vikar in York stand, der in seiner Kirche eine Erweckung erlebte. Ich betete also ernsthaft darüber und fragte Gott, ob ich dieses Angebot nicht doch annehmen sollte, auch wenn ich mich der Aufgabe überhaupt nicht gewachsen fühlte. Umso länger ich betete, desto stärker fühlte ich den Frieden, den nur die Gegenwart Gottes geben kann, und ich wusste, dass ich diese neue Herausforderung in meinem Leben annehmen musste.

Andy und ich flogen nach Luxemburg, mieteten einen kleinen Wagen und machten uns auf den Weg nach Deutschland. Wir fuhren bis nach Worms, der Stadt, wo Luther zum Ketzer erklärt wurde. Wir spazierten in der Nähe der berühmten Kathedrale durch die Stadt auf der Suche nach Abendessen, als uns ein Ehepaar entgegenkam. „Können Sie uns sagen, wo sich in dieser Stadt die Christen treffen?“, fragte ich sie. „Wir sind hier alle Christen“, kam die Antwort, und dann verschwanden sie in einer Kneipe. Mir wurde daraufhin klar, dass ich ein großes Kommunikationsproblem hatte, um den Unterschied zwischen der traditionellen, in der Kultur verankerten Religion und der persönlichen Beziehung zum lebendigen Jesus zu beschreiben. Am nächsten Tag fuhren wir in Richtung Schwarzwald, als wir von der Autobahn aus in der Nähe von Bensheim ein Schloss erblickten. Wir dachten, dass es wohl Spaß machen würde, dieses Schloss zu erkunden und nahmen die nächste Ausfahrt, um den Weg auf den Berg, wo die Schlossruine stand, zu suchen. Als wir durch Bensheim hindurchfuhren, sahen wir das Schild eines christlichen Werkes am Straßenrand und dachten uns, dass wir auf dem Rückweg dort anhalten und hineinschauen könnten. Es war eine amerikanische Mission für US-Soldaten, die in der Heidelberger Gegend stationiert waren. Die Leiter luden uns ein, die Nacht in ihrem Zentrum zu verbringen und schlugen uns vor, mit einigen der Soldaten in den Straßen von Heidelberg evangelisieren zu gehen. Andy und ich trennten uns und gingen mit einigen anderen, um Traktate zu verteilen und den Leuten auf der Straße von unserem Glauben Zeugnis abzulegen. Als wir alle unsere Traktate verteilt hatten, fragte mich der junge Soldat, der mich begleitete, ob ich einige der dort lebenden Christen kennenlernen wollte. Wir gingen eine Straße entlang und klopften an eine ganz unscheinbar aussehende Haustür. Hinter ihr lag ein Hinterhof, der von mehreren Gebäuden gesäumt war. Ich wurde dem Pastor und seiner Frau vorgestellt, die in diesen Gebäuden auch ein Drogenrehabilitationszentrum leiteten. Sie waren so freundlich, uns ein wenig über ihren Dienst zu erzählen, durch den sie jungen Leuten in der Stadt halfen, und sie gaben mir den Namen eines Kontakts in Freiburg, wo wir als nächstes hinwollten. Mir war überhaupt nicht bewusst, wie wichtig diese Begegnung in

Heidelberg für mich sein würde.

Andy und ich verbrachten eine sehr schöne Zeit gemeinsam, und diese Reise festigte unsere Freundschaft fürs Leben. Als wir am Ende unserer Fahrt durch Europa Edinburgh erreichten, traf er die Entscheidung, an der Gordon-Conwell-Universität zu studieren und Pastor zu werden, während ich nur wusste, dass auch für mich auf dieser Reise etwas sehr Bedeutendes geschah, das meine Zukunft beeinflussen würde. In Schottland trennten wir uns, und Andy kehrte nach Amerika zurück, während ich in den Zug nach Northallerton in North Yorkshire stieg, völlig unvorbereitet auf das, was mich dort erwartete. Jim Wilkinson, ein Bauer in Gummistiefeln, der sich nicht mehr daran erinnerte, dass Eddie Smith uns miteinander bekannt gemacht hatte, aber der trotzdem bereit war, mich für den Dienst in der „Hollybush Christian Fellowship“ einzuladen, holte mich vom Bahnhof ab. Unser erster Halt war die Schweineausstellung in Thirsk. Ich war völlig perplex und fragte mich, wo in aller Welt ich gelandet war. Am selben Abend fuhren wir nach Masham zu einem Hauskreistreffen. Die Leute waren sehr liebenswürdig, aber ich fand es sehr schwierig, ihren Yorkshire-Dialekt zu verstehen. Am nächsten Abend gab es eine Veranstaltung im Kornspeicher der Hollybush-Farm. Der relativ kleine Raum war brechend voll von Leuten aus der ganzen Gegend, und die Anbetung und der Lobpreis, den sie dem Herrn an diesem Abend gemeinsam darbrachten, war wie eine direkte Berührung mit dem Himmel. Ich hatte noch nie zuvor die Gegenwart des Herrn auf diese Weise in einer Veranstaltung erlebt. „Herr“, betete ich, „was um aller Welt kann ich diesen

Leuten geben? Ich muss eher von ihnen etwas lernen. Ich brauche das, was sie haben.“ Mein Selbstvertrauen wurde noch weiter erschüttert, als Jim aufstand und mich vorstellte, indem er sagte: „Das ist Brad. Ich weiß überhaupt nichts über ihn, aber er hat noch nichts Falsches gesagt – zumindest bisher noch nicht!“ Da ich den britischen bzw. den Yorkshire-Humor noch nicht kannte, hatte ich keine Ahnung, wie ich auf diese Aussage reagieren sollte. „Herr“, betete ich, „jetzt fühle ich mich noch unzureichender als zuvor. Ich bin so jung, und ich habe so etwas noch nie zuvor getan. Bitte hilf mir.“ Und das tat er. Ich überwand das anfängliche Lampenfieber, als ich mich erhob, um zu predigen, und spürte dann, wie der Frieden und die Gegenwart Gottes mich erfüllte und ich meine Predigt voller Kühnheit hielt. Als ich am Ende einen Aufruf machte, war ich umso mehr erstaunt, dass Leute zum Gebet nach vorne kamen, weil sie Heilung oder Vergebung brauchten. Es war eine überwältigende Erfahrung zu lernen, sich ganz auf Jesus zu verlassen und dem Wirken des Heiligen Geistes zu vertrauen, anstatt auf meine eigenen Bemühungen und Fähigkeiten. In jener Woche predigte ich jeden Abend bei Gottesdiensten in verschiedenen Dörfern. Am Ende wurde ich sogar eingeladen, zu ihrem Sommercamp wiederzukommen. Jim und Cynthia Wilkinson waren ein lebendiges Beispiel dafür, dass es eine Freude ist, Jesus in allem zu vertrauen, was die Farm, die Gemeinde und den Dienst betraf. Ich beobachtete, wie tief ihr einfacher Glaube war, und wie Gott diese Farm gebrauchte, um Menschen aus vielen Ländern durch das Evangelium zu verändern. Gott hatte zu Jim und Cynthia gesagt, dass Hollybush ein Ort sein würde, an den Menschen aus der ganzen Welt hinkommen, um zu lernen, und dass sie von dort das Evangelium wieder in die ganze Welt tragen würden. Im jungen Alter von 23 Jahren war ich soeben in eine Gemeinde hineingestolpert, die die Ausrichtung und den Sinn meines Lebens nachhaltig verändern sollte.

4. Kapitel: Überwinden durch Hingabe

Ich war erst 24 Jahre alt, als meine Mutter am 28. Mai 1976 an Krebs starb. In der gleichen Woche trennte ich mich von meiner damaligen Verlobten, nur eine Woche vor der geplanten Hochzeit. Mein Schwager sagte mir, dass er mich nie wieder sehen wollte und dass ich in seinem Haus nicht mehr willkommen war. Auch wenn ich den Eindruck hatte, dass ich als Pastor erfolgreich war, war ich der Überzeugung, dass, wenn ich mein Privatleben nicht in den Griff bekommen konnte, ich auch nicht das Recht hatte, eine Gemeinde zu leiten. Deshalb kündigte ich meine Pastorenstelle, packte einen Koffer, nahm meine Bibel unter den Arm und, belastet mit einer schweren Depression, fragte ich mich, was ich mit meinem Leben anfangen sollte. Meine Apathie führte mich auf einem scheinbar ziellosen Weg nach Birmingham im US-Staat Alabama. Dort diente ich in einer Hausgruppe, die es für eine gute Idee hielt, dass ich ihr Pastor werde. Die Leiter wollten mir ein wenig Zeit geben, um darüber zu beten, und beschlossen, mich nach England zum Familiencamp der Gemeinde in Hollybush zu schicken. In einer derart geisterfüllten Umgebung würde ich bestimmt in der Lage sein, Gott klar zu hören. Ich verbrachte also einen Monat in England und Nordirland, in dem ich predigte, Menschen zu Christus führte und diese mit dem Heiligen Geist erfüllt wurden. Doch ich war immer noch von meiner Depression gefangen. Ich hatte den Eindruck, als Leiter, als Pastor versagt zu haben, und dass ich auch nie ein guter Ehemann oder Vater sein würde. Sogar meine Erfolge in der Evangelisation machten mein Gefühl der Unzulänglichkeit nicht wett. Ich brauchte Heilung und nicht noch mehr Verantwortung. Demzufolge benachrichtigte ich meine Freunde in Birmingham, dass sie die Gemeinde selbst leiten sollten. Ich wusste, dass Gott mir sagte, nach Oregon zu gehen und meinen Großeltern zu helfen. Mein Großvater war an Alzheimer erkrankt, und meine Großmutter fand es sehr schwierig, das zu bewältigen. Nachdem ich der Hauskirche in Birmingham dies berichtet hatte, ermutigten sie mich, nach Woodburn in Oregon zu gehen.

In dem Winter, den ich in Oregon verbrachte, hatte ich eine sehr tief gehende, persönliche Begegnung mit der Majestät, dem Gericht und der Gnade Gottes. Dadurch wurde ein Prozess der Befreiung von meiner Depression eingeleitet. In einer dramatischen Vision wurde mir eines Nachts die Schwere meiner eigenen Sünde auf eindrückliche Weise bewusst und auch, wie diese tief verwurzelte Sünde mich von Gott trennte.

Meine Depression war von den Sünden des Selbstmitleids und des Stolzes verursacht, die durch Wut, Feindseligkeit, Begierde und die Angst vor Ablehnung zum Ausdruck kamen. Ich musste von diesen Dingen freigesetzt werden. Gleichzeitig sah ich einen Schimmer des beeindruckenden Wesens Gottes in Reinheit, Leben und Charakter. Ich wurde mit der Wahrheit konfrontiert, dass ich Gottes Barmherzigkeit überhaupt nicht verdiente. Diese intensive persönliche Erfahrung führte mich zu einem Entschluss: Ich würde allen Menschen überall davon erzählen, dass es einen heiligen, gerechten und rechtschaffenden Gott gab, der einen Weg bereitet hatte, damit jeder von den entsetzlichen Folgen der Sünde befreit werden kann. Ich würde verkünden, dass er nicht nur versprochen hat, uns zu befreien, sondern auch, uns auf unserem Lebensweg zu begleiten. Die Formulierung dieses Entschlusses bewegte mein Herz mit dem Wunsch, Jesus noch persönlicher kennenzulernen. Ich begann damit, dass ich mich zwang, morgens früh aufzustehen, um in der Bibel zu lesen und meine Gebete niederzuschreiben. Ich machte mich auf die Suche nach einer Gemeinde, in der ich die gleiche Leidenschaft, Jesus zu kennen, finden konnte, und in der man in der Lage war, dies im Lobpreis und im Dienst auszudrücken. Die unterschiedlichen Gemeinden, die ich besuchte, begegneten mir allerdings mit Misstrauen; entweder weil ich einen „liberalen" Gemeindehintergrund hatte oder weil ich zu „charismatisch" war, um mich in ihre traditionellen Gepflogenheiten einzufügen. Der einzige Ort, an dem ich den Eindruck hatte, dass man mich aufnehmen und mir helfen konnte, war die kleine Gemeinde, die sich auf der Hollybush-Farm im englischen North Yorkshire traf. Als ich darüber betete, hatte ich den Eindruck und die Überzeugung, dass Gott mir sagte, dass ich dort hingehen sollte. Und so sagte ich zu Gott: „Herr, wenn du es bezahlst, dann gehe ich dorthin. Du weißt, dass ich nur 20 Dollar besitze, doch ich vertraue dir, dass du mich auf diesem Weg führen wirst." Als mir Jim Wilkinson dann eine Einladung schickte, zu ihnen zu kommen, war ich sicher, dass dies der Ort war, an den ich gehen musste, damit mein Heilungsprozess abgeschlossen werden konnte. Was auch immer Gott dort für mich vorbereitet hatte, dies war Teil davon. Ich wusste ebenfalls, dass ich auf dem Weg dorthin verschiedenen Menschen meinen Dank aussprechen musste, unter anderem der Hauskirche in Birmingham und besonders den Gemeindeleuten in Pennsylvania. Während der folgenden fünf Wochen konnte ich in den USA noch einige wertvolle Lebenslektionen mitnehmen.

Es fing damit an, dass ich darüber betete, wie und wann ich nach England gehen sollte. Ich lernte, auf die Stimme Gottes zu hören und den Unterschied zwischen seiner Stimme und meinen eigenen Gedanken zu erkennen. Ich war mir sicher, dass Gott wollte, dass ich zu Ostern (das war der 10. April 1977) in England sein sollte und dass ich mit dem Bus von Oregon nach Birmingham in Alabama fahren sollte, wo ich drei Wochen bleiben würde. Am Ende dieser Zeit sollte ich noch einmal nach Alba und Troy in Pennsylvania fahren, ehe ich am 4. April nach London flog. Als ich über die dreitägige Busfahrt nach Alabama nachdachte, fing ich an, Gott zu fragen, ob ich nicht auch dorthin fliegen könnte. Aber Gott schien seine Meinung nicht zu ändern, und so machte ich mich auf dem Weg zum Busbahnhof und stellte fest, dass die Greyhound-Busgesellschaft einen Sonderpreis für einfache Fahrten zu jedem beliebigen Zielort innerhalb der USA anbot – und zwar für 50 US-Dollar, und das nur im Monat Februar. Ich buchte sofort mein Ticket. Als ich wieder nach Hause ging, traf ich eine Freundin meiner Großmutter auf der Straße, die mir mitteilte, dass sie an jenem Morgen für mich gebetet hatte und den Eindruck hatte, dass sie mir etwas geben sollte. Sie drückte mir einen Briefumschlag in die Hand, und ich bedankte mich bei ihr. Als ich den Briefumschlag zu Hause öffnete, fand ich darin 50 Dollar. Bei meiner Abreise packte meine Großmutter mir zwei Tüten mit Lebensmitteln, die als Verpflegung für drei Tage nicht nur für mich, sondern auch für verschiedene Mitreisende ausreichte. Als ich in Birmingham zu dem Haus kam, in dem ich wohnen sollte, traf ich einen jungen Mann, der gerade aus der Tür trat. „Bist du Brad?" Ich nickte. „Ich wollte dich fragen, ob du uns für die nächsten drei Wochen auf unserer Baustelle aushelfen kannst. Wir brauchen wirklich Hilfe." – „Na klar", erwiderte ich sofort, weil ich erkannte, dass Gott mich auf diese Weise mit einem Job versorgte. Ich stand also jeden Tag um 4 Uhr morgens auf, schrieb meine Gebete auf, dann ging ich um 6 Uhr morgens zur Arbeit und war am Ende des Tages rechtzeitig wieder zurück, um mich auf verschiedene Veranstaltungen vorzubereiten, zu denen ich eingeladen wurde, um zu predigen. Eines Tages hatte ich während der Arbeit den Eindruck, dass Gott zu mir redete. Ich lief los und holte meine Bibel, schlug sie irgendwo auf und las den Vers in 1. Korinther 11,32:

> *„Wenn wir aber vom Herrn gerichtet werden, so werden wir gezüchtigt, damit wir nicht mit der Welt verurteilt werden."*

Ich las diesen Vers immer wieder und mir wurde auf wunderbare Weise klar, dass Jesus an meiner statt gerichtet worden und am Kreuz gestorben war für genau die Sünde, die mich in meiner Depression gefangen hielt. Er war von den Toten auferstanden und hatte dadurch die Macht, die diese Depression über mich hatte, überwunden. Er befreite mich. Ich merkte erstaunt, dass die Depression verschwunden war. In einem Augenblick hatte Gott mich mit seinem wunderbaren Geschenk der Gnade überrascht. Jesus hatte meine Sünde gerichtet, damit ich nicht mit der Welt verurteilt würde. Es war eine Leben verändernde, ganz persönliche und freisetzende Erfahrung!

Auch wenn die Dunkelheit der Depression nach neun Monaten von meinem Leben gewichen war, wusste ich, dass ich immer noch sehr empfindlich war und mein Selbstvertrauen neu aufbauen musste. Es war nun umso wichtiger, dass ich mich in einer Gemeinde einbrachte, in der ich wachsen und im Glauben stark werden konnte. Nach drei Wochen hatte ich genug Geld verdient, um ein Flugticket nach Elmira im Staat New York zu kaufen. Danach blieben mir noch 80 Dollar, mit denen ich irgendwie nach England kommen wollte. Ich freute mich auf die nächsten zwei Wochen des Dienstes und hoffte, dass ich genug Geld verdienen würde, um ein Flugticket nach London kaufen zu können.

Die erste Woche diente ich in Krankenhäusern und Gefängnissen im mittleren Nordteil Pennsylvanias. In der zweiten Woche sollte ich jeden Abend in der Gemeinde in Troy predigen. Am Montagnachmittag, den 21. März 1977, beschloss ich bei British Airways anzurufen, um einen einfachen Flug von New York nach London zu buchen. Die Dame am Telefon notierte meine persönlichen Daten und buchte dann einen Platz für mich. Ich fragte sie, ob ich das Ticket am 4. April am Flughafen abholen könnte. „Es tut mir leid, mein Herr", antwortete sie, „aber Sie müssen zu einem Reisebüro gehen und das Ticket bis Mittwoch bezahlen, sonst wird die Reservierung automatisch annulliert. Möchten Sie die

Buchung aufrechterhalten?" – „Wie viel kostet das Ticket?", fragte ich. „350 Dollar für einen einfachen Flug. Soll ich die Buchung für Sie vornehmen?" – „Ja, bitte", sagte ich und betete gleichzeitig: „Herr, wie um alles in der Welt soll ich das bis Mittwoch bezahlen? Niemand sammelt in Krankenhäusern oder Gefängnissen ein Opfer ein!" Den Rest des Abends kämpfte ich mit diesem Dilemma. Ich versuchte, mir alles Mögliche auszudenken, wie ich irgendwie die Summe zusammenbekommen könnte, die ich innerhalb von 48 Stunden für dieses Flugticket brauchte.

Am Dienstagmorgen, als ich in meiner Stillen Zeit anfing zu beten, hörte ich diese sanfte Stimme wieder: „Brad, glaubst du, dass ich dich nach England sende?" – „Ja, Herr, das glaube ich", antwortete ich, ganz überrascht von dieser Frage. „Warum hast du die Dame bei British Airways dann gefragt, ob du das Ticket am Tag deiner Abreise am Flughafen bezahlen kannst?" – „Weil ich weiß, dass ich nächste Woche jeden Abend predigen werde und dass sie für mich ein Opfer einsammeln werden. Ich dachte, ich könnte auf diese Weise den Flug bezahlen." – „Dann erwartest du im Grunde, dass sie dich aussenden, anstatt auf mich zu hoffen." Mein Versagen, Gott zu glauben und zu vertrauen, wurde offensichtlich. Als mir die Wahrheit dämmerte, begann ich aus ganzem Herzen, um Vergebung für meinen Mangel an Glauben zu bitten. Ich betete alle Schriftstellen, die mir einfielen, die von den Verheißungen für Gottes Versorgung handelten, und ich betete für meine Hingabe an Jesus und an sein Wort. Ich bat um Hilfe in meinem Unglauben. Ich betete mehrere Stunden lang, bis ich mir über zwei Dinge ganz sicher war: Erstens: Gott sandte mich nach England. Und zweitens: Er würde bis zum nächsten Tag dafür bezahlen, auch wenn ich keine Ahnung hatte, wie das geschehen würde. Auf jeden Fall war Ich in meinem Glauben völlig beruhigt, weil ich wusste, dass Gott sich um mein Flugticket kümmerte, auch wenn ich nicht die geringste Ahnung hatte, wie er es anstellen würde.

Am Nachmittag des gleichen Tages hatte ich Besuch von Mel Good in der „Herrlichkeitsscheune" in der Nähe von Alba, als mir der Postbote zwei Briefe brachte. Ich wunderte mich, wie diese Freunde mich hier in Nord-Pennsylvania ausfindig gemacht hatten, doch meine Verwunderung wurde noch größer, als ich die Briefe öffnete und in einem davon einen Scheck über 150 Dollar und in dem anderen einen Scheck über 200 Dollar fand. Ich jubelte vor Freude! Am nächsten Morgen konnte ich diese Schecks einlösen und mein Ticket nach London abholen.

In der darauf folgenden Woche leitete ich Erweckungsgottesdienste in der „Gemeinde Christi" in Troy und besuchte dabei einen der Gemeindeältesten. Wir sprachen über die „gute alte Zeit", als ich noch Pastor in der Gemeinde gewesen war, und er fragte mich liebevoll, warum ich damals so plötzlich gekündigt hatte. Ich erklärte ihm die Situation, und dass ich meiner Meinung nach wirklich nicht in der Lage gewesen war, eine Gemeinde zu leiten. „Aber Brad, was ich dabei nicht verstehe ist: Hast du nicht an uns geglaubt? Hast du nicht daran geglaubt, was du uns gelehrt hast? Konntest du uns nicht vertrauen, dass wir dir in der gleichen Weise helfen würden, wie du uns geholfen hast?" Als die Bedeutung dieser Worte in mich hineindrang, merkte ich, dass ich wieder einmal eine Lebenslektion lernte. „Ich habe das wirklich nicht so gesehen", gestand ich. „Ich war mit meinem eigenen Leben viel zu beschäftigt, um zu sehen, welche Konsequenzen mein Handeln auf andere hatte. Bitte vergib mir." Ich sollte in der Tat noch oft an diesen Moment zurückdenken, wenn ich in den kommenden Jahren meine Zeit in andere Leiter investierte. Konnte ich Gottes Wort wirklich trauen, das Leben und den Charakter Jesu in denen, die ich lehrte, hervorzubringen? Konnte ich dem Wirken des Heiligen Geistes trauen, das zu tun, was für ihr Leben richtig war, oder musste ich die Ergebnisse genau überprüfen und das, was ich lehrte, in allen Einzelheiten managen, um sicher zu gehen, dass es genauso umgesetzt wurde, wie ich es geplant hatte? War es möglich, dass jene, die ich lehrte und denen ich auf dem Weg des Lebens half, genauso auch mir helfen konnten? Wenn ich mich für mein Leben auf Gottes Wort verließ, konnte ich Gott nicht auch vertrauen, dass er seine Verheißungen im Leben anderer erfüllte? Wenn der gleiche Heilige Geist, der Jesus von den Toten auferweckt hatte, in mir lebte und mir auf meinem Lebensweg half, war er dann nicht fähig, das Gleiche mit anderen zu tun – und vielleicht sogar noch viel mehr? Ich war fest entschlossen, diesen Fehler nicht noch einmal zu begehen. Wenn ich Probleme hatte, dann wollte ich dort bleiben, wo ich gerade war und es zulassen, dass die Menschen, denen ich diente, auch diejenigen waren, die mir dienten. Ich hatte fälschlicherweise gedacht, dass ich in dieser Gemeinde predigen würde, um Geld zu verdienen. Doch ich hatte keine Ahnung gehabt, dass ich mich dabei kräftig irrte. Ich bin sicher, dass ich in dieser Woche viel mehr lernte als die Leute, zu denen ich predigte.

TEIL 2: 1977–1981

„Denn wir sind sein Gebilde, in Christus Jesus geschaffen zu guten Werken, die Gott vorher bereitet hat, damit wir in ihnen wandeln sollen.“ (Eph 2,10)

5. Kapitel:
Alles fügt sich zusammen

Der 4. April 1977, an dem mein Flugzeug auf dem Flughafen London-Heathrow landete, war ein klarer, herrlicher Tag. „Herr, würdest du mir bitte eine Gelegenheit schenken, meine Deutschkenntnisse einzusetzen, um das Evangelium mitzuteilen?“, betete ich. Sobald ich diesen Gedanken zu Ende gedacht hatte, hörte ich folgende Erwiderung: „Als du 13 Jahre alt warst, hast du mir versprochen, für mich nach Afrika zu gehen.“ Dieses schon lange vergessene Versprechen und die Umstände, die dazu geführt hatten, kamen mir wieder in den Sinn. „Nun, Herr, wenn du mir eine Tür auftust, damit ich nach Afrika gehen kann, dann werde ich das tun“, sagte ich daraufhin.

Drei Dinge erwarteten mich, als ich in Hollybush ankam: June und Terry Brown, die zum Leitungsteam der Gemeinde gehörten, hießen mich willkommen. Sie waren eine junge Familie und luden mich ein, bei ihnen zu wohnen. Zu diesem Zweck hatten sie ihr Wohnzimmer umgestellt, damit ich dort schlafen und arbeiten konnte. Dieses herzliche Willkommen durch die gesamte Gemeinde war etwas ganz Besonderes, ganz anders als die Gemeinden, in denen ich versucht hatte, mich einzubringen, als ich in Oregon lebte. Ich hatte dadurch eine weitere Offenbarung über meine kritische Einstellung zur Gemeinde. Auf einmal konnte ich die Gemeinde als die Braut sehen, die Jesus auf innigste Weise liebt. Die Gemeinde, das sind die Menschen, die auf die Einladung Jesu eingegangen sind, ihm nachzufolgen. Da diese

Gemeinde ihre Veranstaltungen in einer einfachen Scheune abhielt, wurde mir auch klar, dass man eine Gemeinde nicht anhand eines Gebäudes oder bestimmter theologischer Ansichten und auch nicht das von ihren Mitgliedern bewiesene Niveau geistlicher Reife definieren kann. Irgendwann fing ich an, meine kritische Einstellung im Gebet zu bekennen. Ich verstand, dass jeder Mensch einen Erlöser braucht und dass jeder ihn auf einzigartige und individuelle Weise erlebt. Die erste Begegnung mit Jesus war lediglich der Anfang einer Beziehung, die sich immer mehr vertiefen würde, bis in die Ewigkeit hinein. Jesus würde weder mir noch irgendjemand anderem wegen meiner Unvollkommenheiten, Sturheit oder Fehler die Freundschaft aufkündigen. Er würde mich auch durch alle meine Fehler hindurch lieben und die Hoffnung für mich nie aufgeben. Diese Gedanken hatten auf mich eine überaus beruhigende Wirkung. Ich durfte wissen, dass ich wirklich einen liebenden Vater hatte, der sich auch dann noch um mich kümmern würde, wenn ich selbst nicht mehr dazu in der Lage wäre.

Ich kann mich nicht mehr genau daran erinnern, an welchem Tag es angefangen hat, aber ich begann die Art und Weise, wie ich betete, zu verändern. Ich fing an, Gott „Vater“ zu nennen. Nicht als eine Art Titel, sondern als ein Ausdruck der Zuneigung und der persönlichen Vertrautheit. Es war ein Zeichen dafür, dass meine Beziehung zu ihm wuchs. Je mehr ich ein Gespür für das Wirken des Heiligen Geistes in meinem Leben entwickelte, je größer mein Wunsch wurde, immer mehr wie Christus zu werden, desto mehr wurde ich mir auch der

Gegenwart des Vaters in meinem Leben bewusst. In den nächsten sechs Monaten verschlang ich die Bibel förmlich. Dabei betete ich, dass die Dinge, die ich verstanden hatte, sich auch in meinem Leben verwirklichen würden, und dass ich die Dinge, die ich nicht verstand, besser verstehen würde. Während ich Kapitel um Kapitel las, wurde ich an das Leben erinnert, das ich im Nahen Osten geführt hatte. Ich konnte mir die Schönheit und die Kargheit der Landschaft sehr gut vorstellen, ebenso die dazugehörigen Gerüche in den Städten und Dörfern und die unterschiedlichen Geschmäcker der Lebensmittel. Ich hatte schon auf dem Ölberg gebetet, Jerusalem von den Häuserdächern aus erkundet und mit Beduinen in der Wüste kampiert. Ich hatte sogar einmal einen Jungen dabei beobachtet, wie er mit seiner Schleuder einen Vogel mitten im Flug abschoss. Dieses Erlebnis überzeugte mich davon, dass die Geschichte von David, der den Riesen Goliat mit einem einzigen Stein umgeworfen hatte, wirklich wahr war. Ich konnte mir lebhaft vorstellen, wie die Jünger vom Toten Meer bis nach Tyrus und Sidon mit Jesus gewandert waren, wie sie miteinander geredet und gescherzt hatten. Die Geschichten der Bibel wurden lebendig. Ich konnte mich mit den Menschen identifizieren, die mit der Realität und den Folgen von Krankheit und Sünde in ihrem Leben konfrontiert waren. Menschen wie der Gelähmte, der durch das flache Dach eines Hauses ins Innere hinuntergelassen wurde, der blinde Bettler am Straßenrand, der reiche Steuereintreiber, der sich in einem Baum versteckt, um einen Blick auf Jesus zu erhaschen, die Menschenmenge, die nach einem Tag mit Jesus in der kargen Landschaft Hunger hatte, oder die Frau, die beim Ehebruch ertappt wurde.

Als diese Menschen Jesus begegnet waren, geschah in jedem Einzelnen ein Wunder, und zwar da, wo er oder sie es am dringendsten benötigten. Sie erfuhren Heilung, Versorgung und Vergebung. Doch darüber hinaus verwandelte er die Hoffnungslosigkeit und die Hilflosigkeit, die sie empfanden, in Hoffnung und Mut für ihre Zukunft. All diese Worte stärkten meinen Glauben an Jesus und untermauerten meine Hoffnung auf seine Verheißungen. Beim Lesen der kraftvollen Worte Jesu wurde mein Leben wiederhergestellt und ich empfing eine Botschaft, die ich mitteilen wollte.

Die zweite Entdeckung, die ich nach meiner Ankunft machte, war, dass die Gemeinde in Hollybush einen Missionar in Uganda unterstützte. Mir wurde klar, dass ich John Mattison irgendwann einmal treffen würde, wenn er auf Heimaturlaub käme, und dass diese Begegnung für meine Zukunft sehr bedeutsam sein würde. Wenn Jesus wollte, dass ich nach Afrika ging, dann würde er mir auf diese Weise eine Tür öffnen. Ich behielt diese Information im Hinterkopf und beschloss, auf den vom Herrn bestimmten Zeitpunkt zu warten.

Das Dritte, das mich bei meiner Ankunft erwartete, war ein Brief von der European Evangelistic Society. Diese Organisation hatte in Tübingen ein Institut für das Studium christlicher Ursprünge gegründet. Mein Vater hatte in diesem Institut in dieser wunderschönen deutschen Stadt im Schwarzwald einmal ein Jahr lang als Direktor gedient. Parallel zum Institut hatten sie eine kleine Gemeinde gegründet, die übergangsweise nach einem Pastor suchte. Sie luden mich ein, sie zu besuchen und diese Stelle in Betracht zu ziehen. Ich freute mich sehr über diese Einladung, weil es eine Gebetserhörung war. Doch gleichzeitig wollte ich Hollybush noch nicht wieder verlassen. Nicht nur, weil ich gerade erst dort angekommen war, sondern auch, weil ich immer noch geistliche Wiederherstellung brauchte. Als ich den Brief den Zweitpastoren von Hollybush, Eddie und Shirley Lamb, zeigte, waren sie von dieser Möglichkeit ebenso begeistert und boten sich an, mich nach Tübingen zu fahren. Wir machten also Pläne, im Sommer 1977 dorthin zu reisen. Ich erzählte Eddie und Shirley begeistert von meinem Besuch in der Mission in Bensheim zwei Jahre zuvor sowie von der Gemeinde in Heidelberg und schlug vor, dass wir sie auf unserem Weg in den Schwarzwald besuchen könnten. Wir näherten uns voller Vorfreude Bensheim, aber wir mussten feststellen, dass die Soldatenmission inzwischen ihren Dienst eingestellt hatte. „Macht nichts", sagte ich ihnen zuversichtlich, „es ist viel wichtiger, dass wir die deutsche Gemeinde in Heidelberg kennenlernen. Ich bin sicher, dass ich sie wiederfinden kann." Wir fuhren in die Stadt hinein, mussten aber feststellten, dass die Innenstadt zu einer Fußgängerzone umgebaut worden war. Da ich damals zu Fuß zu dieser Gemeinde gegangen war, konnte ich mich nicht mehr erinnern, wie man dorthin gelangt. Ich betete und gab Eddie gleichzeitig Anweisungen, wo er hinfahren sollte. Ich vertraute darauf, dass der Heilige Geist uns leiten würde. Schließlich sagte ich zu Eddie, dass er parken sollte und gestand, dass ich keine Ahnung hatte, wo wir waren, wo die Gemeinde war oder wie sie hieß. Ich bat sie beide um Vergebung, dass ich versucht hatte, so „geistlich" zu klingen. „Was ist denn das da auf der anderen Straßenseite?", fragte Shirley von der Rückbank aus. Ich schaute dorthin, wo sie hinzeigte, und las das Schild. Wir hatten direkt vor der Gemeinde geparkt, nach der wir suchten.

„Wer hat euch zu uns geschickt?“ fragte Pastor Werner Preuß, als er die Tür zum Hinterhof für uns öffnete. „Der Heilige Geist hat uns hergebracht“, antworteten wir auf der Stelle, worauf er uns einen Blick zuwarf, der so viel sagte wie: „Das glaubt ihr doch wohl selbst nicht“. Doch er hieß uns vorsichtig willkommen und hörte höflich zu, als wir ihm davon erzählten, was Gott in Nordengland tat. Er lud uns ein, an der Abendveranstaltung teilzunehmen und den jungen Leuten Zeugnis zu geben. Für mich war es erfrischend, mein Schuldeutsch einsetzen zu können, was mir auch ganz gut gelang. Eddie und ich erzählten von unserem persönlichen Glauben an Jesus. Allerdings beherrschte ich nicht den deutschen theologischen Wortschatz und war gezwungen, mich mit Umschreibungen aus der Affäre zu ziehen. Bevor wir uns verabschiedeten, luden wir Pastor Preuß und seine jungen Leute zu unserem Familiencamp ein, das im August wieder in Hollybush stattfinden sollte, um die Erweckung, die wir dort erfuhren, selbst mitzuerleben.

Wir fuhren dann weiter und besuchten die Gemeinde in Tübingen. Aber es wurde uns klar, dass ich nicht die richtige Person sein würde, um übergangsweise dort als Pastor zu dienen. Trotzdem waren wir über den Kontakt mit der Gemeinde in Heidelberg sehr begeistert. In jenem Sommer sandten sie einen ihrer jungen Männer zum Familiencamp, um herauszufinden, ob wir nicht übertrieben hatten und ob in Nord-Yorkshire wirklich die

Erweckung ausgebrochen war. Er erstattete seiner Gemeinde Bericht, dass tatsächlich etwas Einzigartiges in Hollybush geschah. Das wiederum führte dazu, dass wir eingeladen wurden, im folgenden Oktober nach Heidelberg zu kommen, um eine Wochenendevangelisation abzuhalten. Im Verlauf dieses Wochenendes durften wir erleben, wie der Vater viele der Anwesenden auf mächtige Weise berührte. Die Veranstaltungen dauerten über mehrere Stunden an, weil die Menschen von der Sünde in ihrem Leben überführt wurden und begannen, inständig um Vergebung zu bitten. Einige wurden von Fesseln befreit, die sie schon jahrelang gefangen gehalten hatten, und einige gaben an, geheilt worden zu sein. Mehrere Jahre später erhielt ich eine Dankesnotiz von einer jungen Frau, die an einem der Abende befreit worden war, als Jesus auf sehr persönliche Weise zu ihr gesprochen hatte. Inzwischen hatte sie einen sehr erfolgreichen Dienst in Österreich, wo sie Menschen diente, die in das Sexgeschäft verwickelt waren. Im Anschluss an dieses Wochenende beschloss Pastor Preuß, uns für den nächsten Sommer erneut einzuladen, um an einer Gemeindegründungsinitiative in der Stadt Ludwigshafen teilzunehmen.

Die Evangelisationskampagne wurde in einem Zelt mitten in der Innenstadt abgehalten. An einem Abend, an dem ich predigte, trafen etwa 50 Personen eine Entscheidung für Christus. Später an diesem Abend, als ich über die Gnade und Güte Gottes nachdachte, die er so vielen trotz meiner sprachlichen Begrenzungen erwiesen hatte, wurde ich von der Tatsache überwältigt, dass der himmlische Vater mich schon während meiner Schulzeit im Libanon auf den Tag vorbereitet hatte, an dem ich Menschen auf Deutsch zu Christus führen würde. Ich wurde so tief von der Gnade Gottes in meinem Leben berührt, dass ich vor Dankbarkeit und Staunen weinen musste. In Ludwigshafen traf ich ebenfalls auf einen Mann, der später zu einer Schlüsselfigur und einem Partner in unserem Dienst werden sollte: Hajo Klösel war ein Bibelschüler, der eine Gruppe von Bibelschülern leitete, die sich an der Kampagne beteiligten, indem sie auf der Straße evangelisierten. Ich war sowohl von seinem Eifer für Gott als auch von seiner Methode, Straßenevangelisationen zu halten, beeindruckt. Wir freundeten uns an, und er lud mich für Anfang Januar 1979 ein, in seiner Heimatgemeinde in Duisburg zu dienen. Ich konnte es nicht wissen, aber die verschiedenen Teile meines Lebenspuzzles fügten sich nach und nach zusammen.

6. Kapitel: Die Schule des Heiligen Geistes

Die Gemeinde Hollybush Christian Fellowship spielte eine entscheidende Rolle für mich zu lernen, was es bedeutete, ganz praktisch im Glauben und im Geist zu wandeln. Jim Wilkinson war ein Laienprediger in der Methodistenkirche gewesen, bis eine Begegnung mit dem Heiligen Geist sein Leben und seinen Dienst ganz radikal verändert hatte. Er bewies eine erstaunliche Fähigkeit, dem Heiligen Geist zu vertrauen, ihn in allen Dingen zu leiten und zu führen – sei es in Familienangelegenheiten oder Dingen, die seine Arbeit als Landwirt betrafen, sowie in der Leitung der Gemeinde, die um ihn herum gewachsen war. Er hatte ein außerordentliches Geschick, Gottesdienste zu leiten. Die Anbetungslieder und Hymnen wurden mit einer solchen Hingabe und Harmonie gesungen, dass ich überzeugt war, dass die Komponisten genau diesen himmlischen Klang im Ohr gehabt hatten, als sie die Musik komponierten. Ich hatte die britische Version einiger alter Kirchenlieder noch nicht gehört, aber als sie in Hollybush gesungen wurden, hörte ich voller Begeisterung die Schönheit der Melodien von Liedern wie „Kann es denn sein" (engl.: „And can it be") oder „O, wenn ich tausend Zungen hätt'". Wenn sie das Crescendo von „Up from the Grave he arose" erreichten, konnte ich mir förmlich vorstellen, wie die Toten auferstehen, um Jesus in der Luft zu begegnen. Christine und Stuart Dawling schrieben selbst einige Chorusse, die ermutigend und Glauben stärkend waren, wie z. B. „My Shackles are Gone, My Spirit is Free" („Meine Fesseln sind gelöst, mein Geist ist frei“).

Die Menschen kamen schon vor Beginn der Veranstaltungen, um sich einen Platz in der Scheune zu suchen, völlig unbeeindruckt von der schlichten Umgebung. Es war die Gegenwart des Vaters, die sie anzog, nicht die Dekoration oder die Programmvielfalt. Jeder kam in der Erwartung, dass Jesus etwas Wunderbares tun würde. Leute reisten aus dem ganzen Land an und zelteten auf den benachbarten Feldern, nur um an einem der Freitagabendgottesdienste teilzunehmen. Wenn die Lobpreislieder nach etwa einer Stunde verstummten, dann schaute Jim über die versammelten Menschen, suchte jemanden aus, den er unter Umständen noch nicht einmal kannte, und bat die Person „ein Wort mitzuteilen“, also ein Zeugnis abzulegen von etwas, das Jesus in ihrem Leben tat. Der einfache Glaube dieser ganz gewöhnlichen Christen war absolut ansteckend. Wenn dann schließlich der Augenblick kam, „das Wort“ zu hören, lehnte sich Jim zu uns herüber und fragte einen der Anwesenden: „Haste heut Abend det Wort für uns, Bruder?“. Der so Angesprochene musste dann vorbereit sein, um etwas zu predigen, nicht nur ein Zeugnis zu geben. Nur selten kam es vor, dass jemand ausdrücklich vorher gebeten wurde zu predigen. Deshalb waren alle immer vorbereitet. Am Ende jedes Gottesdienstes wurde Gelegenheit gegeben, zum Gebet nach vorne zu kommen. Und bei jedem Gottesdienst war der Altarraum immer voll mit Menschen, die Hilfe brauchten, um von Sünde frei zu werden, von Süchten befreit zu werden, körperliche Heilung oder Trost für ihre Seelen und Weisheit für bevorstehende Entscheidungen zu empfangen.

Wir beteten mit den Leuten oft noch bis lange in die Nacht hinein.

Außer den Gottesdiensten in Hollybush am Freitag und am Sonntag, gab es noch eine ganze Reihe von Veranstaltungen unter der Woche in den Häusern, Scheunen oder Gemeindesälen in ganz Nordengland, sodass es eine Vielzahl von Dienstmöglichkeiten gab. Wenn ich nicht studierte, auf der Farm aushalf oder in Schulen sprach, dann leitete ich Evangelisationen in kleinen und größeren Städten, wo auch immer man mich einlud. Ich gewann durch die Zeit, die ich mit dem Volk Gottes verbrachte, Gottes Wort studierte, Jesus anbetete und anderen davon erzählte, was der Vater in meinem Leben tat, an Selbstvertrauen.

Einmal war ich auf dem Weg zur Familie Dawling in Masham und hielt mir während der Autofahrt selbst eine Predigt. Ich fand, dass es eine großartige Evangelisationspredigt war, und auf der halbstündigen Fahrt hatte ich die Gelegenheit, sie noch auszufeilen. Vielleicht hatte mir der Vater dieses Wort gegeben, um es an einem Freitagabend beim Gottesdienst mitzuteilen. Ich war also ziemlich überrascht, als der Vater mir sagte, dass ich diese Botschaft am Samstagmorgen auf dem Marktplatz in Thirsk verkündigen sollte. Ich war schon bei einigen Open-Air-Veranstaltungen dabei und immer davon beeindruckt gewesen, wie mutig diese Christen waren, wenn sie lauthals ihre Botschaft verkündigten. Ich selbst hatte es bis dahin immer abgelehnt, es ihnen gleichzutun, wenn ich darum gebeten wurde. Mir war es lieber, Traktate zu verteilen und mit Menschen zu beten, die Interesse hatten. Einmal hatte Jim mich sogar gefragt, ob ich nicht regelmäßig nach Thirsk gehen wollte, um diese Stadt mit dem Evangelium zu erreichen. Ich hatte zwar nicht wirklich gesagt, dass ich das nicht tun würde, aber der Gedanke daran hatte auf jeden Fall bei mir keine Begeisterungsstürme ausgelöst. Nun schien der Heilige Geist auch diese Aufforderung zu unterstützen. Am nächsten Samstagmorgen versuchte ich sogar absichtlich zu verschlafen, um nicht auf den Markt gehen zu müssen. Schließlich hatte ich am Abend zuvor beim Gottesdienst bis spät in die Nacht mit Leuten gebetet. Doch früh am Samstagmorgen war ich hellwach.

Ich wusste, dass ich gehorsam sein musste, doch ich tat es nicht sehr bereitwillig und ohne zu murren. Als ich den Marktplatz in Thirsk erreichte, blickte ich zum Glockenturm (den man das „Marktkreuz" nannte) und zu den beiden Stufen, die zum Sockel des Bauwerks hinaufführten. Ich weiß nicht, ob aus Angst, weil ich mich schämte oder ärgerlich war, aber ich ging sehr langsam und bewusst diese Stufen hinauf, eine nach der anderen. Ich stand mit dem Gesicht zur Mauer, dann holte ich tief Luft, um mein rasendes Herzklopfen zu beruhigen, und drehte mich um, fest entschlossen, dies so schnell wie möglich hinter mich zu bringen. Zu meiner Verwunderung hatten mehrere Leute angehalten, um meinen sehr bewussten Bewegungen zuzuschauen, weil sie sich wohl fragten, was als nächstes passieren würde. Ich predigte diese wunderbare Predigt, die mich so begeistert hatte, innerhalb von drei Minuten und rannte dann buchstäblich vom Marktkreuz weg, für den Fall, dass jemand versuchen sollte, mich aufzuhalten. „So, Herr", sagte ich, „zumindest habe ich gehorcht!" Einige Monate später fand ich heraus, dass einer meiner Bekannten aus einer Nachbarstadt auf diesem Marktplatz gewesen war. Er hatte mich predigen gehört und wollte sich zu mir gesellen, um mir seine Unterstützung zu geben. Doch als er dort ankam, wo ich gestanden hatte, war ich schon außer Sichtweite.

„Gehorchen ist besser als Schlachtopfer", das hatte ich irgendwo in der Bibel gelesen. Ich tröstete mich also mit diesen Worten und war dankbar, dass die ganze Sache hinter mir lag. Am Montagmorgen wachte ich frühmorgens auf und war dabei, mir einen Tee zu kochen, als ich die Stimme des Heiligen Geistes vernahm, der mir sagte: „Heute ist Markttag in Thirsk". – „Muss ich da wirklich hingehen?", fragte ich. Ich kannte die Antwort schon im Voraus, deshalb zog ich mich an und machte mich auf den Weg zum Marktkreuz. Diesmal schaffte ich es, eine fünf Minuten lange Predigt zu halten und ging danach auf die Leute zu, die zugehört hatten, um sie zu grüßen und mit ihnen zu beten. Ein ganzes Jahr lang habe ich nicht einen Markttag in Thirsk ausgelassen, außer wenn ich unterwegs war, um irgendwo anders eine Evangelisation zu halten. Wenn ich nicht kam, fragten hinterher die Ladenbesitzer, die immer zum Zuhören kamen, wo ich gewesen war. Es war der beste Unterricht in Homiletik, den ich je für möglich gehalten hatte. Eine Erfahrung, die mir für den Rest meines Lebens gute Dienste leisten sollte. Ich lernte, wie man predigt. Ich lernte, wie man Illustrationen einsetzt, wie man geistliche Wahrheiten auf eine Weise mitteilt, die die Menschen verstehen können – und was am wichtigsten war: Ich lernte, was für eine geistliche Kraft das Predigen auf

Menschen haben kann, die dadurch das Evangelium hören. Ich wurde oft an den Bibelvers in 1. Korinther 1,21 erinnert:

> *„Denn weil in der Weisheit Gottes die Welt durch die Weisheit Gott nicht erkannte, hat es Gott wohlgefallen, durch die Torheit der Predigt die Glaubenden zu retten."*

Mir wurde bewusst, dass mir am Marktkreuz mehr unerrettete Menschen zuhören würden als in einem Gottesdienst. Ich begann darüber zu studieren, wie Jesus unter freiem Himmel zu Versammlungen vor Tausenden von Menschen gepredigt hatte, und zwar ohne Lautsprecheranlage. Ich stellte fest, dass der größte Teil seines Dienstes draußen stattgefunden hatte. Er hatte die Probleme angesprochen, welche die Menschen aktuell beschäftigten, und hatte ihnen vermittelt, aus welcher Perspektive der Vater diese Probleme angehen würde. Diese Predigten unter freiem Himmel bewirkten etwas. Durch diesen öffentlichen Dienst erfuhren Menschen Vergebung, wurden befreit und geheilt. Ich sehnte mich danach, dass meine Predigten die gleichen Auswirkungen haben. Und so lernte ich, überall und zu jeder Zeit zu predigen, wenn der Vater es von mir verlangte. Ich lernte, Gottes Wort auf alltägliche Dinge anzuwenden. Wenn ich zum Beispiel vor einem großen Kaufhaus stand, fing ich damit an, die schlimmen Auswirkungen von Kreditschulden zu beschreiben. Dann sprach ich davon, dass Jesus die Zuhörer von der Habgier, die ein rücksichtsloses Handeln erzeugt, freisetzen kann, wenn man sich entschließt, ihm nachzufolgen. Ich schaute den Menschen direkt in die Augen, während sie gespannt einer Botschaft der Hoffnung und der Befreiung von finanziellen Bindungen lauschten. Danach betete ich mit vielen Menschen, die Jesus in ihr Leben einluden, damit er ihre Sünden vergibt und ihnen in ihren Nöten hilft. Tatsächlich kamen am Ende dieses Jahres Menschen aus unterschiedlichen Teilen Großbritanniens auf mich zu, damit ich ihnen beibringe, wie man effektiv in Open-Air-Veranstaltungen predigt. Es war eine aufregende Zeit, in der ich erleben durfte, wie Jesus sehr viele Menschen ermutigte, indem er ihnen Hoffnung und Glauben schenkte. Zu predigen, mit den nachfolgenden Zeichen und Wundern, wurde zu einer ganz normalen Begebenheit in meinem Leben.

Am Ende des Sommers 1978, als ich auf einer Mauer saß, über ein reifes Gerstenfeld blickte und über die Ereignisse der vergangenen eineinhalb Jahre nachdachte, wurde ich von dem Gedanken überwältigt, dass der Vater so jemand wie mich überhaupt in der Weise gebrauchen wollte, wie er es getan hatte. Ich wünschte mir, ich hätte dies alles gemeinsam mit meiner Mutter erleben können. Sie hatte immer so treu für mich gebetet, dass ich eine persönliche Begegnung mit Gott haben würde, dass ich ein Evangelist und Missionar werden würde – und nun waren ihre Gebete erhört worden, aber sie war nicht mehr da, um sich darüber zu freuen. Ich wollte diese Momente so gerne mit ihr teilen und noch einmal mit ihr beten. Der Schmerz über ihren zu frühen Tod überwältigte mich aufs Neue, während ich einen Gerstenhalm abrupfte und begann, darauf herumzukauen. „Hast du dir schon einmal Gedanken gemacht, wie Gerste wächst?“, hörte ich Jesus zu mir sagen. Seine

Stimme war mir inzwischen schon vertraut geworden. „Nein, nicht wirklich“, antwortete ich in der Erwartung, dass gleich etwas Besonderes passieren würde. „Wenn ein Korn nicht in die Erde fällt und stirbt, dann bleibt es allein. Aber wenn es stirbt, dann trägt es reichlich Frucht.“ Ich erkannte die Worte aus Johannes 12,24. Doch dann fuhr Jesus fort: „Das Gerstenkorn, das gestorben ist, war ein kleines, ovales, braunes Saatkorn. Doch nachdem es gestorben war, fing es an zu wachsen, sowohl über der Erde, als auch unter der Erde. Die Form, die Farbe und die Größe dessen, was da wächst, sind ganz anders, als die des ursprünglichen Samenkorns. Der Tod des Samenkorns bringt eine viel größere Anzahl von Samenkörnern hervor. 30, 60 oder 100 Körner sind jetzt oben am Halm.“ Ich betrachtete die goldfarbenen „Härchen“, die aus dem Kopf des Halmes hervorragten, den grün-gelben Halm, in dessen Kopf die zukünftigen Körner verborgen waren, die enorme Länge der Pflanze, die ich in der Hand hielt. Ganz zu schweigen von dem ausgefeilten Wurzelsystem, das im Boden zurückgeblieben war, als ich den Halm gepflückt hatte. Allein die Größe der Pflanze war, verglichen mit dem gepflanzten Korn, tausendmal größer. „Herr, wenn der Himmel so viel größer ist als das Leben auf der Erde, genau wie diese Pflanze so viel größer ist als das Samenkorn, dann möchte ich gar nicht, dass meine Mutter wieder hier auf die Erde kommt. Dann möchte ich lieber dorthin gehen, wo sie ist“, sagte ich laut. Ich hatte das Gefühl, dass Jesus lächelte, als die Freude über diese Offenbarung in mir aufstieg. Im gleichen Augenblick fühlte ich auch, dass die Heilung und Wiederherstellung von meiner Depression abgeschlossen war.

Genau zu diesem Zeitpunkt kam Jim Wilkinson vorbei und gesellte sich zu mir. Ich erzählte ihm, was ich gerade erlebt hatte, und er erzählte mir mehr über die Pflanzen, wie sie den Kopf in Frühlingsstürmen schützen, wie Knoten sich bilden und den Halm stärken, wenn er wächst, damit er aufrecht stehen kann, wenn er zur Erntezeit schwer wird. Er verglich den Aufbau eines Gerstenhalms mit den Prüfungen, die wir im Leben durchlaufen, und wie wir dadurch stark werden, die Verantwortungen und den Druck auszuhalten, den der Vater uns im Laufe unseres Lebens überträgt. Das Gleichnis vom Gerstenkorn und seiner Frucht wurde für mich zu einer Lektion über das Leben. Ich fühlte einen tiefen Frieden in mir durch das, was ich von diesem weisen Bauern lernte.

Es war, als wäre ich ein Schüler in der „Schule des Heiligen Geistes“. Ich hatte noch viel über das „Leben aus Glauben“ zu lernen. Dieser Ausdruck wurde von den Leuten, mit denen ich arbeitete, gebraucht, um einen Lebensstil zu beschreiben, bei dem man sich auf Gott verlässt, um für den Lebensunterhalt zu sorgen, anstatt sich dafür auf eine reguläre Arbeit zu verlassen. Ich wurde in diesen Lebensstil hineinkatapultiert, als ich in Oregon war und mit dem himmlischen Vater die Abmachung getroffen hatte, dass ich gehen würde, wenn er sich um die Finanzen kümmert. Doch gleichzeitig hatte ich auch keine Arbeitserlaubnis in Großbritannien, und deshalb musste ich mich auf das Gebet verlassen und Gott bitten, sich um meine Bedürfnisse zu kümmern wie ein Zimmer, Verpflegung, Kleidung und Reisekosten. Ich hatte beschlossen, dass ich mit anderen nicht darüber reden wollte, was meine Bedürfnisse waren, es sei denn, sie fragten mich ganz direkt. Wenn der Vater wollte, dass sie in meinen Dienst investieren, dann würden sie es für Gott tun, der sie wiederum dafür segnen würde. Und ich würde von Gott empfangen, er würde mein Arbeitgeber sein. Ich lernte, großzügig zu geben, und mich mit dem wenigen, das ich besaß, zufrieden zu geben. Ich notierte auch sorgfältig alles, was ich bekam. Das alles war Teil dessen zu lernen, Gott gegenüber für alles rechenschaftspflichtig zu sein, was er mir anvertraute.

Irgendwann kam der Punkt, an dem ich ein verlässliches Fahrzeug brauchte. Ich fing an, dafür zu beten, und ging sogar einmal zu einem Datsun-Händler, wo ich mir einen hübschen Datsun Cherry aussuchte: außen rot und innen schwarz, Baujahr 1978. Ich handelte mit dem Verkäufer, um einen guten Preis zu erzielen, und tat alles, was nötig war. Ich musste nur noch den Kaufvertrag unterschreiben. Aber ich konnte es mir nicht erlauben, Schulden zu machen und die Gemeinde als Bürge anzugeben. So betete ich für die erforderliche Summe. Ich war begeistert, als eine Gemeinde in Südengland mir einen Scheck sandte, um mir beim Kauf eines Autos zu helfen. Es war ein Scheck über 150 englische Pfund, also bei weitem nicht genug für die 2.000 Pfund, die ich für mein Traumauto benötigte. Das war das einzige Geld, das ich für dieses Projekt erhielt. Ich kaufte mir also einen alten Bedford-Wagen mit Versicherung für die fesche Summe von 150 Pfund. Ich war für den Wagen sehr dankbar, und er hat mir über ein Jahr, in denen ich in ganz Großbritannien unterwegs war, treue Dienste geleistet. Dieses Auto war für mich auf verschiedene

Arten ein Segen. Als John Mattison in dem gleichen Jahr von Uganda auf Heimaturlaub kam, fand ich heraus, dass er ein ausgebildeter Automechaniker war, der für die Gemeinden in Uganda auch eine Menge praktischer Arbeiten erledigte. Er bot mir an, meinen Wagen zu reparieren, und wir verbrachten viel Zeit gemeinsam, um an dem Auto und dem Motor zu arbeiten. Ich lernte ein wenig über Automechanik und freundete mich dabei auch mit John an. Er lud mich ein, ihn in Afrika zu besuchen, und da ich mich an mein Versprechen erinnerte, nahm ich die Einladung dankend an. Durch den Bürgerkrieg, der schließlich zu der Absetzung von Idi Amin führte, konnte ich diesen Besuch allerdings bis Ende 1979 nicht machen, weil es erst danach wieder sicher war, nach Uganda zu reisen. Doch durch dieses Auto konnten wir beide richtig gute Freunde werden.

Anfang 1979, als ich mit zwei guten Freunden betete, kamen wir zu der Überzeugung, dass der Vater uns auftrug, einige Gemeinden in den Vereinigten Staaten zu besuchen. Wir organisierten also eine Reise, die bei allen, denen wir von Alabama bis Connecticut dienten, einen bleibenden Eindruck hinterließ. Das eindrücklichste Ereignis für mich war dabei jedoch, als jemand mir eine sehr hübsche, teure Halskette schenkte. Ich dachte, dass ich sie dazu einsetzen könnte, mir ein verlässliches Auto zu kaufen. Doch im gleichen Moment hörte ich den Heiligen Geist sagen: „Du hast dein Versprechen gegeben, bei der Finanzierung des neuen Gemeindehauses in Hollybush zu helfen“. – „In Ordnung, Herr, ich werde die Kette für die Gemeinde in Hollybush spenden.“ Kurz darauf gab jemand mir noch eine wunderschöne, teure

Halskette. „Wow!“, dachte ich. „Die erste habe ich dem Herrn gegeben, die hier ist sicherlich eine Segnung, damit ich mir ein Auto kaufen kann.“ – „Du lebst mit einer Familie, die dir gegenüber sehr großzügig gewesen ist und nur eine sehr kleine Miete von dir verlangt. Sie haben auch Nöte“, hörte ich den Heiligen Geist zu meinem Geist sagen. „Ja, Herr, du hast Recht. Ich werde ihnen diese Kette geben, damit auch sie gesegnet werden.“ Ich dachte mir von da an, dass Gott bestimmt andere Pläne für mich hatte. Am Tag vor unserer Abreise nach England rief mich mein Vater an. „Brad“, sagte er, „ich habe gehört, dass du ein Auto brauchst.“ Ich fragte mich, wo er das erfahren hatte, aber ich antwortete einfach: „Ja, ich brauche ein verlässliches Fahrzeug.“ – „Nun, ich möchte dir gerne helfen“, sagte er. „Ich werde dir einen Scheck über 2.000 Dollar schicken. Wird dir das helfen?“ Ich war sprachlos. „Ich denke schon, Dad. Dankeschön.“, stotterte ich. Tief im Herzen wusste ich, dass hier etwas viel Bedeutenderes geschah als nur, dass mein Vater mir dabei helfen wollte, ein Auto zu kaufen. Mein Vater hatte sich immer gewünscht, dass ich meine Ausbildung mit einem Doktortitel abschließe. Und ich war davon ausgegangen, dass ich ihn enttäuscht hatte, indem ich einen anderen Weg eingeschlagen hatte. Doch diese ganz bewusste Handlung war seine Art, mir zu sagen, dass er meine Arbeit guthieß und dass er mich liebte. Ich war als junger Mann überaus rebellisch gewesen, und meine Beziehung zu meinem Dad hatte hauptsächlich aus bitteren Streitgesprächen bestanden. Als ich Christ wurde, war ich für seinen Geschmack viel zu radikal geworden, und ich nahm deshalb an, dass er meinen Eifer immer noch sehr skeptisch betrachtete.

Sein Angebot, mir zu helfen, war ein ganz besonderes Ereignis, durch das der himmlische Vater unser beider Leben von den Wunden der Vergangenheit heilte und unsere Beziehung wiederherstellte. Wenn ich mir vorstelle, dass ich das fast nicht erlebt hätte, weil ich die anderen kostbaren Geschenke für mich selbst hatte einsetzen wollen ... Doch weil ich sie weggab, empfing ich noch viel mehr als nur das Geld für ein neueres Auto. Ich entdeckte, dass es bei einem Leben im Glauben um viel mehr ging, als Gott für seinen Lebensunterhalt zu vertrauen. Jesus lehrte mich, mein gesamtes Leben im Glauben zu leben.

7. Kapitel:
Klarer als ein Glockenschlag

Da ich inzwischen 27 Jahre alt und immer noch Single war, fingen die Leute damit an, mir immer wieder Bemerkungen über verschiedene wunderbare „Mädels" zukommen zu lassen, die ich kennenlernen sollte. Ich nehme an, dass dies für einige in unserer Gemeinschaft ein sehr dringendes Gebetsanliegen war. In der Tat habe ich auf all meinen Reisen viele wunderbare und bewundernswerte Frauen Gottes kennengelernt. Doch aufgrund meiner früheren Erfahrungen war ich in dieser Hinsicht sehr vorsichtig. Ich fragte mich, ob ich jemals heiraten würde, trotz all der Verheißungen, die ich im Gebet und in Prophetien empfangen hatte, und die von wohlmeinenden Freunden über mir ausgesprochen worden waren. Ich war mir noch nicht einmal sicher, ob es wirklich eine besondere Person gäbe, die ganz genau zu mir passte, oder ob man einfach irgendjemand heiraten und dann das Beste daraus machen sollte. Keiner dieser beiden Ansätze erschien mir sehr geistlich, und ich war ziemlich verwirrt, was das Thema Beziehungen und Ehe anging. Wenn Gott jemand ganz Besonderes für mich hatte, dann war ich meiner Meinung nach viel zu verwirrt, um seine Stimme in dieser Angelegenheit klar zu hören.

Ich nehme an, dass ich aus diesem Grund durch eine bestimmte Begegnung stutzig wurde, als ich kurz davorstand, Anfang Januar 1979 zu einem Einsatz nach Deutschland zu reisen. Ich ging zum Haus von Jim und Cynthia, um sie wegen der bevorstehenden Reise etwas zu fragen. Ich betrat das Haus durch die Hintertür in der

Küche und erblickte eine wunderhübsche junge schottische Witwe, die ich schon vorher kurz getroffen hatte, die Cynthia in der Küche half. Janet Bell schien sich wirklich für diesen Einsatz zu interessieren. Sie erwähnte beiläufig, dass sie für mich gebetet hatte. Ich hatte auf einmal den ganz klaren Eindruck, dass sie tatsächlich ganz privat für mich gebetet hatte und dass der Heilige Geist ihre Gebete ganz besonders beantworten würde. Die Frage „Warum hat sie das getan?“ kam mir in den Sinn, doch nachdem ich gegangen war, schob ich diesen Gedanken beiseite.

Das Bauprojekt, die Scheune in ein Gemeindehaus umzubauen, beanspruchte von den Gemeindemitgliedern sehr viel Zeit. Geplant war, das Gebäude am Osterwochenende des laufenden Jahres einzuweihen, und alle arbeiteten gemäß einem dafür ausgearbeiteten Zeitplan daran mit. Mein Freund Eddie Smith, der mich damals in die Hollybush-Gemeinde eingeführt hatte, sollte dabei der Gastredner sein. Es war geplant, am Karfreitagabend einen letzten Gottesdienst in der Scheune abzuhalten, und dann am Samstag, dem 14. April das neue Gebäude mit einem Nachmittags- und Abendgottesdienst einzuweihen. Zwischen den beiden Gottesdiensten sollten in einer anderen Scheune Erfrischungen und eine Mahlzeit für die Personen angeboten werden, die extra für das Wochenende anreisten. Für den Ostersonntagmorgen war die Aufführung eines Musicals geplant, das für diese Gelegenheit von der Jugend geschrieben und aufgeführt wurde. Außerdem sollte Eddie predigen. Ich war in den Wochen davor zwar sehr damit beschäftigt, an verschiedenen Orten zu dienen, aber unser aller Vorfreude auf dieses herrliche Event stieg, je näher das Osterwochenende rückte.

Die Veranstaltung am Freitagabend war in jeder Hinsicht bemerkenswert. Eddie Smith predigte über 2. Mose 12 mit dem Thema „Der Anfangsmonat“. Mose hatte den Israeliten gesagt, dass sie sich auf das Passahfest vorbereiten sollten, ein Ereignis, das für sie ein neuer Anfang bedeutete. Sie sollten das Passahmahl am 14. Tag des Monats essen, ehe sie sich auf den neuen Weg in das gelobte Land machten. Eddie verglich dies mit der Einweihung unseres neuen Gebäudes am nächsten Tag, dem 14. April 1979. Eddie prophezeite, dass dies ein besonderer Tag in der Geschichte unserer Gemeinde sein würde. Am Ende seiner Predigt bat er alle anwesenden Pastoren, Evangelisten und Missionare aufzustehen, weil er ein „Wort“ von Gott für sie hatte. Ich hatte den starken Eindruck, dass es ganz besonders für mich galt, und schrieb die folgende Notiz hinten in meine Bibel:

> *13. April '79: Prophetie von Eddie Smith: „Morgen wird für dich der Anfang der Tage sein. Du wirst in deinem Leben etwas Neues erfahren. Dein Dienst wird kraftvoller werden und du wirst ein neues Verständnis für das Wort Gottes erhalten. Menschen werden zu dir kommen für Lehre und Rat. Doch warte beharrlich auf den Herrn. Du wirst ein innerliches Brennen erfahren, wenn du das Wort liest. Und du musst über das Lamm Gottes nachsinnen.“*

Ich wusste überhaupt nicht, was das alles zu bedeuten hatte, aber ich war mir sicher, dass der Vater mir am nächsten Tag etwas ganz Besonderes geben wollte.

Als ich am nächsten Morgen aufwachte, las ich ganz gespannt in meiner Bibel und fragte mich dabei, was wohl heute geschehen würde, das mein Leben verändern sollte. Ich ging zur Farm, um bei der Begrüßung der ankommenden Gäste zu helfen, und wo sonst noch Hilfe nötig war. Es kamen mehr Gäste, als Sitzplätze in der neuen Kapelle vorhanden waren, und so richteten wir einen „Mithörsaal“ in der Scheune ein und stellten auch draußen Stühle auf, damit die Leute durch eine Seitentür auf die Bühne blicken und den Gottesdienst von dort aus mit verfolgen konnten. Als wir zur Scheune gingen, trafen Shirley Lamb, die Frau des zweiten Pastors, und ich zufällig gleichzeitig auf Janet Bell. Sie stellte uns ihre beiden Söhne Mark (9 Jahre) und Daniel (5 Jahre) vor, sowie einige Freunde, die mit ihr von Consett in der Grafschaft Durham angereist waren. Ich begrüßte sie alle herzlich, wie ich es mit allen anderen Gästen auch tat, und ging weiter. Als ich gemeinsam mit den anderen Gottesdienern, die an der Nachmittagsveranstaltung teilnahmen, vorne auf der Bühne saß, merkte ich, dass Mark mich anstarrte. „Komisch“, dachte ich bei mir, „warum tut er das?“ Jedes Mal, wenn ich zu ihm herüberblickte, starrte er mich mit großen Augen an.

Als der Gottesdienst vorbei war, suchte ich Eddie Lamb auf, um mit ihm über einige Dinge zu reden, mit denen ich mich herumschlug. „Steig ins Auto“, sagte er, „wir fahren eine Runde.“ Shirley gesellte sich zu uns und setzte sich auf die Rückbank. Wir fuhren hinaus aufs Land, um einen ruhigen Ort zu finden, wo wir reden konnten. Ich lud alle meine Sorgen ab, als Eddie mich plötzlich unterbrach und sagte: „Brad, was du brauchst, ist eine Frau." – „Eddie, du nicht auch noch", erwiderte ich. „Ich dachte, du bist mein Freund. Warum setzt du mich jetzt so unter Druck, wie all die andern? Und überhaupt, wen soll ich denn heiraten? Du weißt doch, dass ich in Bezug auf das Thema Beziehungen völlig durcheinander bin! Auch wenn Gott eigenhändig den Namen einer Person in den Himmel schreiben würde, wäre ich nicht imstande, ihn in dieser Angelegenheit klar zu hören."

„Nein", sagte er, „es muss eine Frau sein, die wirklich herausragend ist." – „Und ich weiß auch, wer das ist", sagte Shirley von der Rückbank aus. Ich drehte mich zu ihr um und sah sie ärgerlich an, als Eddie sagte: „Wir haben noch nie darüber gesprochen, aber ich weiß genau, von wem sie redet. Allerdings wirst du deine theologischen Ansichten etwas verändern müssen." In dem Moment wusste ich auch, wen sie meinten. In Hesekiel 44,22 wurde Priestern verboten, Witwen zu heiraten, und aus diesem Grund hatte ich Janet Bell nie in Betracht gezogen. Ich drehte mich wieder zu Shirley um: „Du meinst Janet Bell, nicht wahr?" Sie nickte und sagte: „Was könnte klarer sein als der Klang einer Glocke?" (Anm.: *Bell* bedeutet auf Deutsch *Glocke*). „Hör mal", sagte ich, „weil ihr meine Leiter seid, werde ich mit ihr reden, wenn sich die Gelegenheit ergibt, aber ich werde nichts selbst vom Zaun brechen. Gott muss derjenige sein, der den Anfang macht." Und damit endete unsere Unterhaltung und wir kehrten zur Farm zurück. Dort hatte der Abendgottesdienst schon begonnen, und es war auch kaum noch etwas zu essen übrig.

Wir kamen zu spät, um noch vorne auf der Bühne zu sitzen, und so setzte ich mich draußen hin und schaute durch die Seitentür, während Eddie und Shirley in die Scheune gingen, um die Veranstaltung über die dort aufgestellten Lautsprecher zu verfolgen. Auf einmal kam ein kleiner Junge von hinten auf mich zu und kitzelte mich an den Ohren. Dann kam er ganz herum und setzte sich auf meinen Schoß. Es war Daniel, Janets jüngerer Sohn. Zuerst hatte Mark mich den ganzen Nachmittag angestarrt, und jetzt saß Daniel auf meinem Schoss. „Ich habe Durst", sagte er. „Kannst du mir ein Glas Wasser geben?" – „Na klar, komm mit." Wir gingen zum Wasserhahn und ich gab ihm etwas zu trinken. Dann rannte er in die Scheune davon, um mit den Heuballen zu spielen. Ich kehrte wieder zu meinem Platz zurück, doch die Sonne war schon untergegangen, und es wurde kalt. Alle waren im Inneren des Gebäudes, und ich hatte den Eindruck, dass der Tag ohne ein weltbewegendes Ereignis zu Ende ging. Ich hatte die Prophetie wohl nicht richtig gedeutet, dachte ich. Ich beschloss, die eineinhalb Kilometer zu mir nach Hause zu Fuß zu gehen, wollte allerdings vorher noch etwas Warmes trinken. Ich ging also zu dem kleinen Café, das von der Gemeinde neben den Büros betrieben wurde, und bestellte einen „Pott" Tee.

Als ich fast ausgetrunken hatte, kam Janet durch die Tür und fragte, ob jemand ihren Sohn Daniel gesehen hätte. „Ich weiß, wo er ist", sagte ich. „Ich kann Sie zu ihm führen." Wir gingen zur Scheune, und Daniel kam auf uns zugelaufen. „Ich habe Durst, Mama", sagte er. „Kannst du mir etwas zu trinken geben?" – „Ich habe mein Portemonnaie in der Kapelle gelassen, ich habe kein Geld dabei“, antwortete sie. „Er weiß, wo ich etwas zu trinken kriege“, sagte Daniel und zeigte auf mich. „Also los, komm mit“, sagte ich und wir gingen gemeinsam zum Wasserhahn. Daniel trank schnell etwas und rannte zufrieden wieder in die Scheune zurück. Und ich war auf einmal mit Janet Bell allein, ohne irgendetwas arrangiert zu haben. Ich erinnerte mich an mein Versprechen, holte tief Luft und fragte sie, ob ich sie in der nächsten Woche einmal besuchen könnte. „Ja, sehr gerne“, sagte sie mit einem Augenzwinkern, das mich völlig unvorbereitet traf. Ich hatte es noch nie erlebt, dass jemand mir gegenüber eine solche Reaktion zeigte, wie sie in diesem Augenblick. „Was habe ich dir getan“, dachte ich, „dass ich eine solche Reaktion verdiene?“

Auf das, was dann in den folgenden acht Tagen geschah, ehe ich Janet bei ihr zu Hause besuchte, war ich überhaupt nicht vorbereitet. Es begann am nächsten Morgen, als wir uns für den Ostergottesdienst sammelten. Eddie Smith predigte über die Priester, die das Passahlamm vorbereiteten, und verglich es mit Jesus, der das Lamm war, welches die Sünden der Welt wegnehmen würde. Das Passahlamm Gottes war ein für alle Mal geschlachtet worden. Er sagte während seiner Predigt: „Ihr kleinen Priester, steckt eure Messer ein. Gottes Passahlamm ist ein für alle Mal geschlachtet worden. Es ist nicht nötig, noch weitere Opfer zu bringen. Alles ist neu geworden. Es gibt einen neuen Bund, der ewig bestehen wird.“ Im gleichen Moment dachte ich an die Gesetze im Alten Testament, wodurch die Menschen versuchten, sich zu reinigen, indem sie so viele Gesetze befolgten.

Doch die Gesetze waren dazu da, dass Gott sich der Menschheit offenbaren konnte. Als Jesus kam, offenbarte er, wer Gott ist, und machte jeden neu, der an ihn glaubte. Ich dachte: „Jesus ist der Hohepriester, der uns von Sünde reinigt und alle, die dem lebendigen Gott dienen, zu Priestern macht. Dadurch wird Janet Bell, eine Witwe, die von Gott geliebt ist, zu einem Mitglied seiner Familie und genauso zu einem Diener Gottes, wie ich es bin." Ich wusste augenblicklich, dass wir dazu geschaffen worden waren, Gott gemeinsam zu dienen, und dass ich ihre Jungen als meine eigenen Söhne adoptieren und aufziehen sollte. Der 14. April 1979 war in der Tat ein Tag, an dem mein gesamtes Leben radikal auf den Kopf gestellt und völlig erneuert wurde.

Danach zeigte mir der Vater jedes Mal, wenn ich in der Bibel las, wie er mich darauf vorbereitet hatte, Janet zu heiraten. Wenn ich betete, erinnerte ich mich an all die Verheißungen, die Jesus mir in Bezug auf eine Ehefrau und eine Familie über die letzten acht Jahre gegeben hatte. Seit dem Tag, an dem ich wiedergeboren wurde, hatte ich gewollt, dass die körperliche Vereinigung mit meiner Ehefrau einen ganz besonderen Bund zwischen uns darstellt. Ich wollte mich für sie bewahren und damit warten, diese intime Verbindung einzugehen, bis wir unser Eheversprechen abgelegt hätten. Es erinnerte mich daran, wie Jesus auch wartet, bis wir Buße tun und unser Leben in seine Hand legen, ehe er wirklich in unser Leben Einzug hält. Nun gab es für mich keinen Zweifel mehr daran, dass Janet Bell die Person war, mit der ich mein ganzes Leben und den Rest unseres gemeinsamen Lebens teilen wollte. Ich sehnte mich danach, gemeinsam mit ihr die Herausforderungen zu meistern, denen wir auf unserer Lebensreise begegnen würden, eine Familie großzuziehen und mit ihr gemeinsam Gott zu dienen. Ab Mittwoch war ich nur noch ein hoffnungsloser Fall, bis über beide Ohren verliebt und unfähig, an etwas anderes zu denken als diese hübsche Frau, die so unverhofft ihren Weg in mein Leben, mein Herz und meine Gedanken gefunden hatte.

Abends besuchte ich Eddie und Shirley. „Was mache ich, wenn sie mich nicht heiraten will?“, fragte ich sie. „Ich könnte es nicht ertragen, noch einmal eine gescheiterte Verlobung durchzumachen.“ Schon bei dem Gedanken daran zog sich mein Herz zusammen. „Mach dir keine Sorgen, Brad“, sagte Eddie tröstend. „Sie wird dich heiraten.“ – „Woher willst du das wissen?“, fragte ich. „Hast du mit ihr gesprochen?“ – „Nein, das habe ich nicht. Aber ich weiß, dass sie dich heiraten wird. Entspann dich.“

Am Montag, dem 24. April 1979 kam ich zum Haus der Familie Bell. Zu meiner Verwunderung sah ich, als ich die Auffahrt hinauffuhr, dort einen roten Datsun Cherry, Baujahr 1978, mit schwarzer Innenverkleidung stehen. Es war, als ob Jesus mir lächelnd zuflüsterte: „Ich werde dir nicht nur eine Ehefrau schenken, sondern auch das Auto, das du dir gewünscht hast“. Wir machten einen Spaziergang mit den Jungs und Macky, dem Golden Labrador. Ich stellte ihr Fragen über ihr Leben und ihre Zukunft, auf die sie eher unverbindlich antwortete. Doch in meinem Geist verstand ich: „Meine Zukunft ist mit deiner Zukunft eng verflochten. Was auch immer ich tue, werde ich mit dir gemeinsam tun.“ Diese Eindrücke waren so stark, dass ich wusste, dass der Heilige Geist mir die Antwort auf die Fragen gab, die ich stellte. Es gab keinen Zweifel. Wenn Jesus etwas zu sagen hatte, dann war es für ihn ein Leichtes, sich verständlich zu machen, selbst mir gegenüber. Als wir wieder zum Haus zurückkehrten, las ich den Jungen eine Geschichte vor und half, sie ins Bett zu bringen. Danach kam ich wieder herunter zu einem köstlich duftenden Abendessen aus Hühnchen und Reis, das Janet zubereitet hatte – und das wir nicht anrühren würden.

Ich war auf jeden Fall überrascht, als Janet mich so direkt fragte, warum ich gekommen war, aber für mich war es in der vergangenen Woche sonnenklar geworden, dass Jesus mich in den letzten acht Jahren darauf vorbereitet hatte, der Ehemann dieser Frau und der Vater ihrer Kinder zu werden. Und es war etwas, was ich mehr als alles andere wollte. Sie führte mich zum Sofa, und wir umarmten einander. Sie erzählte mir, wie der Vater sie auf ein gemeinsames Leben mit mir vorbereitet hatte. Ich saß voller Staunen da und hörte zu, als sie mir die folgende Geschichte erzählte:

> *Nachdem ich von Neuem geboren und mit dem Heiligen Geist erfüllt wurde, kam ich mit einigen Freunden hin und wieder nach Hollybush. Ich habe dich predigen gehört, aber ich kannte nur deinen Vornamen, Brad. Mein Mann ist im Januar letzten Jahres an einem Gehirn-Aneurysma gestorben, und bei seiner Beerdigung kamen viele meiner Familienmitglieder zum Herrn. Doch nach einer Weile begann ich, mich zu fragen, ob ich jetzt immer allein bleiben*

und die beiden Jungen allein aufziehen müsste. Eines Tages, als ich betete, hörte ich den Heiligen Geist zu mir sagen: „Da sind Flüsse zwischen euch, aber der Graben wird überbrückt werden". Ich hatte keine Ahnung, was das bedeutete, aber ich bewegte diese Worte in meinem Herzen. Vielleicht erinnerst du dich, dass wir uns im letzten Juli bei einer Veranstaltung der Geschäftsleute des vollen Evangeliums begegnet sind. Es war in Washington, in der Grafschaft Durham. Jim war der Sprecher und du hast dich zu uns an den Tisch gesetzt. Ich sah dein Namensschild und erfuhr, dass dein Nachname Thurston war. Kurz darauf fuhr ich weg und besuchte meine Schwester und ihre Familie in Newburgh, im US-Staat New York. Eines Tages gingen wir am Ostufer des Hudson-Flusses einkaufen. Die Brücke der Autobahn 84 war damals noch im Bau, und der gesamte Verkehr wurde auf zwei Fahrspuren auf der Brücke der Westseite umgeleitet. In der Mitte der Brücke sahen wir einen Lastwagen auf uns zukommen, der auf seiner Seite den Namen „Thurston" geschrieben hatte. Ich dachte: „Das ist Brads Name!". Später, während meiner Stillen Zeit, erinnerte ich mich daran, was der Heilige Geist mir über die Flüsse und den Graben, der überbrückt werden sollte, gesagt hatte ... Wir waren direkt über dem Hudson-Fluss, und eine Brücke wurde gerade über diesen Graben gebaut, und dann war uns dieser Lastwagen mitten auf der Brücke entgegengekommen, auf dem dein Name ge-

schrieben stand. Ich fragte mich also, ob Gott mir dich als Ehemann geben wollte. Je mehr ich darüber betete, umso mehr war ich davon überzeugt, dass es Gottes Verheißung an mich war. Doch als ich nach Hollybush zurückkehrte und dir begegnete, konntest du dich nicht an mich erinnern. Ich vertraute mich also meinen beiden Gebetspartnern an, sagte ihnen aber, dass es streng geheim war und sie keinem etwas darüber sagen durften. Ich fragte mich, ob ich noch ganz richtig im Kopf war. Sie waren aber auch der Meinung, dass es ganz bestimmt Gottes Wille war und dass ich Geduld haben musste.

Über die nächsten paar Monate betete ich weiter, dass Gott dir ebenfalls zeigen würde, dass wir zusammengehören. Doch dann fing ich an, Träume über eine Tochter zu haben, die wir gemeinsam haben würden, und ich begann, mich darüber zu sorgen, ob ein Engagement deinerseits auch meine Familie beinhalten würde. Da hat Gott mir gezeigt, dass er immer den ersten Platz in deinem Leben haben musste. Er würde uns versorgen, aber ich musste dich freisetzen, um ihm zu dienen. Zu der Zeit habe ich angefangen, für deinen Dienst und alles, was du tust, zu beten. Das war auch zu der Zeit, als wir uns in Jims Küche begegnet sind, wenn du dich erinnerst.

Wie auch immer, es schien, als würde Gott mir auf verschiedene andere Weisen, Träume, Prophetien und Bibelverse bestätigen, dass wir eine

Familie bilden würden. Direkt vor der Einweihung des neuen Gebäudes in Hollybush traf ich mich mit meinen Gebetspartnern und sagte Gott, dass ich im Geist schon alles wusste, aber dass ich auch eine Bestätigung im Fleisch brauchte. Ich bat ihn, an jenem Samstag irgendetwas zu tun oder aber all diese Gefühle wegzunehmen, denn ich konnte es nicht länger aushalten. Am Freitag vertraute ich Mark ein Geheimnis an. Ich sagte ihm, dass er einen neuen Daddy bekommen würde und dass es Brad sein würde. Ich sagte ihm auch, dass wir ihn am Samstag treffen würden, aber dass er nichts verraten durfte, weil Brad es noch nicht wusste. Und Daniel konnten wir auch nichts davon sagen. Es war unser beider Geheimnis.

Wir trafen dich und Shirley Lamb vor Beginn der Veranstaltung, aber dann warst du verschwunden und wir sahen dich nicht wieder. Meine Freunde waren beunruhigt, denn sie wussten ja, was ich gebetet hatte. Und jetzt, wo du nicht mehr da warst, wussten sie nicht, was sie mit mir machen sollten. Wie auch immer, es wurde dunkel, und ich wusste, dass Mark in der Tonkabine war. Aber ich musste herausfinden, wo Daniel steckte. Ich schlich mich also aus dem Gottesdienst weg, um ihn zu suchen. In dem Moment stieß ich auf dich, und du fragtest, ob du mich einmal besuchen kommen könntest. Als ich also wieder im Gottesdienst war, flüsterte ich meinen Freunden zu, dass „es“ passiert war!

Auf diesen Tag hatte ich neun Monate lang gewartet.

Da es schon fast Mitternacht war, beschloss ich, Eddie und Shirley anzurufen, um ihnen die gute Nachricht mitzuteilen. „Du hättest mich nicht aufzuwecken brauchen, um mir das zu erzählen", sagte Eddie schlaftrunken. „Ich habe dir doch gesagt, dass sie dich heiraten wird." Wir riefen auch bei meinem Vater in den USA an, um ihm zu sagen, dass wir uns verlobt hatten. Wir luden ihn auch gleich ein, bei unserer Hochzeit zu predigen. Am nächsten Morgen, als Mark aufwachte, ging er schnurstracks zu seiner Mutter und fragte, ob Brad jetzt wusste, dass er sein neuer Vater sein würde. „Ja, jetzt weiß er es", antwortete Janet mit einem selbstbewussten Lächeln.

Für uns gab es nun keinen Zweifel mehr daran, dass Gott diese Ehe gestiftet hatte, und so entschieden wir, dass es für die Kinder und für uns das Beste wäre, so schnell wie möglich zu heiraten. Mein Zeitplan für das Jahr stand schon ziemlich genau fest, und ich hatte die Möglichkeit einer ungeplanten Hochzeit dabei natürlich nicht berücksichtigt. Aus diesem Grund beschlossen wir, unsere Hochzeitsreise mit einer vorgesehenen Dienstreise nach Deutschland zu verbinden und am Montag nach Pfingsten zu heiraten. Damit war unsere Hochzeit die erste Hochzeit in dem neuen Gemeindegebäude. Wir luden einfach alle ein mitzufeiern, die gerne wollten. Mein Dad konnte seinen Zeitplan so umstellen, dass er kommen konnte. Jim Wilkinson und Eddie Lamb leiteten gemeinsam die Traufeier. An die Predigt von Dad erinnerten sich viele hinterher, weil er erzählt hatte, wie die

Fluglinien sein Gepäck verloren hatten. Er erwähnte auch, dass er sich von mir einen Anzug ausleihen musste, um zu predigen. Wenn er das gewusst hätte, sagte er, dann hätte er mir einen besseren Anzug gekauft. Wir schrieben unser eigenes Ehegelöbnis auf, worin wir auch erwähnten, dass ich Mark und Daniel adoptieren und sie wie meine eigenen Söhne aufziehen würde, genau wie der himmlische Vater uns in seine Familie adoptiert hatte. Es war eine herrliche Feier, bei der alle sehr viel Spaß hatten. Gleich im Anschluss daran fuhren wir nach Deutschland, um einige Evangelisationsveranstaltungen zu leiten.

8. Kapitel: Vom schottischen Hochland in die ganze Welt

In den ersten Monaten unseres Zusammenlebens konzentrierten Janet und ich uns darauf, zunächst unsere Beziehungen zueinander als Familie zu bauen. Ich benötigte einen Schnellkurs darin, wie man ein guter Vater ist. Janet war wirklich sehr geduldig und vertrauensvoll und half uns allen dabei, zu einer Familie zusammenzuwachsen. Als wir von unserer Hochzeitsreise zurückkamen, rannte Daniel einige Tage lang herum und rief mir zu: „Braddy Daddy! Braddy Daddy!". Doch dann begnügte er sich damit, mich einfach „Dad" zu nennen. Kurz darauf kam Mark zu mir und fragte: „Brad, kannst du mir ein bisschen Taschengeld geben?". – „Ich dachte, dass Dads diejenigen sind, die Taschengeld verteilen", antwortete ich. Mark dachte einen kurzen Moment nach und sagte dann mit einem breiten Lächeln: „Dad, kannst du mir ein bisschen Taschengeld geben?". In den folgenden Jahren haben mir viele Leute gesagt, wie sehr Mark mir ähnlich sieht, und dann lächelten wir uns immer einander zu und bedankten uns für das Kompliment. Wir freuten uns an allem, was der Vater tat, um unsere Beziehungen zueinander so schnell zu festigen und dafür, dass er uns die so sehr benötigte Weisheit gab, um eine Familie zu werden, die an erster Stelle Gott die Ehre gibt.

Wir setzten uns auch bestimmten Leitlinien, nach denen wir uns in unserer Beziehung in den kommenden Jahren richten wollten. Eines dieser Prinzipien war, dass wir nie eine wichtige Entscheidung treffen wollten, wenn wir uns darin nicht einig waren. Als Ken Kyle, der Pastor der Gemeinde des Kreuzes in Kilmancolm in Schottland uns dann einlud, dorthin umzuziehen und mit der Arbeit unter den Kindern und Jugendlichen zu helfen, waren wir beide einverstanden, dass wir das tun würden – allerdings nur für zwei Jahre. Obwohl Janet und ihre Familie ursprünglich aus Fife stammten, hatte sie nur eine kurze Zeit in Schottland gelebt. Wegen der Arbeitsstelle ihres Vaters war sie in England aufgewachsen. In Kilmacolm, eine Stadt in der Nähe von Glasgow, hatten wir die Möglichkeit, als Familie zusammen zu sein und gleichzeitig einen geistlichen Dienst auszuüben. Unsere Zeit mit der Gemeinde des Kreuzes war mit wunderbaren Freundschaften, herrlichen Gottesdiensten und einem produktiven Dienst sehr gesegnet. Ein ganz besonderer Genuss war für uns frischer Fisch und Pommes Frites mit Malzessig und eingelegten Zwiebeln, die wir am Ufer des Flusses Clyde verspeisten. Die jungen Leute, die zu uns nach Hause kamen, liebten es, mit mir, dem ahnungslosen Amerikaner, Scherze zu treiben. „Du solltest dich besser vor meiner Schwester in acht nehmen", sagte einer von ihnen einmal zu den Jungs. „Sie kann Jumbo-Jets kickstarten." Als Daniel einmal mit einem von ihnen schimpfte, weil er sein Messer abgeleckt hatte, sagte der verächtlich: „Was'n los? Wenn die Könijin det kann, dann kann ick det och." – „Mama", fragte Daniel, „stimmt es, dass die Königin ihr Messer ableckt?". An unserem ersten Hochzeitstag gingen Janet und ich mit den Jungen zu einem Richter und konnten die Adoption rechtsgültig machen. Das war ein großartiges Geschenk zum Hochzeitstag. Wir genossen unsere Zeit in Kilmacolm sehr. Die Gemeinde war für uns wie eine große Familie, und wir hatten das Vorrecht, entschiedenen Christen zu dienen, die mit großem Eifer Jesus nachfolgten. Drei bedeutende Ereignisse geschahen in Schottland, die uns halfen, unseren gemeinsamen, zukünftigen Dienst herauszubilden.

Das erste war die Einlösung meines Versprechens, einen Besuch in Uganda bei John Mattison, dem Missionar aus Hollybush, zu machen. Zwei Farmer aus der Gemeinde in Hollybush begleiteten mich auf dieser Reise, die für uns alle die erste Reise nach Schwarzafrika war. Im April 1979 war Idi Amin, der Despot, der mit Terror über Uganda regiert hatte, von einer Befreiungsarmee aus Tansania ins Exil getrieben worden. Er hatte unter anderem die meisten Ausländer gezwungen, das Land zu verlassen, und hatte über 300.000 Menschen aus seinem eigenen Volk umbringen lassen, darunter auch den anglikanischen Erzbischof von Uganda. Das Land war immer noch durch den Krieg und die Dürre, die im Nordosten von Uganda eine Hungersnot hervorgerufen hatte, in einem erbärmlichen Zustand. Es schien, der richtige Zeitpunkt für mich zu sein, dem Vater zu gehorchen und diesen Besuch zu machen, und so machten wir Pläne, im Frühjahr 1980 zu fliegen. Am Sonntag vor unserer Abreise von Kilmacolm betete die Gemeinde am Ende des Abendgottesdienstes für John und mich. Sie beteten für Bewahrung und Erfolg für unseren Dienst. Ich freute mich sehr auf die Reise, auch wenn ich keine Ahnung hatte, was mich dort erwartete, und ich nicht wusste, was John für uns organisiert hatte. Doch ich löste ein Versprechen ein, das ich Gott im Alter von 13 Jahren gegeben hatte. Es musste einfach gut werden. Jetzt, im reifen Alter von 28, frisch verheiratet und voller Vorfreude darauf, was Gott tun würde, machte ich mich auf den Weg in ein großes Abenteuer in einem Land, das ich noch nie zuvor betreten hatte. John informierte uns, dass er uns in Nairobi in Kenia vom Flughafen abholen und uns dann mit dem Auto nach Kampala bringen würde. Als ich ihn jedoch am Flughafen erblickte, sah er bleich und völlig erschöpft aus.

Als wir zu dem Haus kamen, wo wir alle untergebracht werden sollten, kam John in mein Zimmer und verkündete, dass er überhaupt keine Predigteinsätze für mich organisiert hatte. Um es auf den Punkt zu bringen: Er wollte eigentlich überhaupt nicht wieder nach Uganda zurück. Als ich etwas nachhakte, erzählte er mir die folgende Geschichte:

> *Letzten Sonntagabend um elf Uhr nachts (übrigens genau die Uhrzeit, als wir unsere Gebetszeit in Kilmacolm hatten) saß ich in meinem Wohnzimmer und schrieb einen Brief, als ich plötzlich aufblickte und vor meiner Haustür Soldaten sah. Sie richteten ihre Gewehre auf das Türschloss, und als sie anfingen zu schießen, hechtete ich in die Küche. Sie feuerten auch in die Küche hinein, ehe sie hinter mir herkamen. Einer der Soldaten schob mir sein Gewehr unters Kinn und marschierte mit mir nach draußen. Ich dachte, es wäre meine letzte Gelegenheit, jemandem von Jesus zu erzählen, und so sagte ich ihm ganz direkt, dass er, wenn er jetzt abdrückte, den Rest der Ewigkeit in der Hölle verbringen würde. Ich sagte aber auch, dass Jesus*

ihn retten und verändern könnte. Er wurde wütend auf mich und schlug mich mit dem Gewehr ins Gesicht. Ich stürzte über das Geländer meiner Veranda und konnte mich in den Büschen verkriechen. Ich wartete dort, während sie das Haus ausraubten und versuchten, mein Auto zu stehlen. Wie du weißt, bin ich Automechaniker, und niemand außer mir kann diesen Wagen wirklich fahren. Als das Auto am Ende der Einfahrt stehen blieb, ließen sie es einfach dort und gingen weg. Ich konnte mein Auto wiederholen und wegfahren, um bei anderen Menschen Unterschlupf zu finden. In der folgenden Nacht ereignete sich das Gleiche bei meinen Nachbarn, aber sie wurden tatsächlich umgebracht. Jetzt bin ich hier, und es ist wirklich nicht sicher, dorthin zurückzugehen.

„Aber das müssen wir", beharrte ich. „Ich habe Gott versprochen, dass ich kommen würde, und er hat alles für uns vorbereitet." Noch einmal versicherte er mir, dass er nichts für uns organisiert hatte, lenkte dann aber ein und meinte, dass er uns mit zu sich nach Hause in Kampala nehmen würde. Er hatte einen Behälter für Saatgut gebaut, den er in Soroti, im Nordosten des Landes, abliefern musste. Er schlug vor, dass wir auf dem Weg dorthin einige Leute besuchen könnten, die er kannte, und eventuell noch einen anderen Missionar in Karamoja an der sudanesischen Grenze. Das schien mir ein guter Plan zu sein, und so machten wir uns auf den Weg. Als wir bei ihm zu Hause ankamen, zeigte er uns den Schaden und ich kratzte einige der Gewehrkugeln aus der

Wand in der Küche heraus. Er konnte es arrangieren, dass ich in einer dortigen Gemeinde predigte, ehe wir mit unserer Safari begannen. Die Kirche war zum Bersten voll mit Menschen, die unter dem unterdrückerischen Regime viel gelitten hatten. Viele reagierten positiv auf die Botschaft der Erlösung und das Gebet um Heilung von Bitterkeit und Hass. Tränen der Vergebung flossen in Strömen an jenem Abend, und ich hatte den Eindruck, dass es der Beginn einer ganz besonderen Zeit des Dienens war. Als wir am nächsten Tag in Richtung Soroti im Nordosten fuhren, spielten wir das Spiel „Ich sehe ein wildes Tier, und das heißt ...“. Giraffen, Zebras, Affen, exotische Vögel und alle möglichen Arten von Antilopen tummelten sich in der atemberaubend schönen Landschaft. Wir waren von der Schönheit der Schöpfung absolut begeistert.

Am späten Nachmittag erblickten wir einen hochgewachsenen afrikanischen Mann, der am Straßenrand stand. John hielt neben ihm an, um ihn zu begrüßen. „Dies ist Geresom Ilukor, der anglikanische Bischof von Soroti“, sagte er, als er uns einander vorstellte. „Willkommen“, sagte der Bischof, „wir freuen uns, dass ihr gekommen seid. Wir warten schon seit einigen Tagen auf eure Ankunft.“ Ich dachte, dass John mir gesagt hatte, nichts zu erwarten, weil er keine Veranstaltungen organisiert hatte. Dies war in der Tat für uns alle eine freudige Überraschung. Der Bischof bat mich, in seinem Wagen mitzufahren, und wir bogen von der Hauptstraße ab, um auf einer Art Ziegenpfad weiter durch den Busch zu fahren. Dann, wie aus dem Nichts, teilte sich das Buschwerk zu beiden Seiten des Pfads und legte eine

Menschenmenge frei, die mit strahlenden Gesichtern erwartungsvoll und begeistert ausriefen: „Die Gäste sind angekommen!“. Wir fuhren zu einem kleinen Dorf, das aus einigen mit Strohdächern bedeckten Lehmhütten bestand. Es schien, als wären sehr viel mehr Menschen versammelt, als Schlafplätze vorhanden waren. „O“, sagte der Bischof, „die meisten sind für die Nacht nach Hause gegangen. Wir hatten heute hier sehr, sehr viele Leute. Sie werden jetzt die Trommeln spielen und allen sagen, dass sie morgen wiederkommen sollen, damit Sie für sie predigen können. Jetzt werden wir essen.“

Ich lernte, wie man sich richtig hinsetzt, so wie alle anderen, wie man Seife und Wasser über die Hände gegossen bekommt, um sich zu waschen, und wie man mit den Fingern isst. „Wir mögen es, das, was wir essen, zu riechen und anzufassen“, wurde mir gesagt. Wir schliefen unter Moskitonetzen, um keine Malaria zu bekommen, und am Morgen tranken wir Chai, einen sehr stark gesüßten, aufgekochten Tee mit Milch. Dann wurde uns gezeigt, wie man von einem bestimmten Baum einen Zweig abbricht, darauf herumkaut, bis er wie eine Bürste aussieht, um sich dann damit die Zähne zu putzen. Zum Glück gab es am Ende des Dorfes auch Latrinen.

Bald nach Sonnenaufgang fingen die Leute an herbeizuströmen. Viele waren mehrere Stunden gelaufen, als die Trommeln sie herbeigerufen hatten. Darunter waren auch ganze Familien, Säuglinge und alte Leute. Alle kamen. Zu Hunderten versammelten sie sich, suchten sich einen Platz im Schatten unter den großen Bäumen und schienen, auf den Beginn des Gottesdienstes gespannt zu warten. Die Musiker unter ihnen holten „Daumenklaviere“ hervor – selbstgemachte Instrumente, die aus einem kleinen Holzkasten bestanden, an dem flachgeklopfte Fahrradspeichen befestigt waren, die mit beiden Daumen angeschlagen wurden und so einen faszinierenden Klang erzeugten. Beim metallischen Klang der Daumenklaviere, begleitet vom rhythmischen Schlagen der Trommeln und einer Kakophonie afrikanischer Gesänge, fingen die Menschen binnen Kurzem voller Freude an zu tanzen. Ich beobachtete staunend ihre Bewegungen. Sie schienen jeden Teil ihres Körpers zu bewegen, nur nicht ihre Füße. Mir wurde klar, dass, wenn sie die Füße zu viel bewegt hätten, eine riesige Staubwolke entstanden wäre, die das gesamte Dorf bedeckt hätte. Die Füße bewegten sich also nur sehr wenig, aber ansonsten bewegten sie sich sehr energisch, was ihnen anscheinend viel Freude bereitete. Anscheinend war die Tatsache, die ersten Weißen hier zu begrüßen, nachdem Idi Amin acht Jahre zuvor alle Ausländer des Landes verwiesen hatte, eine Gelegenheit zum Feiern. Die Kinder kamen ängstlich und langsam auf mich zu, berührten meine weißen Hände und fragten, ob die Farbe abwaschbar war.

Nachdem der Gesang der Dorfbewohner verstummt war, hielt ich eine Predigt, die in Swahili übersetzt wurde. Am Ende meiner Predigt wollten die meisten beten, um Jesus einzuladen, Herr ihres Lebens zu sein. Ich fragte den Bischof dann, ob er uns erlaubte, für jene zu beten, die krank waren. „Das haben wir noch nie gemacht, aber bitte, ihr dürft gerne für sie beten“, war seine Antwort. Es gab dort eine kleine, von den Dorfbewohnern selbst gebaute Kapelle, in die vielleicht einhundert Menschen stehend hineinpassten. Wir luden alle ein, die Gebet empfangen wollten, in die Kapelle zu kommen. So viele Menschen drängten sich in das Gebäude, dass wir nicht mehr durch die Tür hineinkonnten. Wir kletterten also durch ein Fenster, um zu den Leuten zu gelangen und für sie zu beten. Zu dritt verbrachten wir zwei Stunden damit, für all jene zu beten, die an diesem Morgen Gebet wünschten. Ich kann mir vorstellen, dass es so ähnlich gewesen sein muss, als Jesus damals unter freiem Himmel zu den Leuten gepredigt hat, dann für sie betete und ihnen stundenlang diente. Kein Wunder, dass er sogar mitten in einem Sturm tief und fest schlief. Es war eine sehr anstrengende Arbeit. Aber zu erleben, dass Menschen gerettet und geheilt wurden, war die Anstrengung wert. Ich erinnere mich, dass ich für Säuglinge gebetet habe, die Malaria hatten, und wie ich fühlte, wie das Fieber sie verließ, als ich ihre Stirn berührte. Andere standen mit erhobenen Händen umher und lobten Gott für das, was in ihrem Leben geschehen war. Keiner war so erstaunt wie ich, sowohl über den geistlichen Hunger dieser Ugander, als auch die Liebe und Barmherzigkeit Jesu für diese Leute. Wir erlebten, wie arme, schwache und bedürftige Menschen in einer Weise gesegnet wurden, von der ich zuvor nur im Neuen Testament gelesen hatte. Der Bischof nahm uns mit zu Dörfern in seiner gesamten Diözese, und wo wir auch hinkamen, erlebten wir den gleichen geistlichen Hunger bei Tausenden von Menschen, die sich in diesen Veranstaltungen entschieden, Jesus zu folgen. Sehr bald meinte der Bischof, dass wir nun nirgendwo mehr hingehen sollten, ohne auch für die Kranken zu beten. Für Menschen, die keinen Zugang zu ärztlicher Versorgung oder Medikamenten hatten, war es Leben rettend, geheilt zu werden. Wir waren völlig überwältigt, dass der Vater zwei Farmer aus Yorkshire und einen unbekannten jungen Mann aus den USA gebrauchte, um seine Liebe an so viele Menschen weiterzugeben.

Diese Konfrontation mit Hungersnot und Armut weckte in mir die Barmherzigkeit Jesu für jene, die so sehr aufgrund von Sünde und Naturkatastrophen leiden. Es ist schon schlimm genug, wenn Hunger und Krankheit die Folge von Hungersnöten und Unkenntnis sind. Aber zu erleben, dass so viele Menschen leiden, weil herzlose und böse Regenten gegen sie sündigen, indem sie die Armen für ihre eigene Habgier und Macht missbrauchen, ist noch viel schlimmer. Aus diesem Grund hat Jesus sicherlich in Matthäus 9,37-38 gesagt:

> *„Die Ernte zwar ist groß, die Arbeiter aber sind wenige. Bittet nun den Herrn der Ernte, dass er Arbeiter aussende in seine Ernte!“*

Wenn Missionare zusammenkommen, reden sie oft darüber, was für seltsame und ungewöhnliche Nahrung sie auf ihren Reisen gegessen haben. Die Mahlzeit, die mir am allerschwierigsten zu essen fiel, wurde uns bei dieser Reise serviert: In einem bestimmten Dorf waren alle Schulkinder zu der Evangelisationsveranstaltung unter den Bäumen gekommen. Nachdem wir gepredigt und für die Kranken gebetet hatten, wurden wir zum Essen eingeladen. Die Dorfleute bauten auf einem Feld einen Tisch auf und holten drei wackelige Stühle für die „Ehrengäste“. Als wir uns an den Tisch setzten, wurde ein Teller mit gerösteten Erdnüssen vor uns hingestellt. Es war alles, was das Dorf seinen Gästen anzubieten hatte. Ich schaute auf die Gesichter der hungernden Kinder, die vor mir saßen, und fragte mich, wie um alles in der Welt ich auch nur einen Bissen herunterbringen sollte in dem Bewusstsein, dass dies alles war, was sie besaßen. Ihre Gastfreundschaft abzulehnen, wäre eine Beleidigung gewesen, und so versuchten wir alle drei, eine Erdnuss zu essen. Wir bedankten uns dann herzlich und baten unsere Gastgeber, den Rest bitte den Kindern zu geben, damit alle an der Freundlichkeit, die sie uns gegenüber erwiesen hatten, Anteil haben konnten.

Ich hatte bemerkt, dass der Bischof während dieser Willkommensfeier einige der ärmsten Kinder, die vor uns gesessen hatten, zu sich gerufen hatte. Später erfuhr ich, dass er zu jedem Gottesdienst ein paar Kleidungsstücke für die allerärmsten mitbrachte. Während wir beschäftigt waren, verteilte er diese dann an die Bedürftigen. Er wusste, wie er seinen eigenen Leuten helfen konnte. Das Miterleben dieser Armut und Offenheit gegenüber dem Evangelium stellte meine Einstellung zum Leben und zum Dienst mehr als alles andere, was ich je erlebt hatte, in Frage. Was konnten wir tun, um die Welt, in der wir leben, nachhaltig zu verändern? Konnten wir einen Unterschied bewirken? Und wenn ja, wie? Dieser kurze Besuch in Uganda hat mich motiviert, eine Antwort auf diese Fragen zu finden. Mehr als das: Er beeinflusste sogar den weiteren Verlauf meines Lebens.

Ein zweites Ereignis trug ebenfalls grundlegend dazu bei, den weiteren Verlauf unseres Lebens zu bestimmen. Während Janet zu Hause blieb, um unseren Dienst dort fortzuführen, besuchte ich mit einigen jungen Männern aus der Jugendgruppe in Kilmacolm andere Jugendgruppen im größten industriellen Ballungsgebiet Deutschlands: dem Ruhrgebiet. Das Ruhrgebiet umfasst 54 Städte und Bezirke und hat eine Bevölkerung von 5 Millionen Menschen. Hajo Klösel lud mich immer wieder ein und organisierte Predigttermine und Veranstaltungen. Unsere Reise begann mit der Fahrt nach Hull in Nordengland, wo wir eine Übernacht-Fähre nach Rotterdam bestiegen. Ehe wir uns schlafen legten, wollten wir noch eine gemeinsame Gebetszeit haben, um uns auf die vor uns liegende hektische Zeit vorzubereiten. Wir suchten auf dem Schiff nach einem geeigneten Ort dafür und fanden einen Raum, der als „Raum der Stille" bezeichnet war. Wir fanden, dass es genau der richtige Raum für eine „Stille Zeit" mit dem Herrn war. Ich glaube, unsere „stille" Zeit war wahrscheinlich eher laut, denn die Begeisterung über die Gegenwart unseres himmlischen Vaters erfüllte den Raum. Wir lasen 1. Thessalonicher, Kapitel 1 und 2, und eine Vision bildete sich in unseren Herzen und in unserer Vorstellung. Auf diese Schriftstelle beziehend, prophezeiten wir dann über eine Stunde lang übereinander. Ich hatte eine Karte von Europa dabei, die ich auf einem Tisch ausbreitete, um sie mit den anderen zu studieren. In den Bibelstellen, die wir lasen, hatte der Apostel Paulus gerade einige Wochen in Thessaloniki verbracht, und war dann davongejagt worden. Auf seinem Weg nach Athen traf er in der Gegend von Achaja auf einige Jünger Jesu. Da er der erste Apostel war, der in diese Gegend kam, fragte er sie, ob sie das Evangelium verstanden und wie sie davon erfahren hatten. Seeleute aus Thessaloniki, deren Leben sich durch eine Begegnung mit Jesus im Verlauf des ersten Besuchs von Paulus dramatisch verändert hatten, waren noch vor Paulus in diese Städte gekommen, und so kam er zu der folgenden Schlussfolgerung:

> *„Und ihr seid unsere Nachahmer geworden und die des Herrn, indem ihr das Wort in viel Bedrängnis mit Freude des Heiligen Geistes aufgenommen habt, sodass ihr allen Gläubigen in Mazedonien und in Achaja zu Vorbildern geworden seid. Denn von euch aus ist das Wort des Herrn erschollen, nicht allein in Mazedonien und in Achaja, sondern an jeden Ort ist euer Glaube an Gott hinausgedrungen, sodass wir nicht nötig haben, etwas zu sagen. ... Denn wer ist unsere Hoffnung oder Freude oder Ruhmeskranz – nicht auch ihr? – vor unserem Herrn Jesus bei seiner Ankunft? Denn ihr seid unsere Herrlichkeit und Freude." (1.Thes 1,6-8; 2,19-20)*

Was wir aus diesem Text verstanden, war folgendes: Evangelisation und Jüngerschaft in einer Metropole mit aufeinander treffenden, unterschiedlichen Volksgruppen, würde die Evangelisierung der gesamten Welt zur Folge haben. Sowohl die Methode der Jüngerschaft, als auch der Fokus auf das Erreichen von Menschen in anderen Kulturen, würde die Herrschaft Gottes auf wirksame Weise ausdehnen. Als wir die Karte von Europa betrachteten, sahen wir, dass das Ruhrgebiet für Europa wie eine Kreuzung war. Es war auch das Gebiet Deutschlands, in das Menschen aus vielen unterschiedlichen Nationen hinkamen, um in Flüchtlingsunterkünften untergebracht zu werden oder um zu arbeiten. Eine effektive Evangelisation und biblische Jüngerschaft in dieser Region könnte eine weltumspannende Missionsbewegung hervorrufen. Es war eine mächtige Botschaft, und wir waren uns bewusst, dass wir die jungen Leute damit motivieren konnten, ihren Glauben aktiv mitzuteilen. Sie konnten die gesamte Welt berühren, ohne von zu Hause fortzumüssen.

In jeder Veranstaltung, an der wir teilnahmen, strömten die jungen Leute herbei, um für sich beten zu lassen und sich zu engagieren, ihre Region mit dem Evangelium zu erreichen. Das geschah in jeder Veranstaltung – außer einer. Bei dieser einen Veranstaltung war die Reaktion eines jungen Mannes: „Es wird nicht funktionieren. Billy Graham ist hierhergekommen und hat uns gesagt, was wir tun müssen. Aber es hat nicht funktioniert. Yonggi Cho ist hergekommen und hat uns gesagt, was wir tun müssen – aber es hat nicht funktioniert. Und jetzt kommt ihr her und sagt uns, was wir machen sollen. Aber das wird auch nicht funktionieren. Wir haben es nötig, dass jemand hierher zu uns kommt und uns zeigt, wie es geht.“ Dass es ein Kompliment war, im gleichen Atemzug wie Billy Graham und Yonggi Cho erwähnt zu werden, beachtete ich nicht weiter. Stattdessen fokussierte ich mich auf den offensichtlichen Mangel an Glauben dieses jungen Mannes. Ich hätte ihn wahrscheinlich nicht deswegen tadeln sollen. Doch statt mich über all die guten Dinge zu freuen, die Jesus auf diesem Einsatz getan hatte, blieb mir am nachhaltigsten in Erinnerung, wie mich dieser junge Mann verärgert hatte.

Als wir wieder zu Hause waren, fühlte ich, wie der Heilige Geist in meinem Herzen arbeitete und mich drängte, die Herausforderung dieses jungen Mannes anzunehmen. Ich war immer noch nicht so weit, dass ich in Deutschland leben wollte, auch wenn ich jedes Jahr mehrere erfolgreiche Einsätze dort durchgeführt hatte. Ich konnte dieses Drängen auch aus dem Grund sogleich von mir weisen, weil ich wusste, dass meine Frau nie damit einverstanden wäre, in Deutschland zu leben. Auch wenn die Menschen auf unserer Hochzeitsreise überaus freundlich zu uns gewesen waren, fand sie deutsche Kirchen für ihren Geschmack viel zu steif und nicht genug erweckt. Wir liebten die Gottesdienste in Kilmacolm und Hollybush zu sehr, als dass wir dort weggehen wollten. Und außerdem hatte Janet mir gesagt, dass sie es nicht ertragen konnte, wie viel Brot und Wurst die Deutschen täglich zum Frühstück und zum Abendessen aßen. Und davon war einiges sogar roh, nur mit etwas Zwiebeln und Salz gewürzt. Ganz zu schweigen von der Tatsache, dass die Deutschen sogar pures Schweinefett, nämlich Schmalz, als Brotaufstrich verwendeten. Nein, Janet wäre nie und nimmer damit einverstanden, in Deutschland zu leben. Und da wir beschlossen hatten, wichtige Entscheidungen ausdrücklich nur im gemeinsamen Einverständnis zu treffen, kam ein Leben in Deutschland überhaupt nicht in Frage.

Das letzte wichtige Ereignis, das unser Leben während dieser Zeit in Schottland stark beeinflusste, war die Geburt unserer Tochter Naomi im Krankenhaus von Paisley am 5. Februar 1981. Der Heilige Geist hatte uns unabhängig voneinander eine Tochter versprochen, noch ehe wir verlobt waren. In jenen Tagen informierten die Ärzte ihre Patienten nicht über das Geschlecht des

Kindes ehe es geboren wurde, doch wir wählten schon ihren Namen aus, sangen und beteten mit ihr, als sie noch im Mutterleib heranwuchs. Wir verkündeten allen, dass es ein Mädchen sein würde, dessen Namen Naomi war: „lieblich in den Augen des Herrn“. Einmal kam ein besorgter Pastor zu uns zu Besuch, weil er nicht wollte, dass wir enttäuscht wären, sollte es ein Junge sein. „Was wird geschehen, wenn es kein Mädchen ist?“, fragte er. „Dann wird Gott sich sehr ärgern“, antwortete ich sarkastisch. Ich war dabei, als Naomi auf die Welt kam, und so von dem Wunder der Geburt fasziniert, dass ich die Schmerzen, die Janet bei der Entbindung erlitt, völlig ignorierte und einfach ausrief: „Das ist so unglaublich, lass uns das noch einmal machen!“.

Als unsere Familie größer wurde, war ich immer wieder überrascht, dass der Vater uns immer mit allem versorgte, was wir brauchten, auch wenn ich keine reguläre Arbeit hatte. Als erstes hatte er mich versorgt, damit ich nach England reisen konnte. Dann hatte er für meine persönlichen Bedürfnisse und meinen Dienst gesorgt, und nun versorgte er uns weiter mit allem, was wir als wachsende Familie täglich zum Leben brauchten. Wie schon Hudson Taylor, der Chinamissionar aus dem 19. Jahrhundert sagte: „Gottes Werk – auf Gottes Weise getan – wird nie Gottes Versorgung missen!“[1] Wir waren

[1] Leslie T. Lyall. *A Passion for the Impossible: The Continuing Story of the Mission Hudson Taylor Began*. London: OMF Books, 1963, S. 37; oder: http://www.evangeliums.net/zitate/zitat_13637.html

der lebendige Beweis für Gottes Treue und tägliche Versorgung. Den Glauben, den ich gebraucht hatte, um meinen täglichen Herausforderungen zu begegnen, als ich allein war, war der gleiche Glaube, den Janet und ich nun brauchten, um den Herausforderungen einer wachsenden Familie und eines wachsenden Dienstes zu begegnen. Es war eine wichtige Lektion, die wir lernen mussten.

TEIL 3: 1981–1989

„Ich bete, dass der Glaube, der uns miteinander verbindet, in dir weiter wächst und du immer mehr erkennst, wie reich uns Jesus Christus beschenkt hat." (Phlm 6 – Hfa)

9. Kapitel: Gebete mit eindeutigen Antworten/ Gottes unwiderlegbares Reden

Aus Hajo Klösels regelmäßigen Einladungen, in Deutschland zu dienen, wurden nach und nach regelmäßige Anfragen, gemeinsam einen im Ruhrgebiet basierten Dienst zu beginnen. Ich wich diesen Anfragen immer wieder aus, bis sich im Sommer 1980 etwas Besonderes ereignete: Janet und Daniel waren wieder bei dem jährlich stattfindenden Familiencamp in Hollybush, und Mark war mit mir nach Deutschland gefahren. Hajo hatte mich als Hauptredner für ein Jugendlager im Harz eingeladen, das vom Bund freier Pfingstgemeinden organisiert wurde. Mark und ich machten in Duisburg Halt, um Hajo und seine Frau Ruth zu besuchen, ehe wir in Richtung ostdeutscher Grenze weiterfuhren. „Brad, wir könnten doch ein internationales Zentrum für Evangelisation und Gemeindewachstum gründen. Du musst herkommen und hier vor Ort mit uns arbeiten", drängte mich Hajo wieder. Ich wurde ärgerlich und wollte, dass seine kontinuierlichen Bitten endlich aufhörten, deshalb antwortete ich: „Hajo, wenn Gott meine Frau beruft, mit mir gemeinsam in Deutschland zu dienen, dann werden wir kommen". Ich fühlte mich durch diese Antwort ziemlich gut abgesichert, weil ich nun alles auf Janet schob, wohlwissend, dass sie nie damit einverstanden sein würde, in Deutschland zu leben. „Gut", sagte Hajo, „dann werde ich dafür beten."

Mark und ich fuhren weiter zur „Neuen Mühle", dem Gelände einer stillgelegten Mühle mitten im Harzer

Hochwald. Es war ein ausgezeichneter Ort für ein Jugendlager, und wir genossen die Gemeinschaft mit den anderen Leitern und den Dienst an den Jugendlichen. Der Vater tat ein gutes Werk in ihrem Leben, das war ganz offensichtlich. Es war eine großartige Mischung aus Spaß, Bibellehre und Gebetszeiten, bei denen die meisten Teenies eine persönliche Begegnung mit Jesus hatten. Es war auch gleichzeitig eine besondere Vater-Sohn-Zeit für Mark und mich.

Einer der Mitarbeiter platzte eines Morgens herein und unterbrach mich mitten im Bibelunterricht. „Du hast einen Telefonanruf im Büro", sagte er. „Ein Anruf aus England." Mein erster Gedanke war, dass bestimmt etwas Schlimmes in Hollybush mit Janet oder Daniel passiert war. Ich rannte über die Straße, um das Gespräch anzunehmen. Internationale Ferngespräche waren damals so teuer, dass man nur in Notfällen anrief. „Brad", klang Janets liebliche Stimme in mein Ohr, „du wirst nie erraten, was gestern Abend passiert ist!" – „Ist alles in Ordnung?" stieß ich hervor. „Ja, schon, aber gestern Abend ist ein absolut ungewöhnlicher Gottesdienst gewesen." – „Was ist denn passiert?" fragte ich, gespannt herauszufinden, was so außergewöhnlich war, dass es diesen Telefonanruf nötig machte. „Also, ich war im Gottesdienst, und ein amerikanischer Pastor predigte, als er sich plötzlich mitten in seiner Botschaft unterbrach und sagte, dass der Herr ein Wort für einen der Anwesenden hätte. Dann sagte er: ‚Ich sage dir, dass du das Land deiner Geburt verlassen musst, das Land, wo du nie die Erfüllung in mir gefunden hast, und so wie Abraham musst du in ein fremdes Land ziehen, ein Land, dessen

Sprache du nicht sprichst, an einen Ort, wo sich dein Ehemann jetzt gerade befindet.' Brad, ich weiß, dass Gott dadurch ganz direkt zu mir geredet hat und mich berufen hat, nach Deutschland zu gehen." Ich glaube, sie brauchte kein Telefon, um zu hören, wie ich, als ich das hörte, laut ausrief: „Neeeeeiiiiin!". Ich war fassungslos. „Wusstest du, dass ich Hajo erst vor ein paar Tagen versprochen habe, dass wir hierher umziehen werden, wenn Gott dich nach Deutschland ruft?"

Es war ganz klar, dass unser Leben sich radikal ändern würde. Der Vater hatte einen bestimmten Plan und lenkte unsere Schritte in diese Richtung. Ich rief Hajo an und erzählte ihm, was geschehen war. Er organisierte auf der Stelle eine Spendensammlung, damit Janet und Daniel in der folgenden Woche nach Deutschland fliegen konnten, und damit wir anfangen konnten, dieses neue Abenteuer zu planen. Bei all der Aufregung über umherschwirrende neue Ideen, vermischt mit Verwaltungsjargon und Amtssprache, wurde mir langsam klar, dass dieser Umzug mehr beinhalten würde als nur freudig Predigteinladungen wahrzunehmen. Ich versuchte, die in mir aufsteigenden Ängste zu ignorieren, und betete innerlich für Beistand, während ich äußerlich eine gute Miene zur Schau trug und versuchte, wie ein Mann mit einem unerschütterlichen Glauben auszusehen. In Wirklichkeit hatte ich den Eindruck, dass ich bis zum Zerreißen gedehnt wurde. Ich wollte lieber nicht wissen, wie es Janet ging und was sie dachte, da ich befürchtete, dass wir versucht gewesen wären, dieser klaren Führung des Vaters nicht zu gehorchen.

Wir kamen überein, im darauf folgenden August 1981 nach Deutschland zu ziehen und uns ein wenig einzuleben, ehe die Jungs mit der Schule beginnen mussten. Mir fiel auf, dass wir im August 1979 nach Schottland gezogen waren, und dass die zwei Jahre, für die wir uns dort verpflichtet hatten, damit abgelaufen waren. Wir waren sicher, dass wir uns im Willen Gottes bewegten und nach seinem Zeitplan handelten. Nun musste vorher noch eine Menge geplant werden. Die Jungs und Janet nahmen in Glasgow Deutschunterricht, um einige Wörter und Sätze zu lernen, und wir waren sehr froh, dass einige unserer Freunde einwilligten, uns beim Umzug unseres Hausrats zu helfen. Ich reiste in den nächsten Monaten mehrmals nach Deutschland, um den Grundstein für den Dienst zu legen, den wir dort beginnen wollten. All die juristischen Begriffe und Terminologien im Zusammenhang mit Gesetzesparagrafen über Wohltätigkeitsvereine waren für mich böhmische Dörfer. Ich musste mich völlig auf Hajo und die anderen Gründungsmitglieder verlassen und damit einverstanden sein, was sie für das Beste hielten. Wenn wir uns darüber austauschten, wer Vorsitzender des Vereins sein sollte, stand für mich die Antwort auf die Frage schon ohne Zweifel fest. Ich hatte mir schon im Vorfeld Gedanken darüber gemacht, warum Missionare oft den einheimischen Christen nicht zutrauten, die Leitung eines missionarischen Dienstes gleich von Anfang an zu übernehmen. Ich fand, dass es doch das Beste wäre, die einheimischen Leiter zu unterstützen und zu ermutigen, damit sie sicher und etabliert waren, wenn der Missionar seinen Auftrag ausgeführt hatte und weiterzog. Jetzt hatte ich die Gelegenheit, meine eigenen Überzeugungen zu testen. Ich sprach mich also dafür aus, dass Hajo der

Vorsitzende unseres frischgebackenen Vereins, dem Christus Centrum Ruhrgebiet, werden sollte.

Unsere ursprünglichen Statuten legten fest, dass wir andere Gemeinden in ihren Bemühungen um Evangelisation und Gemeindewachstum unterstützen wollten. Es gab eine kleine Gemeinde in der Stadt Wesel, direkt am Rhein am westlichen Rand des Ruhrgebiets. Eine Gemeinde in Duisburg, die diese Zweigstelle in Wesel einige Jahre zuvor ins Leben gerufen hatte, bot uns an, diese Gemeinde zu leiten. Unser Wunsch war, zunächst in Wesel eine gut funktionierende Gemeinde zu bauen, ehe wir zu einer anderen Stadt weiterziehen und auf diese Weise das Ruhrgebiet von Westen nach Osten abdecken würden. Wir hatten eine große Vision, sehr viel Eifer und eine kleine Gruppe treuer Mitarbeiter, die an uns glaubten und sich gemeinsam mit uns ans Werk machten.

Im Sommer 1981 machten Janet und ich uns gemeinsam mit unseren beiden Söhnen und unserer kleinen Tochter auf den Weg. Wir nahmen zunächst noch einmal am Familiencamp in Hollybush teil, wo die Geschwister für uns und den Beginn unseres neuen Abenteuers beteten. Wir berichteten voller Eifer über die Nöte, die wir in Deutschland erkannt hatten: Es schien im Land nur einen sehr geringen Prozentsatz engagierter Christen zu geben, auch wenn 90 % der Bevölkerung zur katholischen oder protestantischen Kirche gehörten. Viele dieser Menschen waren als Säuglinge getauft worden und wurden als Namenschristen eingestuft, die nur an Ostern und Weihnachten sowie zu Taufen, Hochzeiten oder Beerdigungen in den Gottesdienst gingen. Doch weniger als 2 % der Bevölkerung sagte von sich selbst, eine persönliche Beziehung zu Jesus Christus zu haben. Deutschland war im Grunde eine humanistisch geprägte Gesellschaft mit historischen und traditionellen Wurzeln im Christentum. Von einem lebendigen Glauben wurde in Geschichten von Martin Luther, Graf Zinzendorf und Dietrich Bonhoeffer berichtet. Auch wenn sich manche noch an die Glaubenstaten der großen deutschen Missionare erinnerten, so waren deren Errungenschaften in der Vergangenheit doch größtenteils in Vergessenheit geraten: Männer wie Christian David, der verfolgte Christen rettete und am Ende eine Erweckung in Grönland bewirkte; Bartholomäus Ziegenbalg, der heute noch für seine Liebesarbeit unter den Tamilen gerühmt ist und einer der ersten protestantischen Missionare in Indien war; Ludwig Nommensen, der die Verfolgung in Sumatra überlebte und dann 510 Schulen gründete, 788 Prediger ausbildete und über 180.000 Menschen zu Christus führte; oder Leonard Dober, der erste Missionar der Herrnhuter Brüdergemeinden, der auf die St.-Thomas-Inseln reiste und später über 220 Missionare mobilisierte, in fremde Länder auf dem gesamten Globus zu gehen. Diese und viele andere hinterließen ein reiches geistliches Erbe in einem Volk, das diese Männer nach zwei Weltkriegen größtenteils vergessen hatte. Deutschland war inzwischen für die moderne historisch-kritische Theologie besser bekannt als für kreative missionarische Tätigkeiten wie zum Beispiel der Einfluss der Herrnhuter Brüder auf Männer wie John Wesley, der große geistliche Erweckungsbewegungen in Großbritannien und den Vereinigten Staaten hervorgerufen hatte.

Große Anstrengungen waren unternommen worden, um ein Land wieder aufzubauen, das vom Krieg zerstört worden war. Der Wiederaufbau der Kathedrale in Wesel war 1981, dem Jahr, in dem wir dorthin umziehen wollten, immer noch im Gang. Das reiche, stolze Erbe einer Stadt, die einst ein sicherer Hafen für christliche Reformer gewesen war, eine Stadt, die einen Peter Minuit hervorgebrachte hatte, der damals den Indianern die Halbinsel Manhattan abkaufte, war gleichzeitig auch der Schauplatz des heftigsten Luftangriffs der Alliierten im Zweiten Weltkrieg. 97 % der Stadt wurden 1945 zerstört. Durch das Wirtschaftswunder, in dessen Zuge Deutschland in enorm kurzer Zeit wieder aufgebaut wurde, wurde Deutschland innerhalb weniger als einer Generationsspanne zu einer der führenden Wirtschaftsmächte der Welt. Unsere Überlegung war, dass eine neue Freisetzung von Ressourcen nötig war, wenn etwa 80 % der weltweiten missionarischen Aktivitäten von Quellen aus den Vereinigten Staaten finanziert wurde, aber gleichzeitig über die Hälfte der Weltbevölkerung noch nie von der erlösenden Kraft Jesu Christi gehört hatte. Menschen, Technologie, Werkzeuge und Finanzen wurden gebraucht, um der Welt das Evangelium zu bringen. Es war uns auch völlig klar, dass die Deutschen, die für ihre ausgezeichneten Tugenden und Expertisen wie z. B. Gründlichkeit, Mut und administrative Fähigkeiten bekannt waren, in vielen Teilen der Welt willkommen wären, die anderen verschlossen blieben.

Wir waren überzeugt, dass Gott das deutsche Volk nicht vergessen hatte, sondern einen Plan für es hatte, wie er es mächtig gebrauchen würde, um die Herrschaft

Gottes weiter auszudehnen. Gott würde dem Teufel nicht erlauben, seine höchste Bestimmung für dieses Volk zu vereiteln. Für Deutschland selbst und für die gesamte Welt würde es ein Segen sein, wenn mehr deutsche Kirchen eine Vision für die Erfüllung des Missionsauftrags erhielten. Denn das war die Aufgabe, die Jesus allen seinen Jüngern gegeben hatte:

> *„Und Jesus trat zu ihnen und redete mit ihnen und sprach: Mir ist alle Macht gegeben im Himmel und auf Erden. Geht nun hin und macht alle Nationen zu Jüngern, und tauft sie auf den Namen des Vaters und des Sohnes und des Heiligen Geistes, und lehrt sie alles zu bewahren, was ich euch geboten habe! Und siehe, ich bin bei euch alle Tage bis zur Vollendung des Zeitalters." (Mt 28,18-20)*

Wenn Deutsche sich mehr in der Weltmission engagierten – durch Gebet, Aussendung und Geben –, dann war es nur normal, dass die Gemeinden in Deutschland auch wachsen würden, sowohl in ihrem Verständnis von Christus als auch zahlenmäßig. Unsere Zeit in Großbritannien hatte uns ein Grundprinzip des Reiches Gottes gelehrt: „Je mehr wir unseren Glauben an Gott an andere weitergeben, umso mehr wachsen wir in unserem Verständnis, wer Gott ist und wer wir in ihm sind. Je hingegebener und verantwortungsbewusster wir im Geben und in der Investition unseres Lebens, unserer Zeit und unserer Finanzen unter der Leitung des Heiligen Geistes sind, umso mehr würde unser treuer Vater uns auch die Leitung und Verwaltung anvertrauen. Deutschland war für uns eine offensichtliche Wahl, wo wir zu einem Segen werden konnten, nicht nur für die Deutschen, sondern potenziell durch sie auch für arme und bedürftige Menschen auf der ganzen Welt. Oft hatte ich meinen Glauben defensiv verteidigt, anstatt ihn kühn zu verkünden. Auf der Straße unter freiem Himmel zu predigen, hatte mir die Augen dafür geöffnet, dass die meisten Menschen sich danach sehnen, gute Nachrichten zu hören, und dass jene, die am heftigsten dagegen argumentierten, mich nur auf die Probe stellten, um zu sehen, ob ich wirklich an das glaubte, was ich verkündigte. Ich erfuhr immer wieder, dass es stimmt, was in Römer 8,19 steht: *„Die ganze Schöpfung wartet sehnsüchtig auf den Tag, an dem die Kinder Gottes vor aller Augen in dieser Herrlichkeit offenbar werden“* (GNB).

Als Janet und ich in Hollybush den Geschwistern aus Großbritannien unsere Vision und unsere Träume mitteilten, traf mich ihre Reaktion völlig unvorbereitet. Ich hatte angenommen, dass sich alle mit uns freuen und unseren Dienst mittragen würden. Einmal nahm mich einer der schon etwas älteren, wohlbekannten Evangelisten beiseite und fragte mich, wieso ich überhaupt bereit wäre, nach Deutschland zu gehen. War mir denn nicht klar, dass manche von ihnen tatsächlich errettet werden könnten, wenn ich dort predigte? Ich war völlig schockiert. Ich wusste zwar, dass ich zur Nachkriegsgeneration gehörte, aber ich hatte eine so tiefsitzende Verbitterung bei denen, die den Krieg miterlebt hatten, nicht erwartet. Erst recht nicht bei Dienern Gottes. Konnte es sein, dass Christen tatsächlich an Vorurteilen, Angst, Hass und Bitterkeit festhalten, dass diese wie eine Festung in ihrem Leben bleiben, auch nachdem sie sich entschieden haben, Jesus zu folgen? Ich fragte mich auch, welche anderen Festungen Christen mit sich herumtragen, ohne sich der Notwendigkeit für Vergebung und Reinigung von diesen Belastungen bewusst zu sein. Durch diese Begegnung fing ich an, besser zu verstehen, dass der Vater nicht nur Krankheiten heilen möchte, sondern auch die, die zerbrochenen Herzens sind. Jesus sehnte sich danach, alles zu erlösen, was durch die Sünde verdorben worden war. Doch wie konnten solche Herzenseinstellungen Heilung erfahren?

Als wir uns auf den Weg machten, um mit der Fähre von Ramsgate nach Dunkerk überzusetzen, mussten wir über viele Dinge nachdenken. Wir mussten ein neues Zuhause schaffen, eine neue Sprache lernen, einen neuen Dienst anfangen, neue Freunde finden, lernen, in einer neuen Kultur zu leben. Wir waren voller Glauben. Nach Deutschland zu ziehen, konnte doch nicht so schwer sein. Schließlich waren wir alle in der westlichen Welt aufgewachsen, und auch wenn es dann in der Nähe keine gute, typisch englische „Frittenbude" gab, gab es zumindest noch Coca Cola und McDonalds, damit wir uns zumindest etwas zu Hause fühlen konnten.

10. Kapitel: Anfangsschmerzen und andere Leiden

Ich saß auf einem Plüschsessel in einer modernen, gut ausgestatteten Bank und wollte am liebsten weinen. Ich musste mich sehr zusammennehmen, damit mir die Tränen nicht die Wangen herunterliefen. Wie um alles in der Welt sollte ich jemals lernen, wie man in diesem Land Bankgeschäfte abwickelt? Wie war es möglich, dass dieses Bankensystem so anders war als das, was ich kannte, und so schwierig zu verstehen? Es gab schon einige Unterschiede zwischen den USA und England, aber zumindest konnte ich da die Kassierer verstehen, wenn sie mit mir redeten. Hier versuchte ich, so gut ich konnte, Deutsch mit ihnen zu sprechen, aber die Worte, die sie verwendeten, wenn sie mir antworteten, waren mir völlig unbekannt. Ich hatte sie noch nie zuvor gehört, ganz zu schweigen davon, dass ich nicht wusste, wie sie in diesem Kontext der Bankgeschäfte zu verstehen waren. Alle Angestellten um mich herum gingen ihren Beschäftigungen nach und ignorierten mich völlig. Sie schienen mit dem Ganzen überhaupt kein Problem zu haben. Ich fühlte mich fremd, allein gelassen und verloren. Wie konnte Gott mich an einen solchen Ort schicken und erwarten, dass ich lebend wieder herauskomme?

Ich war nicht der Einzige, der seine liebe Mühe hatte. Janet erging es ebenso. Es fiel uns sehr schwer, die Deutschen kennen- und verstehen zu lernen. Sie erschienen uns sehr distanziert und nicht sehr freundlich. Hier zu wohnen war ganz anders, als nur einen kurzen Besuch zu machen, bei dem man sich gut um uns kümmerte und für uns sorgte. Als wir die Jungen bei der Schule anmeldeten, fragte uns der Lehrer, wie lange wir hierzubleiben gedachten. Wenn es nur ein paar Jahre wären, dann wollten sie sich nicht zu sehr engagieren, was ihre Schulbildung anging. Wir waren sprachlos. Einmal versuchte Janet, einkaufen zu gehen, ohne dass ich dabei war, um zu übersetzen. Sie musste nur ein paar Dinge besorgen, unter anderem auch Zucker. Als sie stolz über ihre Leistung vom Einkaufen zurückkam und das Paket Zucker öffnete, bemerkte sie, dass der Zucker eine seltsame Konsistenz und einen eigenartigen Geschmack hatte. Später fand sie heraus, dass es Gelierzucker war, kein einfacher Streuzucker. Noch später entdeckte sie die wunderbaren Eigenschaften dieses Zuckers für das Einkochen von Marmelade, aber in dem Augenblick musste sie einfach nur weinen, weil sie sich so nutzlos fühlte. Sie hatte es noch nicht einmal fertiggebracht, die einfachsten Lebensmittel ihrer Einkaufsliste richtig zu besorgen.

Wenn wir Besuch hatten, weigerte er sich, Englisch mit ihr zu sprechen, wenn ich dabei war, um zu übersetzen – auch wenn sein Englisch sehr viel besser war als mein Deutsch. Wenn die Jungs von der Schule nach Hause kamen, erzählten sie uns, wie sie einfach dort saßen und die Lehrer anstarrten, weil sie vom Unterricht überhaupt nichts verstanden. Ich wusste aus eigener Erfahrung in der deutschen Schule, wie schwierig das war, und hoffte, dass sie, so wie ich damals, die Sprache schnell lernen würden, indem sie mit Freunden spielten. Als Janet im Herbst mit unserem vierten Kind, Hannah, schwanger wurde, musste ich sie zum Arzt begleiten, weil der kein Englisch sprach. Ich versuchte ihr, so gut ich konnte, zu versichern, dass der Arzt sehr freundlich, fürsorglich und aufmerksam war, aber seine Art mit schwangeren Frauen umzugehen, war ganz anders, als sie es aus England und Schottland gewohnt war. Die Folge war, dass sie ihm nicht vertraute und die Arztbesuche sehr nervenaufreibend und beunruhigend fand. Sie fühlte sich nicht nur fremd in Bezug auf das tägliche Leben, sondern sogar unsere Gottesdienste waren für sie nicht erbaulich, weil sie die Lieder und Gesänge, die wir sangen, die Gebete, die gesprochen wurden, und die Predigten, die sie hörte, nicht verstand. Sogar die Momente der Gemeinschaft bei einer Tasse Kaffee nach dem Gottesdienst waren eine Qual, weil sie nur einzelne Fetzen der harten, kehlig klingenden deutschen Sprache verstand. Wir alle machten das durch, auf verschiedenen Ebenen, was Missionswissenschaftler einen gründlichen „Kulturschock" nennen.

Jim Wilkinson hatte mir oft gesagt, dass sein Lieblingsausdruck in der Bibel war: *„Und es geschah ..."*. Wir klammerten uns an diesen Worten fest, auch wenn es in den ersten zwei Jahren in der Tat sehr schwierig war, einen neuen Dienst aufzubauen und gleichzeitig unser Leben als Familie in einer für uns so fremden Kultur in den Griff zu bekommen. Allein die Beschaffung all unserer offiziellen Dokumente war ein sehr schwieriges Unterfangen. Ich musste eine Aufenthaltsgenehmigung bekommen, unsere erste Tochter brauchte eine amerikanische Geburtsurkunde und einen amerikanischen Pass. Wir alle brauchten verschiedene Versicherungen, und das deutsche Sozialversicherungssystem war uns völlig fremd. Dann mussten wir uns an unserem Wohnort anmelden und dafür an verschiedenen Ämtern in verschiedenen Gebäuden unterschiedliche Anträge ausfüllen. Ich fühlte mich in diesem komplexen System, das die anderen so normal fanden, völlig desorientiert. Würde ich es jemals begreifen? Würde ich jemals das Vokabular für das, was wir tun mussten, lernen oder den Sinn hinter all dieser Bürokratie verstehen? Wenn ich mich nach der Bedeutung eines bestimmten Wortes erkundigte, erklärte Hajo es mir, und ich versuchte, jeden Tag neue Vokabeln zu lernen, um meinen Wortschatz zu erweitern. Ich nahm ein neues Wort und gebrauchte es in einem vollständigen Satz, um es mir zu merken. Dabei stellte ich etwas sehr Wichtiges fest: Hajo half mir nicht nur dabei, innerhalb des deutschen Systems zu funktionieren, sondern er übersetzte mir auch die Kultur, in der er lebte, und half mir zu verstehen, wie ich ebenfalls darin leben konnte. Er war mehr als nur ein sprachlicher Übersetzer, er war ein kultureller Übersetzer. Dieser Gedanke war mir eine große Hilfe, auch für meine geistliche Anpassung. Ich merkte, wie sehr sich die Kultur des Himmels von unserer weltlichen Umgebung unterschied. Der Himmel ist weder amerikanisch, britisch noch deutsch. Er ist *„Gerechtigkeit, Frieden und Freude im Heiligen Geist“*. Wir brauchen alle jemanden, der uns hilft, die Kultur des Himmels zu verstehen, damit wir lernen können, wie wir die entsprechenden Tugenden und Werte anwenden und danach leben können. Ich fing auch an zu verstehen, dass der Heilige Geist ebenfalls die Rolle eines kulturellen Übersetzers übernahm. Er erinnerte mich an Bibelverse, die mir Einsicht, Trost und Ermutigung gaben, wo wir sie brauchten. Unsere täglichen Zeiten der Bibellese und des Gebets halfen uns, unsere Herzenseinstellung immer wieder auszurichten.

Janet überwand ihren Kulturschock nicht so schnell wie ich. Ich war oft lange auf ausgedehnten Dienstreisen von zu Hause fort, während sie mit den Kindern daheim blieb. Sie kämpfte weiter mit der Sprachbarriere. Sie war mit Hannah schwanger, während sie sich gleichzeitig um drei Kinder kümmerte und zu Hause blieb. Dass ich so viel unterwegs war, bedeutete für sie noch eine zusätzliche Entbehrung. Unsere Frustration wurde noch stärker, als unsere finanzielle Unterstützung anfing zu schwinden. Die Gemeinden, die wir in Großbritannien kannten, schienen wirklich nicht daran interessiert zu sein, unseren Dienst in Deutschland regelmäßig zu unterstützen. Sie waren freundlich und großzügig, wenn wir sie besuchten, aber sie waren nicht bereit, uns monatlich zu unterstützen. Doch genau das brauchten wir. Als unser Heizöl also im ersten Winter ausging, konnten wir kein neues bestellen. Als unsere Waschmaschine kaputt ging, konnten wir es uns nicht leisten, eine andere zu kaufen. Und in Deutschland gab es für Maschinen britischer Herstellung keine Ersatzteile. Ich kam an einem Tag nach Hause und fand Janet dabei, wie sie in der Badewanne mit den Füßen die Wäsche wusch. Das heiße Wasser dafür hatte sie zuvor auf dem Herd aufgeheizt. Und ich hatte gedacht, wir lebten in Deutschland im Jahr 1981, nicht im Jahr 1781. Wir beteten weiter und suchten weiter den Herrn, um eine Antwort auf unsere Kämpfe zu bekommen.

Dazu kam noch, dass wir eine Sekretärin hatten, die eine Zeit lang bei uns wohnte. Danach kam eine Familie aus den USA, die Gott in Deutschland dienen wollte. Sie hatten von uns gehört und kamen zu Besuch. Doch am Ende wohnten sie mehrere Monate lang in unserem Wohnzimmer. Wir beteten regelmäßig und ernstlich für unser tägliches Brot. Janet träumte oft davon, wieder nach Großbritannien umzuziehen, wo sie irgendwo an der Küste wohnen könnte, sodass ich sie und die Familie an Wochenenden besuchen könnte. Sie kämpfte mit den Gefühlen der Unzulänglichkeit und ihrem Gehorsam Gott gegenüber. Letztendlich lehrte der Vater sie, wie wertvoll es ist, ihm zu gehorchen und nicht aufzugeben. Wir beide erkannten auch die Wichtigkeit, dass jeder einzelne seinen eigenen Ruf in die Mission erhalten muss. Wir haben oft darüber nachgedacht, wie tragisch es gewesen wäre, wenn sie nur mitgekommen wäre, um mir zu gefallen. Obwohl wir harte Zeiten durchmachten, hat der Vater uns immer mit allem versorgt. Janet war sehr geschickt darin, mit dem wenigen, was wir zum Leben hatten, ein gemütliches Heim zu schaffen.

Ihr persönlicher Durchbruch kam an einem Tag, an dem sie niedergeschlagen war und Gott bat, ihr in dieser Einsamkeit, die sie verspürte, zu helfen. Da klingelte es an der Tür und Anne und Evl, zwei Damen aus unserer neuen Gemeinde, kamen zu Besuch. Es war höchst ungewöhnlich in Deutschland, dass jemand an der Haustür erschien, ohne vorher eingeladen worden zu sein. Doch die beiden hatten gebetet und den Vater gefragt, was sie tun könnten, um Janet mit ihrer Eingewöhnung in das Leben in Deutschland zu helfen. Es war ein Wendepunkt in ihrem Leben, als diese Frauen ihr dienten und dadurch zu Freundinnen fürs Leben wurden. Wir fanden heraus, dass ein wichtiger Schlüssel für die Überwindung von Kulturschock ist, Freundschaften zu schließen.

Eine weitere Familie aus Wesel war für unsere Eingewöhnung in die deutsche Kultur und Gesellschaft eine große Hilfe. Während einer Fastenzeit in der ersten Septemberwoche 1981 beschloss unser Team, eine Anzeige in die Zeitung zu setzen, in der die Öffentlichkeit zu einem Gebetsabend am Mittwoch eingeladen wurde. Klaus Krallmann war der einzige Besucher an diesem Abend. Er war ein Schullehrer und hatte drei Söhne, die ungefähr im gleichen Alter waren wie unsere Jungs. Klaus lud uns zu sich nach Hause ein. Seine Frau Gisela war eine ausgezeichnete Köchin, die unsere Herzen sehr schnell für die traditionelle deutsche Küche gewann. Als unsere Kinder anfingen, die beiden „Onkel“ und „Tante“ zu nennen, wurden sie sozusagen zu unserer erweiterten Familie in Deutschland. Zwar hatten wir unsere eigene Familie nicht in der Nähe, aber der Vater versorgte uns mit dieser so wichtigen Unterstützung durch eine Gruppe von Freunden vor Ort. Wir merkten, dass zumindest in der Region, in der wir wohnten, die Deutschen sich sehr reserviert verhielten, wenn es darum ging, neue Freundschaften zu schließen. Doch wenn eine Freundschaft sich erst einmal gebildet hatte, dann dauerte sie ein Leben lang an. Wir fanden auch heraus, dass es sehr tiefe Wunden hinterlässt, wenn eine solche Freundschaft zerbricht. In dieser Zeit erkannten Hajo und ich, dass das Reich Gottes sich auf Freundschaften aufbaut, auf Menschen, die sowohl Freunde Gottes als auch Freunde untereinander waren.

Am 7. Oktober 1984 kam unsere jüngste Tochter

Rebecca zur Welt, und unsere Familie war damit komplett. Drei Kinder im Alter von unter vier Jahren, ein aktiver Elfjähriger und ein junger Teenie hielten unser Familienleben auf Trab. Janet war eine ausgezeichnete Mutter, die so viel kostbare Zeit mit den Kindern verbrachte, wie es ihr möglich war, doch sie kämpfte immer noch mit der Sprache. Die Kinder dagegen sprachen nach einem Jahr alle fließend Deutsch. Als Naomi drei Jahre alt war, kam der Postbote an die Haustür und wollte etwas fragen. „Meine Mutter spricht kein Deutsch", sagte sie zu ihm, „aber ich kann für dich übersetzen." Trotzdem sie mit den Kindern alle Hände voll zu tun hatte, gelang es Janet, einen Dienst der Gastfreundschaft für die vielen Menschen aufzubauen, die uns besuchten und oft in unserem Haus wohnten. Sie entwickelte auch einen einflussreichen Dienst an Frauen, indem sie in einem Hauskreis Bibelunterricht gab, junge Mütter beriet und sich für eine Organisation einsetzte, die schwangeren Frauen in Not half. Die Last der Haushaltspflichten, die den Hauptteil ihrer Zeit in Anspruch nahmen, war jedoch oft schwer zu tragen.

Eines Tages, als sie Kartoffeln schälte und gleichzeitig versuchte, in der Bibel zu lesen, die aufgeschlagen auf dem Küchentisch lag, beschwerte sie sich bei Gott über all die Hausarbeit. Da hörte sie den Heiligen Geist zu ihr reden. Er lud sie ein, eine Pause zu machen. Anfangs wehrte sie sich und schob vor, dass sie doch noch so viel zu tun hatte, doch das sanfte Drängen hörte nicht auf. Sie nahm ihre Bibel und ging ins Wohnzimmer, wo sie sich hinsetzte, um zu beten und über den Herrn nachzudenken. Während sie das tat, hatte sie eine Vision von sich, wie sie im Thronsaal Gottes stand. „Gut gemacht, meine gute und treue Dienerin“, sagte Gott zu ihr in dieser Vision. „Was habe ich denn getan, Herr?“, fragte sie verwundert. „Alles, was ich getan habe, ist Wäsche und Geschirr waschen!“ Doch da breitete Gott seine Hände aus und sie schaute hinter sich. Als sie sich umdrehte, sah sie ihre fünf Kinder, die vor dem Thron Gottes knieten. Als die Vision endete, war sie ermutigt, dass Jesus ihr als allerwichtigste Aufgabe aufgetragen hatte, ihre fünf Kinder zu Jüngern zu machen. Was der Herr von ihr in dieser Zeit verlangte, war, dass sie diesen Auftrag treu ausführte. Janet hatte dann den Eindruck, dass sie Jesaja 59,21 lesen sollte, ohne zu wissen, was darin stand. Als sie ihre Bibel an der Stelle aufschlug las sie:

> *„Ich aber – dies ist mein Bund mit ihnen, spricht der HERR: Mein Geist, der auf dir ruht, und meine Worte, die ich in deinen Mund gelegt habe, werden nicht aus deinem Mund weichen noch aus dem Mund deiner Nachkommen, noch aus dem Mund der Nachkommen deiner Nachkommen, spricht der HERR, von nun an bis in Ewigkeit.“*

Sie fing an, diese Verheißung für ihre Kinder in Anspruch zu nehmen – und auch für ihre noch ungeborenen Enkelkinder. Es war ein Bibelvers, den sie letztendlich vielen Müttern auf der ganzen Welt mit auf den Weg geben würde, die sich Sorgen um ihre Kinder machten. Diese Wahrheit, die ihr Herz erfüllt hatte, gab auch ihrer Seele Ruhe, und sie konnte sich mit einer neuen Freude wieder an die Arbeit machen.

11. Kapitel: Wer baut die Gemeinde?

Obwohl wir uns mit vielen persönlichen Problemen herumschlugen, wuchs unser Dienst im Ruhrgebiet trotzdem. Anfänglich konzentrierten wir uns auf die junge Generation, indem wir evangelisierten und sie einluden, sich auch daran zu beteiligen. Als wir anfingen, waren sie diejenigen, die am positivsten auf das Evangelium reagierten. In dem Versuch, uns an unsere Zielgruppe anzupassen, beschlossen wir, unseren Hauptgottesdienst auf den Sonntagnachmittag zu legen. Wir dachten, dass alle, die gründlich ausschlafen wollten, ehe am Montag die Arbeitswoche wieder begann, eine zeitgemäße Gottesdienstplanung zu schätzen wüssten. Dabei hatten wir aber nicht bedacht, dass der Sonntagnachmittag traditionsgemäß die Zeit ist, in der sich die Familien zu Kaffee und Kuchen treffen. Und damit Familien es leichter haben, sich sonntags gegenseitig zu besuchen, gab es fur LKWs ein Fahrverbot bis 22 Uhr. Natürlich wunderten wir uns, warum so wenige Familien unsere Gottesdienste besuchten.

Wir schienen von einem kulturellen Fettnäpfchen ins andere zu treten. Als ich noch ein Kind war, hatte ich festgestellt, dass Thanksgiving zu feiern, eine typisch amerikanische Tradition war. Doch was die entsprechenden deutschen Traditionen anging, hatte ich keine Ahnung. Wenn wir zu einer Geburtstagsfeier eingeladen wurden, lehnte ich meistens ab, weil ich fand, es gäbe im Reich Gottes wichtigeres zu tun, als auf Geburtstagsfeiern zu gehen. Als wir endlich verstanden hatten, dass

Geburtstagsfeiern in der deutschen Kultur etwas außerordentlich Wichtiges waren und dass diese Einladungen das Signal waren, uns in den engen Kreis der Freunde der Familie zu integrieren, war es zu spät. Wir hatten einige Leute verärgert, weil wir ihre früheren Einladungen abgelehnt hatten, und wunderten uns, warum wir danach nicht mehr eingeladen wurden. Traditionen und Tabus sind ausgesprochen wichtig. Wenn wir wirklich lernen wollten, wie man wirksam in einer fremden Kultur kommuniziert, dann mussten wir die ungeschriebenen Gesetze genauso lernen wie die Sprache und die Grammatik. Ein Missionar in einer anderen Kultur zu sein, verlor in diesen Anfangsjahren einen großen Teil seines Abenteuerglanzes. Uns wurde klar: Es ging nicht nur darum, zu predigen und zu beten *„mit nachfolgenden Zeichen und Wundern“*.

Damit möchte ich nicht sagen, dass wir nicht auch sehr viel Begeisterung und Freude erlebten. Unsere anfängliche Arbeit bestand darin, die gemieteten Gemeinderäume in der Nähe der ehemaligen jüdischen Synagoge zu renovieren. Diese Synagoge in Wesel war in der Kristallnacht 1938 zerstört worden. In jener Nacht vom 9. auf den 10. November hatte in ganz Deutschland und Österreich eine ganze Reihe von Angriffen auf jüdische Geschäfte, Synagogen und andere Gebäude, deren Besitzer Juden waren, stattgefunden. Unser kleines Team und weitere Helfer richteten eine Teestube ein, in der wir christliche Konzerte, Filmabende und öffentliche Lesungen veranstalteten. Wir hatten Zulauf von einer Menge junger Leute, die sich oft auf dramatische Weise bekehrten. Wir gründeten eine Pantomime-Gruppe, die auf den

Straßen eine sehr wirkungsvolle Arbeit machte, indem sie in den Fußgängerzonen auftraten und große Zuschauermengen anzogen. Wir organisierten Konzerte mit verschiedenen christlichen Musikern und Musikgruppen auf Bühnen und in den Parks der gesamten Gegend, und für einige bekanntere Gruppen konnten wir sogar Deutschlandtourneen organisieren. Unsere Tage waren mit Gebet, Planung, Vorbereitung und Evangelisation gefüllt. Ein erfolgreicher Weg, wie wir Menschen mit dem Evangelium erreichten, war das Angebot von günstigen Urlaubsreisen. Wir boten Skiferien in den bayrischen Alpen und sogar einen Sprachaufenthalt in Großbritannien an, für die wir in der Lokalzeitung inserierten. An unseren Abendveranstaltungen zeigten wir Filme wie „Das Kreuz und die Messerhelden" oder wir hatten Erzählabende, an denen wir unser Zeugnis über das Leben mit Jesus gaben. Viele junge Leute gaben im Laufe dieser Reisen ihr Leben Jesus.

Bei einer Brainstorming-Sitzung hatte Hajo die Idee, ein „Internationales Pantomime-Festival" zusammenzustellen, das zu den Olympischen Spielen 1984 nach Los Angeles reisen könnte, um der gesamten Welt von unserem Glauben zu erzählen. Wir organisierten Teams und Einzeldarsteller aus Deutschland, der Schweiz und Großbritannien, um gemeinsam mit einer amerikanischen Pantomime-Gruppe zu den Olympischen Spielen zu fahren. 120 Europäer und Amerikaner nahmen an diesem Evangelisationseinsatz teil. Unser Sohn Mark, der zu der Zeit 14 Jahre alt war, gehörte auch zu der Pantomime-Gruppe unserer Gemeinde. Wie alle anderen Teilnehmer auch, musste er selbst das Geld für die

Reise zusammenbekommen. An einem Abend wollte er aufgeben, weil er es leid war, Briefe zu schreiben, in denen er seine Vision Familienmitgliedern und Freunden mitteilte. Er verkündete lautstark, dass er es nie schaffen würde, genügend Geld für die Reise zusammenzubekommen. Wir setzten uns als Familie zusammen, um zu beten, und ermutigten ihn, indem wir ihm davon Zeugnis gaben, dass der Vater am Ende immer zu uns steht, auch wenn es auf dem Weg für uns oft schwierig ist. Wir dürfen nie aufgeben. „Mein Sohn", sagte ich zu ihm, „wenn wir in Los Angeles ankommen, nehme ich dich mit nach Disneyland. Wenn wir dann ganz oben auf der Space-Mountain-Achterbahn sind, werde ich dich an diesen Augenblick erinnern – und auch an die Treue Gottes in deinem Leben."

Er beruhigte sich wieder und schrieb seine Briefe zu Ende. Genau wie die anderen Teilnehmer betete er weiter für die nötigen Finanzen. Mark hatte am Ende nicht nur genug, um seine eigene Reise zu bezahlen, sondern konnte auch einem anderen Teilnehmer die Hälfte seiner Fahrt bezahlen und hatte immer noch etwas Taschengeld übrig. Auf dem Weg in die USA probten wir unsere Stücke im Flughafen und hatten dabei immer ein großes Publikum. Manche der Reisenden kamen sogar später während des Fluges auf uns zu, um mit uns über den Glauben zu sprechen. In Los Angeles konnten wir im Olympischen Dorf auftreten, auf den Rasenflächen vor den Stadien, in den Straßen von Hollywood, an den Stränden und in Kirchen. Überall, wo wir hinkamen, wurden Menschen vom Evangelium berührt, das wir wortlos präsentierten. Etwa 300 Menschen trafen während unseres Einsatzes eine Entscheidung für Christus. Unsere Vorstellungen waren so herausragend, dass uns sogar die großen Fernsehsender filmten und Mitglieder unserer Gruppe interviewten. Es war in jeder Hinsicht ein Glauben stärkendes Erlebnis für jeden von uns. An dem Tag, an dem unsere Gruppe Disneyland besuchen wollte, hatten wir erwartet, dass der Park wahrscheinlich voller Besuchermassen wäre. Doch aus irgendeinem Grund war er relativ leer, was für uns bedeutete, dass wir kaum Schlange stehen mussten, um die verschiedenen Attraktionen zu nutzen. Als wir ganz oben auf dem Space-Mountain waren, erinnerte ich Mark an die Treue und Güte des Vaters in seinem Leben, und dann genossen wir gemeinsam die Achterbahnfahrt.

Ein bestimmtes Ereignis war für mich von besonderer Bedeutung. Es hatte Stimmen gegeben, die fragten, warum ich die USA verlassen hatte, um das Evangelium woanders zu predigen, wo es doch in unserem eigenen Land so viele Nöte gab. Mir taten die Leute immer noch leid, die aufgrund des Krieges Vorurteile gegen Deutsche hatten. Ich konnte immer nur das Gleiche antworten: Ich musste der persönlichen Führung Gottes für mein Leben gehorchen. Als ich für ein Jahr später eine Reise plante, um die Gemeinden in den USA, die uns finanziell unterstützten, zu besuchen, lud ich zwei junge Deutsche, Matthias und Uli, ein mitzukommen. Die Liberty Church in Birmingham hatte eine Männerfreizeit organisiert und mich eingeladen, an diesem Wochenende der Gastsprecher zu sein. Am Samstagmorgen stellte ich die Frage, ob unter den Anwesenden Männer wären, die im Krieg gekämpft hatten. Ich lud sie ein, nach vorne zu kommen und sich in die erste Reihe zu setzen. Meine beiden jungen Freunde brachten mit Wasser gefüllte Schüsseln, knieten sich vor diesen Männern hin, zogen ihnen die Schuhe und die Strümpfe aus und fingen an, ihnen die Füße zu waschen. Dabei schauten sie auf, blickten den älteren Herren in die Augen und baten für die Sünden ihrer Vorväter und Landsleute um Vergebung. Es war ein sehr bewegender Moment, als jeder einzelne seine Vergebung aussprach und sie dann miteinander beteten. Jerry Strong, einer der Ältesten der Gemeinde, war zu Tränen gerührt. Der alte Mann umarmte den jungen, und Gott tat etwas ganz Besonderes in seinem Leben. Am nächsten Morgen, ehe ich im Sonntagsgottesdienst mit der Predigt begann, bat ich Jerry, davon Zeugnis zu geben, was er an dem Morgen davor bei der Freizeit erlebt hatte. Er erzählte eine außerordentlich bemerkenswerte Geschichte:

> *Als ich in der Oberschule war, verpflichteten sich viele meiner Klassenkameraden beim Militär und zogen in den Krieg. Die meisten von ihnen starben beim D-Day in der Schlacht um die Normandie. Ich war so wütend, dass ich mich auch verpflichtete und in die Armee eintrat. Mein einziger Wunsch war, nach Europa zu gehen und so viele Deutsche wie möglich umzubringen. Als der Krieg vorbei war, kam ich wieder nach Hause zurück und nahm mein gewohntes Leben wieder auf. Mein Sohn war eine Zeit lang in Deutschland stationiert, nachdem er der Armee beigetreten war, und so besuchte ich ihn dort. Als wir durch die Stadt gingen, hatte ich*

plötzlich den Wunsch, alle Deutschen, die in meinem Alter waren, umzubringen. Die Wut, der Zorn und die Bitterkeit aus der Vergangenheit steckten immer noch in mir, obwohl ich gedacht hatte, dass ich diese Gedanken und Gefühle unterdrückt hatte. Gestern Morgen, als dieser junge Deutsche mir die Füße wusch und mich um Vergebung bat für alles, was mir angetan wurde, zerbrach etwas in mir und ich musste über die Sünde der Mordlust weinen, die immer noch in meinem Leben war. Als ich ihm gegenüber Vergebung aussprach, bat ich ihn ebenfalls um Vergebung, und der Frieden Gottes durchflutete mich. Ich wurde frei und von all den Festungen meiner Vergangenheit geheilt. Ich bin endlich von der Wut und Bitterkeit des Krieges frei.

Jerry wurde von Sünde befreit, als ein junger Deutscher bereit war, in die USA zu reisen und seine Liebe zu Jesus mit einem anderen zu teilen. Es war ein ganz besonderer Augenblick, denn der Vater bestätigte uns, dass wir genau an dem Ort waren, wo er uns haben wollte.

In der Zeit, in der wir eine Gemeinde in Wesel gründeten, lernten wir gleichzeitig auch, auf den Heiligen Geist zu hören und seiner Leitung zu folgen. Diese Situation war so ganz anders als alles, was ich in den USA getan hatte, oder als das, was Janet und ich in Großbritannien getan hatten. Gleich von Anfang an musste ich sehr viele Dinge von Hajo lernen. Das erste war Pünktlichkeit. Janet war immer schon pünktlich gewesen, aber in Hollybush galt gewissermaßen eine eigene Zeitrechnung, und ich hatte mich dadurch an einen sehr viel entspannteren Umgang mit der Zeit gewöhnt. Besonders mit unserer größer werdenden Familie fand ich es sehr schwierig, uns alle rechtzeitig zur Gemeinde zu bringen. Es war eine Lektion, die ich lernen musste, um in Deutschland zu leben und zu arbeiten. Hajo war auch ein sehr guter Verwalter. Er schob Korrespondenz oder andere zu erledigende Dinge nie auf die lange Bank, sondern machte sich immer gleich daran, damit viele kleine Angelegenheiten nicht zu einem großen Berg unerledigter Arbeit wurden. Davon war ich ziemlich beeindruckt und beschloss, von ihm und seinem guten Vorbild zu lernen. Da wir ein Werk von Anfang an aufbauten und zwei kreative Visionäre waren, die sich gegenseitig anschoben, initiierten wir eine Menge guter Projekte, die der Vater alle zu segnen schien. Wenn wir ein Projekt begannen, brauchten wir dazu nicht viel Zeit oder Anstrengung. Doch als alle diese Projekte Erfolg hatten, merkten wir, dass wir mit der Aufgabe, sie alle am Laufen zu halten, auf einmal überfordert waren. Es dauerte nicht lange, bis wir mit all den Ideen, die wir hatten, nicht mehr Schritt halten konnten. Wir mussten in unserer Arbeit Prioritäten setzen und uns darauf konzentrieren, was nur wir selbst tun konnten, und das delegieren, was auch andere tun konnten (unter der Voraussetzung, dass wir genügend freiwillige Mitarbeiter hatten), und auch bereit sein, Projekte fallen zu lassen, die wir nicht weiter verfolgen konnten. Wir engagierten sogar einen Consultant, der uns beibrachte, wie wir unsere Zeit über ein Jahr oder 18 Monate am besten organisieren und planen konnten, damit wir weder unsere Familien noch uns selbst überarbeiteten. Es war ein tapferer Entschluss, und wir schafften es tatsächlich, unser Arbeitspensum zu reduzieren – zumindest zeitweilig.

Hajo war ein ausgezeichneter Musiker, aber vor allem auch ein analytischer Denker und fähiger Organisator. Unsere Gaben vervollständigten einander, und das war für die Gemeindegründungsarbeit sehr von Vorteil. Als der Vater unsere Gebete erhörte und Menschen gerettet wurden, sahen wir uns mit der wachsenden Last des Pastorendienstes konfrontiert. Wir brauchten mehr Mitarbeiter, die uns in unserem Dienst helfen konnten. Als wir dann herausfanden, dass einer unserer Teammitglieder sich von der Kollekte, die wir im Gottesdienst einsammelten, Geld „geliehen" hatte, wurde uns bewusst, dass wir unsere Predigten mehr auf die Charakterschulung ausrichten mussten und nicht nur auf die Heilsbotschaft. Wir mussten darin investieren, jene, die gerettet wurden, in der Jüngerschaft zu schulen. Wir mussten jenen, die ihren Eifer für Gott bezeugten und mehr lernen wollten, als Mentoren dienen. Wir begannen eine Hauszelle für junge Leiter und ermutigten diese jungen Leute, auch andere zu Jüngern zu machen. Als wir merkten, dass unsere jungen Leute, so eifrig sie auch dabei waren, nicht die nötigen finanziellen Mittel hatten, um unsere große Vision zu unterstützen, standen wir vor einem Dilemma. Entweder würden wir weiterhin versuchen, so viele junge Menschen wie möglich zu erreichen, und dabei womöglich pleitegehen, oder wir mussten unsere Zielgruppe ändern und versuchen, die zu erreichen, die uns auch helfen konnten, die Kosten zu decken. Das bedeutete, das Evangelium Menschen zu predigen, die einer bezahlten Arbeit nachgingen. Das bedeutete auch, dass diese Menschen eine Arbeitsstelle, junge Familien und weniger Zeit hatten, sich in unsere Projekte zu investieren, aber sie konnten dazu beitragen, die Gemeinde zu finanzieren. War es richtig, diese Menschen als Zielgruppe zu nehmen, wenn wir doch gleichzeitig wussten, dass viele junge Menschen den Wunsch hatten, zu Christus zu kommen? Und außerdem, wie sollten wir zu einer Gemeinde werden, die sich an junge Berufstätige wendet? Waren wir dabei, unseren Dienst nach den Bedürfnissen auszurichten, oder folgten wir immer noch strikt der Leitung des Heiligen Geistes?

Immer, wenn wir längere Zeiten im Gebet verbrachten, um eine Lösung für unsere finanziellen Bedürfnisse und eine Antwort auf die Frage unserer Herzensmotivation zu finden, sagte Jesus zu uns: „Ich werde meine Gemeinde bauen“. – „Ja, Herr“, antworteten wir dann, „wir tun, was wir können, um dir dabei zu helfen. Bitte schicke uns Geld.“ Wir beteten auf alle Arten und Weisen, die uns einfielen. Und jedes Mal, wenn wir das taten, hörten wir Jesus sagen – sei es durch Bibelverse, die wir lasen, oder in unserem Herzen: „Ich werde meine Gemeinde bauen“. Schließlich hielt ich inne und fragte: „Herr, was bedeutet das? Bitte lehre mich, wie du deine Gemeinde baust.“

Als ich das betete, fühlte ich, wie der Frieden Gottes meine Seele erfüllte, und ich wusste, dass er uns versorgen würde. Es war, als ob jedes Mal, wenn Gott unsere Aufmerksamkeit haben wollte, er das am schnellsten und sichersten tat, indem er den Finanzhahn zudrehte. Nun, zumindest hörte ich jetzt zu. Es gab so manche Lektionen, die ich darüber lernen musste, was Gemeinde eigentlich ist: Wodurch wird eine Gemeinde zu einer Gemeinde? Was ist der Hauptzweck einer Gemeinde? Was ist die Hauptaufgabe der Leiterschaft innerhalb der Gemeinde? Wie werden Bekehrte zu Jüngern? Wie wächst und multipliziert sich eine Gemeinde? Wie baut Jesus seine Gemeinde? Die Herausforderung für Hajo und unser Leitungsteam – und auch für mich – war, die Bereitschaft aufzubringen, die Vorstellungen und Traditionen, die uns lieb waren, neu zu untersuchen und noch einmal ganz von vorne zu beginnen. Wir nahmen alles, was wir als Wahrheit über die Gemeinde kannten, noch einmal unter die Lupe, und zwar im Licht des Wortes Gottes. Wir mussten herausfinden, was davon universelle Wahrheiten waren, was kulturelle Formen waren und welches davon Annahmen waren, die wir nie in Frage gestellt hatten.

Wir filterten einige fundamentale Konzepte heraus, die wir in die Praxis umsetzen wollten: Die Gemeinde, das sind Menschen, Menschen mit allen möglichen Hintergründen, die sich auf einer Reise befinden, entweder mit Jesus oder auf Jesus zu. Anstatt uns nur auf einen Teil der Gesellschaft zu konzentrieren, mussten wir uns auf jene konzentrieren, die der Vater in unsere Welt hineinbrachte. Wir mussten in der Lage sein, Menschen aller Altersstufen zu dienen und ganz besonders Familien, die Stärkung brauchten. Anstatt Programme durchzuziehen, mussten wir jene Dienste identifizieren und unterstützen, die Jesus durch jene Jünger begann, in die wir uns investierten. Die Liste der grundlegenden Dinge, die eine Gemeinde definieren, war nicht sehr lang. Das Studium von Epheser 4,1-16 wurde unser Hauptfokus, wenn es darum ging, das Wesen der Gemeinde zu verstehen. Wir entdeckten die Aktivitäten der Gemeinde in der Apostelgeschichte. Die Pfeiler des Gemeindelebens waren in Apostelgeschichte 2,39-42 zusammengefasst: das Verharren in der Lehre der Apostel, in der Gemeinschaft miteinander, im Brotbrechen und im Gebet. Aus diesem Lebensstil heraus flossen evangelistische und missionarische Anstrengungen, die wiederum die gesamte Welt veränderten. Wenn Menschen zur Gemeinde hinzukommen wollten, dann geschah das durch die Umkehr von Sünden, die Taufe und das Empfangen des Heiligen Geistes Gottes.

> *„Petrus aber sprach zu ihnen: Tut Buße, und jeder von euch lasse sich taufen auf den Namen Jesu Christi zur Vergebung eurer Sünden! Und ihr werdet die Gabe des Heiligen Geistes empfangen. Denn euch gilt die Verheißung und euren Kindern und allen, die in der Ferne sind, so viele der Herr, unser Gott, hinzurufen wird. Und mit vielen anderen Worten legte er Zeugnis ab und ermahnte sie und sagte: Lasst euch retten aus diesem verkehrten Geschlecht! Die nun sein Wort aufnahmen, ließen sich taufen; und es wurden an jenem Tag etwa dreitausend Seelen hinzugetan. Sie verharrten aber in der Lehre der Apostel und in der Gemeinschaft, im Brechen des Brotes und in den Gebeten.“*

Tatsächlich sahen wir in den Christen des Neuen Testaments, dass der Motor der Ortsgemeinden die missionarische Aktivität war. Sie warteten nicht, bis sie alles richtig hatten, ehe sie damit anfingen, ihren Glauben mitzuteilen. Im Gegenteil: Als sie ihren Glauben als junge Christen an andere weitergaben, wuchsen sie in ihrer Erkenntnis darüber, wer Gott ist. Wir fingen an zu verstehen, dass es nicht unsere Aufgabe war sicherzustellen, dass alle alles genauso taten, wie wir es für richtig hielten. Es war die Aufgabe des Heiligen Geistes, jeden einzelnen zu leiten und zu führen, um immer mehr Christus ähnlich zu werden. Wir mussten Gemeinden pflanzen, die wiederum andere, die eine Entscheidung für Christus getroffen hatten, zu Jüngern machten. Diese Gemeinden mussten von einer lokalen Leiterschaft geführt werden, sich selbst finanzieren und sich multiplizieren. Wir änderten unsere Statuten, um unseren veränderten Fokus zu reflektieren, und beschlossen, unser Hauptquartier von Wesel nach Duisburg zu verlegen. Wir ließen eine funktionierende Gemeinde in Wesel zurück und gründeten in einer Schulaula in Duisburg unter dem Namen unserer Organisation eine neue Gemeinde, das Christus Centrum Ruhrgebiet (CCR).

Als wir weiter beteten, erkannten wir die Notwendigkeit, in der Gemeinde zwei Arbeitszweige zu entwickeln, durch die wir unsere Aufmerksamkeit und Anstrengungen kanalisieren konnten. Der erste Zweig war der Aufbau eines gemeindebasierten Programms für Jüngerschaftstraining, das allen offen stand, die sich in den Disziplinen des geistlichen Lebens weiterentwickeln wollten. Der Lehrplan dafür entstand aus unserem Programm für Zellgruppenleiter, und alle, die wir schon darin ausgebildet hatten, sollten auch helfen, dieses Programm zu lehren. Es sah vor, an Freitagabenden eine Lehreinheit zu geben gekoppelt mit einer praktischen

Anwendung bei regelmäßigen Einsätzen. Der andere Zweig, den wir entwickelten, war ein besonderer monatlicher Lobpreisgottesdienst, den wir „Fest des Lebens“ nannten. Dort predigten wir und beteten für alle, die dazukamen. Beide Programme wurden zu einem Schlüsselfaktor im Wachstum der Gemeinde. Ich kann mich erinnern, anfänglich bei den „Festen des Lebens“ vor nur etwa 30 Menschen gepredigt zu haben. Wir lobten Gott und predigten, als ob wir vor Tausenden ständen. Nach und nach wuchs die Besucherzahl, und der Vater segnete die Menschen mit Heilung und Errettung. Diese Veranstaltungen hatten eine starke Anziehungskraft, und es kamen Leute von weiter weg, z. B. aus Bremen im Norden oder Aachen im Süden. Wir wollten eine Modellgemeinde bauen, die von anderen kopiert werden konnte und die auch neuen Gemeinden in der gesamten Region mit Ressourcen behilflich sein konnte.

Da wir nun eine wachsende Gemeinde hatten, die sich endlich auch finanziell selbst über Wasser halten konnte, und weitere Gemeinden von dieser Vision angesteckt wurden, fingen Janet und ich an, uns zu fragen, warum unsere persönliche finanzielle Unterstützung ständig umkämpft war. Abgesehen von den spannenden Entwicklungen in Wesel und Duisburg blühte auch mein deutschlandweiter Dienst immer mehr auf, und ich wurde in die unterschiedlichen Teile des Landes eingeladen, um zu dienen. Ich konnte es wirklich nicht verstehen. Eines Tages rief ich schließlich meinen Freund Andy Wiegand an und bat ihn um Rat. Er war inzwischen Pastor einer Gemeinde in Ohio, nachdem er seine Ausbildung am Gordon-Conwell-Seminar abgeschlossen hatte.

Ich fragte ihn, ob ich irgendetwas falsch machte, das die Versorgung Gottes für uns behinderte. „Brad, ich wusste überhaupt nicht, dass du ein Problem hast. Immer, wenn ich deine Rundbriefe lese, dachte ich, dass es euch so gut geht, dass ich nie auf die Idee gekommen war, dass ihr mehr finanzielle Unterstützung braucht!“ Das war eine ziemlich große Offenbarung für mich. Ich dachte, dass die Leute dadurch, dass sie beteten, schon wüssten, was ich brauchte. Mir wurde plötzlich klar, dass ich den missionarischen Dienst aus der Perspektive meiner persönlichen Bedürfnisse sah. Ich sah Mission nicht aus der Perspektive einer Gemeinde oder aus der Perspektive eines einzelnen Spenders, und wie dieser sich entscheidet, sein Geld einzusetzen. „Andy, du kennst mich. Ich mag es nicht, um Geld zu betteln, sondern ich möchte, dass der Vater die Leute darin leitet, was zu geben. Auf diese Weise geben sie direkt an Gott, nicht mir, und ihre Investition wird ihnen den Segen Gottes bringen.“ – „Das kann schon sein, Brad“, erwiderte Andy, „aber die meisten überlegen nicht so. Wenn sie nicht wissen, was du brauchst oder wie sie dir Geld schicken können, dann werden sie es sehr wahrscheinlich woanders hingeben, wenn sie wissen, dass dort Bedarf besteht, und wenn sie über eine renommierte Organisation leichter Geld spenden können.“ Andy hat uns als Familie auf viele Arten geholfen. Er hatte unser Leben und unseren Dienst mit verfolgt und bot uns an, uns bei einigen ganz praktischen Aspekten zu helfen. Er arrangierte eine Reise durch die USA für mich, auf der ich unsere Arbeit vorstellen konnte. Er stellte uns auch in seiner eigenen Gemeinde vor und, was am allerwichtigsten war, er ermutigte andere, für uns und unseren Dienst zu beten. Durch sein Engagement, die Zeit, Liebe und Fürsorge, die er investierte, erkannten wir, wie wertvoll ein Unterstützerteam für jede missionarische Tätigkeit ist. Janet und ich wussten, dass wir uns jederzeit auf ihn verlassen konnten, sollten wir uns in einer schwierigen Lage befinden. Allein das zu wissen, vermittelte uns ein Gefühl der Sicherheit.

In dem Maß, wie unser Dienst wuchs, sahen wir auch die Notwendigkeit für mehr regelmäßige Gebetsunterstützung. Als ich in Bezug auf Finanzen betete und in der Bibel studierte, stolperte ich über einen Satz von Jesus, den ich oft falsch zitiert bzw. übersehen hatte. In Matthäus 6,21 sagte Jesus: *„Denn wo dein Schatz ist, da wird auch dein Herz sein“*.

Ich hatte immer gedacht, dass mein Herz bestimmt, wo ich mein Geld investiere. Doch Jesus sagt es ganz klar anders herum. Anders ausgedrückt: Wenn Menschen in unseren Dienst und unser Leben investieren, dann würde das auch bewirken, dass ihr Herz, ihre Gebete, ihr Interesse und ihre Teilnahme an unserer Arbeit und unserem Leben die Folge war. Ihre Investition in unser Leben bedeutete auch, dass wir ihnen gegenüber Rechenschaft schuldig waren, was mit dieser Investition geschieht – ihnen gegenüber, aber auch Gott gegenüber. Durch die Tatsache, dass wir einen Unterstützerkreis aufbauten, dem gegenüber wir mittels Rundbriefen, Besuchen und Gebet Rechenschaft ablegten, half uns, auf die Aufgabe Gottes für unser Leben konzentriert zu bleiben. Weil wir Rechenschaft ablegen mussten, bemühten wir uns umso mehr, die uns anvertraute Arbeit bestmöglich zu tun, und gleichzeitig bewahrten wir dadurch auch unsere moralische und finanzielle Integrität. Und das war genauso wichtig und wertvoll, wie Geld zu bekommen, um unseren Dienst auszubauen. Was wir nicht hatten, war eine renommierte gemeinnützige Organisation in den USA, die für unseren Dienst bürgen und das Geld an uns weiterleiten konnte. Eine solche Organisation konnte potenziellen Spendern die erforderliche Garantie geben, damit sie in unsere Arbeit investieren. „Du musst es den Leuten einfach machen zu geben", hatte Andy mir gesagt. Der nächste Schritt für uns bestand darin, eine Organisation zu finden, mit der wir arbeiten konnten.

In Schottland und Deutschland hatten Janet und ich mehrere Missionare kennengelernt, die von der Organisation Globe Missionary Evangelism (kurz: GLOBE) ausgesandt waren, einem Missionswerk in Pensacola in Florida. Die Missionare, die wir getroffen hatten, waren rechtschaffene Leute mit einem großen Eifer für Gott, sehr fleißig und Gemeindegründer. Sie repräsentierten genau die Art von Organisation, zu der wir auch gehören wollten. Zudem fand ich auch heraus, dass die Hausgemeinde in Birmingham in Alabama, zu der ich gehört hatte, sich mit der Liberty Church zusammengetan hatte, die wiederum eine Verbindung zu GLOBE hatte. Als ich den Pastor dieser Gemeinde kontaktierte und ihm erklärte, dass wir eine gute Missionsagentur suchten, die uns bei der Arbeit, die wir taten, helfen könnte, empfahl er mir GLOBE wärmstens. Er schlug vor, dass ich mich mit dem Direktor Bob Bishop treffen sollte, und bot mir an, für mich zu bezahlen, damit ich zur einer Nationalen Leiterkonferenz 1985 in Ridgecrest in North Carolina kommen konnte, an der er auch teilnehmen würde. Hajo begleitete mich auf dieser Reise, damit wir diese Missionsgesellschaft gemeinsam bewerten konnten.

Ob der Pastor nun vergessen hatte, Bob darüber zu informieren, dass ich dorthin fuhr, um mich mit ihm zu treffen, oder ob Bob vergessen hatte, dass er mit mir verabredet war, habe ich nie herausgefunden. Doch ich stellte mich Bob selbst vor und blieb ihm die gesamte Konferenz über auf den Fersen. Gegen Ende der Konferenz fragte ich ihn, wann wir uns denn sprechen könnten. Ich erzählte ihm, dass ich extra aus Deutschland angereist war, um mehr über GLOBE zu erfahren und herauszufinden, ob es die passende Missionsagentur für uns wäre oder nicht. Bob sagte, dass er keine Zeit hätte, sich mit mir zu treffen, da er sich direkt nach der Abendveranstaltung auf den langen Weg zurück nach Pensacola machen wollte. Ich fragte mich, wieso ich überhaupt gekommen war. Am nächsten Morgen traf ich seinen Assistenten und sprach kurz mit ihm darüber, was GLOBE für die Missionare tat. Er gab mir ein Formular für mich und meine Frau, das wir ausfüllen sollten, und unterrichtete mich darüber, dass ich der Organisation 10 % aller bei GLOBE für uns eingehenden Spenden zahlen müsste. Ich protestierte, indem ich sagte, dass ich bereits in unserer Gemeinde den Zehnten gab und dazu noch andere Opfer und dass ich nicht wüsste, woher ich das Geld nehmen sollte. „Nun, dann wirst du einfach eine größere Segnung haben“, antwortete er. Ich würde also dafür beten müssen, dass Gott uns mit mehr versorgte, als wir selbst benötigten. Doch ich war mir auch bewusst, dass es sehr viel wertvoller war, die Unterstützung einer Organisation zu haben, als allein auf dem

Missionsfeld zu arbeiten. Ich füllte also mein Formular aus und schickte ihnen das Formular von Janet, nachdem ich wieder in Deutschland war.

Die Entscheidung, uns einer Missionsgesellschaft anzuschließen, erwies sich für unser weiteres Leben als ausgezeichnet. Als wir im darauf folgenden Jahr mit der ganzen Familie Pensacola besuchten, fanden wir heraus, dass die Agentur täglich für uns betete. Sie stellten uns auch einer Gruppe von Gemeinden vor, die ein großes Interesse an Mission hatten, sich zusammengetan hatten und gemeinsam die Liberty Fellowship bildeten. Die Pastoren und Leiter dieser Gemeinden nahmen uns herzlich in ihre Gemeindefamilie auf. Wir erfuhren, wie sehr diese Geschwister ihre Missionare liebten und ehrten und wie sie bei ihren jährlich stattfindenden Missionskonferenzen gefeiert wurden. Genau das war das Modell einer missionsorientierten Gemeinde, die wir auch in Deutschland nachahmen wollten. Wir hatten genau die gleichen Vorstellungen.

Als wir an der Missionskonferenz in Pensacola teilnahmen, sahen wir noch etwas, das wir noch nie zuvor erlebt hatten. Der Höhepunkt bei jeder Veranstaltung war die „Versteigerung“ der einzelnen Missionare. Bob Bishop informierte die Anwesenden, welchen Betrag die Gemeinde monatlich für eine bestimmte Missionarsfamilie aufbringen wollte, und dann bat er um Spendenzusagen. Oft eröffnete er die Versteigerung mit einer persönlichen Spendenzusage, indem er zum Beispiel sagte, er würde monatlich 25 Dollar geben, und ermutigte andere, im Glauben ähnliche Versprechen abzugeben. Die Leute riefen dann die Beträge aus, die sie ein Jahr lang monatlich geben wollten, und jemand anders, der neben Bob stand, notierte alles und rechnete die Gesamtbeträge aus. Fast immer wurde das gesteckte Ziel erreicht, und oft sogar überboten. Am Ende der Konferenz hatte die Gemeinde ein paar Hunderttausend Dollar an Spendenversprechen für das kommende Jahr gesammelt. So seltsam ich diese Vorgehensweise auch fand, war ich doch sehr beeindruckt, wie viel Interesse, Investition und Begeisterung für Weltmission diese Gemeinde hervorrief. All diese Gelder waren Spenden, die von den Mitgliedern über den Zehnten hinaus gegeben wurden, den sie schon der Gemeinde gaben. Ich war von der großen Freude und Hingabe dieser Gemeinde für die Mission überrascht. Ich hatte immer den Eindruck gehabt, dass die meisten Leute in den Urlaub fahren, wenn in einer Gemeinde Werbung für Mission gemacht wird. Aber in dieser Gemeinde war die Missionskonferenz der Höhepunkt des Kirchenjahres. Ich war ganz besonders von einem Bibelschüler beeindruckt, der mit seiner sechsköpfigen Familie in einem Wohnwagen wohnte und offensichtlich selbst nicht sehr viel zum Leben hatte. Er hob mehrmals die Hand, um für über ein Dutzend Missionare ein monatliches Spendenversprechen von fünf Dollar abzugeben. Ich wusste, dass er dabei im Glauben handelte und für mehr Einkommen beten musste, um das geben zu können, wozu er sich verpflichtet hatte. Da wir zu den Missionaren gehörten, die auf seiner Liste standen, schaute ich meine Auszüge regelmäßig an und sah, dass er jeden Monat treu seinen Scheck einzahlte. Hier war ich jemandem begegnet, der im Glauben handelte, um einen Missionar zu unterstützen – nicht nur einen Missionar, der im Glauben handelte, um gehen zu können. Ich begann, Mission als etwas zu sehen, das eine gemeinsame Aktion ist, bei der der Missionar, die Gemeinden, einzelne Spender und eine Missionsgesellschaft zusammenarbeiten.

Mit Bob Bishop und seiner Frau Beth freundeten Janet und ich uns über die nächsten Jahre sehr gut an, und wir lachten noch oft darüber, dass ich GLOBE damals fast nicht beigetreten wäre. Diese Missionsagentur hat uns so viel mehr geschenkt als nur eine praktische Möglichkeit, wie andere unseren missionarischen Dienst finanziell unterstützen können. Diese Agentur öffnete auch die Tür für uns, andere Missionare kennenzulernen und mit ihnen auszutauschen, um von ihnen zu lernen. Sie gaben uns einen Unterstützerkreis und eine Vernetzung mit gleichgesinnten Christen. Sie boten Dienstleistungen an wie zum Beispiel, dass unsere Spender die entsprechenden Spendenbescheinigungen erhielten, um ihre Spenden von der Steuer abzusetzen, was den Spendern wiederum die Sicherheit gab, dass sie ihr Geld in seriöse und gut geführte Missionsdienste investieren. Sie gaben uns auch in geistlicher Hinsicht Aufsicht und Rat. Zu wichtigen Anlässen besuchten sie uns auch auf dem Missionsfeld. Sie unterstützten unsere Vision und ermutigten uns, wenn es einmal schwierig war. Die Mitarbeiter trafen sich regelmäßig, um für jeden Missionar und seine Bedürfnisse zu beten. Die einzige Frage, die ich bei alldem hatte, war: „Wieso hatten wir so lange gebraucht, bei GLOBE ein Zuhause zu finden?“.

12. Kapitel: Die letzten Puzzleteile fügen sich zusammen

In unseren Anfangsjahren in Deutschland fanden wir durch drei Begegnungen und zwei Schlüsselereignisse schließlich heraus, warum Gott uns in dieses Land gebracht hatte. Wir waren zwar bei jedem nächsten Schritt, den wir taten, sicher, dass er richtig war, aber gleichzeitig hatten wir den Eindruck, dass wir noch auf etwas anderes vorbereitet wurden, das der Vater für uns bereithielt.

Als Erstes hatte ich eine einschneidende Begegnung, die mir zunächst nicht sehr wichtig erschien. Ich war zu Besuch bei unserem Freund Klaus Krallmann, als sein Bruder Günter aus Süddeutschland zu Besuch kam. Er sollte an einer Konferenz in Holland teilnehmen, für die ich mich interessanterweise auch angemeldet hatte. Ich erfuhr, dass Günter ein Mitarbeiter bei Jugend mit einer Mission (JMEM) in Hurlach bei München war. Er war Autor, Herausgeber und Lehrer. Als er mit seiner Familie beschloss, nach Südafrika zu ziehen und dort in der Pioniermission zu arbeiten, wurden sie die ersten deutschen Missionare, die Janet und ich persönlich unterstützten. In der Zeit, in der Günter in einer entlegenen Bergregion in Lesotho arbeitete, verfasste er ein auf der Bibel basierendes Jüngerschaftsprogramm, das er in Form eines kleinen Büchleins mit dem Titel *Jesus folgen* herausgab. Später schrieb er ein darauf aufbauendes, weiteres Büchlein mit dem Titel *Mit Jesus leiten*. Diese beiden Bücher wurden vom CCR regelmäßig verwendet.

Die Studie von Günter über den Leitungsstil Jesu bildete auch die Grundlage für seine Doktorarbeit, die später unter dem Titel *Mentoring for Mission* (dt. Titel: *Leidenschaftliche Leiterschaft*) veröffentlicht wurde, begleitet von einem einwöchigen Ausbildungskurs für geistliche Leiter. Wir verfolgten den Dienst der Familie Krallmann mit großem Interesse und luden Günter ein, sein Seminar im CCR abzuhalten.

Die zweite zufällige Begegnung ereignete sich im Hafen von Calais, als wir in der Schlange der wartenden Fahrzeuge parkten, um mit dem Hovercraft über den Ärmelkanal nach Dover überzusetzen. Es war unser erster Besuch in England seit unserem Umzug. Ich suchte nach etwas im Kofferraum meines Autos, als mich jemand von hinten ansprach: „Das ist ein gutes Buch, das Sie da lesen, junger Mann". Ich wandte mich um und erblickte einen Mann, der auf meine Bibel zeigte, die oben auf unserem Gepäck lag. „Ich bin George Verwer", stellte er sich vor. Direkt vor mir stand der Gründer und Vorsitzende von Operation Mobilisation, eine der größten Missionsgesellschaften der Welt. Ich war beeindruckt davon, dass er sich auf diese Weise für jemanden interessierte, den er überhaupt nicht kannte, und dass er bei allem, was er zu tun hatte, noch Zeit fand, sich kurz mit mir zu unterhalten. Diese Begegnung hinterließ einen tiefen Eindruck bei mir, denn sie zeigte einen starken Kontrast zu dem, was ich mir unter einem „wichtigen Leiter" vorstellte, der für Leute wie mich keine Zeit hatte. Ich fragte mich, wieso der Vater ihn mir über den Weg geschickt hatte.

Die dritte Begegnung war mit einem Konferenzredner, den ich im Herbst 1981 traf. Er hieß Hermann Riefle und war Pastor eines wachsenden Dienstes in Altensteig im Schwarzwald. Seine vollbrachten Leistungen und Glaubensabenteuer waren absolut atemberaubend. Während ich ihm zuhörte, hatte ich den Eindruck, dass der Heilige Geist mich drängte, ihm meine Dienste als Übersetzer anzubieten, falls er irgendwann einmal England besuchen sollte. Nach der Veranstaltung ging ich zu ihm, um ihm meine Idee mitzuteilen, aber er versicherte mir, dass er keine Absichten hatte, nach England zu reisen und auch keinen Übersetzer benötigte. „Nun gut, Herr", dachte ich, „da habe ich mich diesmal wohl geirrt."

In den folgenden Jahren hat der Vater uns wiederholt in Kontakt gebracht. Da wir nicht genug Geld hatten, um in Urlaub zu fahren, lud Hermann uns ein, mit der ganzen Familie nach Altensteig zu kommen und umsonst dort mit Vollpension zu wohnen. Als er seinen Dienst ausweitete und ein Fernsehstudio einrichtete, um christliche Sendungen zu produzieren, wurden wir aus erster Hand Zeuge seines Glaubens und seiner Leitungsqualitäten. Und als man ihn einlud, bei der Eröffnungstagung der European Religious Broadcasters (ERB) in der Nähe von London zu sprechen, bat er mich, ihn als seinen Übersetzer zu begleiten. Die nächsten Jahre reiste ich mit ihm zu den Treffen der ERB und auch zu den Tagungen der National Religious Broadcasters in Washington, D.C. Eines der größten Geschenke, das Hermann mir machte, war, Männer und Frauen zu treffen, die von Gott mächtig gebraucht wurden und auf der ganzen Welt aktiv das Evangelium verbreiteten. Diese Gelegenheiten, Zeit mit Leuten zu verbringen, die

Einfluss auf nationaler und internationaler Ebene hatten, und von ihnen zu lernen, half mir, mir darüber klar zu werden, was für eine Art von Leiter ich zu sein hoffte und welche Art von Leiterschaft ich absolut nicht kopieren wollte.

Ich traf einmal einen sehr berühmten Leiter, der auf mich zukam, während ich mich mit einem Bekannten unterhielt. Er blickte mich an, aber weil er nicht wusste, wer ich war, sagte er einfach zu meinem Bekannten: „Komm mit, ich muss jetzt sofort mit dir reden". Mein Bekannter ließ mich mitten im Satz stehen und folgte diesem Mann. „Herr", betete ich, „bitte hilf mir, dass ich so etwas nie jemandem antue." Doch im Gegensatz dazu begegnete ich auch einem anderen, weltweit sehr einflussreichen Leiter bei einer ERB-Tagung. Als wir uns trafen, schenkte er mir eine halbe Stunde lang seine volle Aufmerksamkeit und fragte mich, was ich tat, um Menschen für Christus zu gewinnen. „Brad", sagte er zu mir, „ich habe nie damit aufgehört, ganz einfach Menschen für Christus zu gewinnen. Ich tue das jetzt nur auf einer sehr viel größeren Skala, aber wir wollen nie die einzelnen Personen aus den Augen verlieren, denn Jesus ist für jeden einzelnen gestorben." Nach dieser Begegnung habe ich gebetet: „Herr, ich möchte so sein, wie dieser Mann. Obwohl er so viel erreicht hat, ist er demütig und freundlich geblieben." Ich fand es höchst interessant, zwei Arten von Einstellungen in Leitern zu beobachten. Es gab solche, die danach trachteten, Macht oder Ruhm zu erlangen, und sie waren oft hochmütig, fordernd und traten unsicher auf. Doch jene, die wussten, wer sie in Christus sind, demonstrierten in ihrem

Leben Genügsamkeit, interessierten sich wahrhaftig für die Menschen und freuten sich am Erfolg anderer. Meistens waren sie selbst von ihrem eigenen Erfolg überrascht und blieben demütig, egal wie viel Einfluss sie in ihrem Leben ausgeübt hatten. Ich erkannte mich selbst zu oft in der ersten Gruppe und betete, dass ich mich verändern würde.

Die Begegnungen mit diesen drei Männern – Günter, George und Hermann – in unserer Anfangszeit in Deutschland 1981 hatte in unserem Leben einen großen Einfluss darauf, wie wir den Missionsbefehl verstehen würden. Es gab auch noch zwei Ereignisse am Ende dieses Jahrzehnts, die uns halfen, den Übergang zu einem neuen Dienst zu vollziehen. Das erste Ereignis hatte mit dem Missionsprogramm unserer CCR-Gemeinde zu tun. Wir erkannten, dass es einen Unterschied machte, ob eine Gemeinde Gelder für Missionare im Allgemeinen sammelte oder ob eine Gemeinde ganz bestimmte Missionare unterstützte, besonders wenn sie in der Gemeinde bekannt waren. Nach dem Modell, das wir in den USA gesehen hatten, machten Hajo und ich uns ans Werk, ein Missionsprogramm zu entwickeln, das darauf ausgerichtet war, Gebet und Spenden dahingehend zu motivieren, einige unserer eigenen Leute langzeitig als Missionare auszusenden. Gemeinsam entwickelten wir ein paar einzigartige Events, bei denen die Teilnehmer mit einer missionarischen Denkweise in Berührung gebracht wurden, dass Interesse an Mission und ihrer Finanzierung geweckt und die Gemeindeglieder ermutigt wurden, an kurzen Missionseinsätzen teilzunehmen. Wir wählten ein Wochenende im Jahr aus, an dem wir den Fokus auf Mission setzten, und wir ermutigten die Leute, sich gemeinsam mit den Missionaren auf ein Glaubensabenteuer zu begeben. Wir luden Missionare ein, um über ihren Dienst zu berichten, und wir luden auch Missionsleiter ein, um unsere Gemeinde ebenfalls zu ermutigen. Ich war begeistert, dass George Verwer unsere Einladung annahm, an einem dieser Wochenenden unser Sprecher zu sein. Diese Veranstaltungen erzeugten ein großes Interesse an missionarischen Aktionen und beeinflussten mehrere Gemeinden in unserer Region. Manche nahmen sogar an unseren Feierlichkeiten teil. Ich war sehr zufrieden mit den missionarischen Einsätzen der Gemeinde vor Ort, in der Region und weltweit. Ein großer Anteil unseres Gemeindebudgets war dafür vorgesehen, die Verlorenen zu erreichen, und unsere Ausbildungsprogramme wuchsen unter der Leitung von Hajo. Oberflächlich gesehen waren wir eine sehr erfolgreiche Gemeinde. An einem Sonntag zählte ich mindestens 27 verschiedene Nationalitäten unter den Gottesdienstbesuchern. In den meisten Gottesdiensten kamen Menschen zu Christus. Wir waren dabei, unser Ziel zu erreichen, eine missionsorientierte Gemeinde zu bauen. Das Leben war anscheinend wunderbar, und wir hatten unsere anfänglichen Kämpfe, die mit einem neuen Dienst in einem neuen Land verbunden waren, hinter uns gelassen.

Das zweite Ereignis, das uns half, uns auf einen Übergang vorzubereiten, war zum damaligen Zeitpunkt nicht so ermutigend, aber es war außerordentlich wichtig, damit wir bereit waren, unsere Ausrichtung zu ändern. Ich kämpfte eine Zeit lang mit Zweifeln darüber, was wir taten und wie wir es taten. In der Gemeinde war ich maßgeblich an allen zu treffenden Entscheidungen beteiligt, aber ich war dabei, meine Freude am Dienst zu verlieren, weil es so viel zu tun gab. Darüber hinaus beanspruchte unsere Familie immer mehr meiner Zeit. Durch diesen Druck arbeitete ich mehr und betete weniger. Meine persönlichen Zeiten mit Gott fingen an, darunter zu leiden. Dazu kam noch, dass ich durch einige der jungen Leute, mit denen wir am Anfang so gut zusammengearbeitet hatten, verletzt wurde, weil sie sich gegen uns wandten und behaupteten, dass wir sie zu unserem persönlichen Vorteil und Gewinn ausgenutzt hätten. Diese Anschuldigungen taten sehr weh, und ich kämpfte gegen die Versuchung, mich wieder in eine Depression fallen zu lassen. Doch am wichtigsten war, dass Janet und ich mitten in dieser ganzen Hektik unsere Beziehung zueinander wieder erneuern mussten. Ich empfand das Bedürfnis, mir einige Zeit freizunehmen, um meine geistlichen Batterien wieder aufzuladen, ehe ich mit dem Dienst fortfahren konnte.

Ich dachte über die immensen Nöte in der Welt nach, über die Menschen, die sich nach Erlösung sehnten. Doch wenn wir in dem Tempo weitermachten, das wir angeschlagen hatten, sowohl bei der Evangelisation als auch bei der Gemeindegründung, würden wir alle bald völlig erschöpft sein, ohne allerdings viel bewirkt zu haben. Wenn es sechs Jahre dauerte, bis eine neu gegründete Gemeinde sich selbst finanzieren, eigene Leiter haben und sich selbst multiplizieren konnte, dann war es einfach unmöglich, die Aufgabe, die Jesus seiner Gemeinde aufgetragen hatte, zu Ende zu führen – besonders wenn man die Wachstumsrate der Weltbevölkerung in Betracht zog. Es musste einen besseren Weg geben, dies zu tun, als den, den wir aktuell ausprobierten. Und wir mussten in der Lage sein, das zu tun, ohne dass diejenigen, die wir anleiteten, sich ausgenutzt und ausgebrannt fühlten. Noch ein weiterer Gedanke machte mir Sorgen. Ich wünschte mir insgeheim, dass ich solch eine Art von Dienst selbst leiten könnte. Doch das stand im Gegensatz zu meiner grundlegenden missionarischen Denkweise, bei der ich andere in ihrer Leiterschaft unterstützen und die Entstehung von Ortsgemeinden fördern wollte. Irgendetwas musste sich ändern, aber ich war mir nicht sicher, was es war. Ich musste mich neu auf Jesus ausrichten und eine persönliche Erneuerung erleben.

TEIL 4: 1989–2013

„Jesus sprach nun wieder zu ihnen: Friede euch! Wie der Vater mich ausgesandt hat, sende ich auch euch.“ (Joh 20,21)

13. Kapitel: Nicht schon wieder

„Fürbitter für Deutschland“ (FFD) organisierte ein Treffen in Frankfurt, das Anfang September 1989 stattfinden sollte. Sowohl Hajo als auch ich waren in dem Jahr Teil des Leitungsteams und kamen schon vorher dort an, um an den Planungssitzungen teilzunehmen. Ich hatte beschlossen, in dieser Woche zu fasten, in der Hoffnung, dass mir der Vater während dieser Zeit weitere Klärung und Wegweisung für mein Leben geben würde. Als wir uns mit den anderen Leitern zusammensetzten, um die thematische Ausrichtung unseres Fürbittertreffens zu besprechen, für das sich 650 Personen angemeldet hatten, war ich von ihrer Sichtweise fasziniert. Die Tatsache, dass wir alle den Fokus auf die Missionsarbeit legen wollten, begeisterte mich. Und als wir dann beschlossen, dafür zu beten, dass 5.000 neue Missionare aus Deutschland in die ganze Welt ausgesandt werden, freute ich mich im Stillen sehr. Zu der Zeit gab es nur etwa 2.700 aktive deutsche Missionare weltweit. Ein weiterer Fokus dieses Treffens sollte das Gebet für die deutsche Wiedervereinigung sein und für alles, was dies auch nach sich ziehen würde: die Bereitschaft der Westdeutschen, die finanzielle Last zu tragen; die Fähigkeit, eine ganze Nation neu aufzubauen und unterschiedliche Infrastrukturen zu vereinen; und auch den politischen Willen, die Realisierung eines solch bedeutenden Ereignisses zu begleiten. Wir wollten auch für ein geistliches Erwachen in allen osteuropäischen Ländern beten, mit einem Schwerpunkt auf Ostdeutschland und Rumänien. Gegen Ende der Konferenz machte einer der Hauptsprecher einen leidenschaftlichen Aufruf für die Aussendung deutscher Missionare in die gesamte Welt. Als die Teilnehmer dann aufgefordert wurden, ernsthaft eine langzeitliche Missionarskarriere in Betracht zu ziehen, meldete sich etwa die Hälfte aller Anwesenden. Der Leiter von Jugend mit einer Mission Deutschland betete mit allen, die nach vorne gekommen waren, und erläuterte dann fünf Schritte, die sie tun mussten, um Missionar zu werden. Ich hatte irgendwo gelesen, dass von allen, die sich auf einen solchen Aufruf meldeten, am Ende nur fünfzig Prozent wirklich in die Mission gingen. Und von denen, die rausgehen, würden wahrscheinlich nur etwa zehn Prozent nach ihrem ersten Heimaturlaub wieder zurück in den Missionsdienst gehen. Ich schätzte also, dass von all den Personen, die nun vorne standen, nur ungefähr 15 hauptberufliche Missionare werden würden. Plötzlich schien mir die Zahl von 5.000 neuen Missionaren ein eher hochgestecktes Ziel zu sein. Doch vielleicht würde es diesmal anders sein, überlegte ich. Schließlich waren all diese Leute nun sehr gut vorbereitet, nachdem sie so gute Anweisungen erhalten hatten, was man tun muss, um Missionar zu werden. Doch dann wiederum wusste ich aus eigener Erfahrung, dass ich normalerweise nur die emotionalen Eindrücke solcher Momente in Erinnerung behielt und nicht die klaren Anweisungen, es sei denn, ich machte mir Notizen von dem, was gesagt wurde. Ich hasste es, so kritisch zu denken, aber der nächste Gedanke, der mir in den Sinn kam, war noch skeptischer: Wie sollten diese Leute sich finanzieren, wenn sie tatsächlich gehen würden? Die meisten Gemeinden, die ich kannte, hatten noch nicht einmal ein Missionsprogramm. Und wenn es eines gab, dann spendete die Gemeinde an Organisationen, die schon am Rand ihrer Kapazitäten waren und große Mühe hatten, die dringend benötigte zusätzliche finanzielle Unterstützung für ihre aktuellen Bedürfnisse zu finden. Wer sollte diese neuen Missionare aus Deutschland ausbilden, aussenden, ermutigen und sich um all die praktischen Aspekte kümmern, besonders wenn es wirklich 5.000 neue Missionarskandidaten gäbe, die darauf brannten, aufs Missionsfeld zu gehen? Die Infrastruktur in den deutschen Gemeinden war einfach nicht vorhanden, um einen so dynamischen Zuwachs zu bewältigen. Zumindest konnte ich das nicht sehen. Ich wandte mich also ganz privat an den Organisator des Treffens und sagte ihm, dass ich es unverantwortlich von ihm fand, eine Vision von derartiger Größenordnung mitzuteilen, ohne dass es eine realistische Möglichkeit gab, diese jemals umzusetzen. Es ist eines, eine Vision zu vermitteln, aber es ist etwas ganz anderes, wenn man keinen Plan oder noch nicht einmal ein vages Konzept davon hat, wie diese Vision Wirklichkeit werden könnte. Er schaute mich nur an und sagte ganz ruhig: „Nun Brad, dann weißt du, was du zu tun hast“.

Das war das Letzte, was ich hören wollte. Ich hatte zahlreiche Einwände und Gegenargumente, warum ich das, was er damit suggerieren wollte, nicht tun konnte und nicht tun wollte. Ich sagte mir, dass ich nicht die erforderliche Erfahrung besaß, um eine Missionsagentur aufzubauen, denn genau das war nötig. Ich hatte überhaupt keine Ahnung davon, wie man eine solche Agentur managt, denn ich war ja selbst erst vor Kurzem einer solchen Organisation beigetreten. Wie sollte ich wissen, wie man Missionare rekrutiert, ausbildet und sich um sie kümmert? Und was noch wichtiger war: Ich wollte nicht einfach nur eine weitere Organisation gründen. Ich wusste ganz genau, wie viel Arbeit damit verbunden war, eine gemeinnützige Organisation zu gründen. Nein, das war nicht mein Problem. Ich war nicht derjenige gewesen, der den Aufruf an all diese neuen Missionare ausgesprochen hatte, und außerdem konnte ich mich überhaupt nicht in der Rolle eines Verwalters sehen. Ich war ein Evangelist, der dabei war zu lernen, wie man Gemeinden gründet und die Menschen, die ich zu Christus führte, zu Jüngern macht. Nichtsdestoweniger konnte ich mir diesen Satz nicht aus dem Kopf schlagen: „Dann weißt du, was du zu tun hast". Was würde Janet zu alldem sagen, wenn ich ihr erzählte, was bei dieser Konferenz passiert war?

Nachdem ich die ganzen Ereignisse dieser Woche mit meiner Frau besprochen hatte, schlug sie vor, dass wir darüber beten sollten. Vielleicht versuchte Gott wieder einmal, unsere Aufmerksamkeit zu erlangen. Und schließlich wies sie mich ganz zu Recht darauf hin, hatte ich doch gefastet und gebetet, um Weisheit und Wegweisung zu erhalten, als ich nach Frankfurt fuhr. Allerdings war, eine Missionsagentur ins Leben zu rufen, das Letzte, was ich mir vorgestellt hätte. Ich war davon überzeugt, dass Jesus seine Gemeinde baute – und nicht eine Missionsorganisation. Würde es nicht all dem, was ich glaubte, widersprechen, wenn ich nun eine solche Organisation gründen würde? Ich konnte schon sehen, dass eine neue Art von Missionsgesellschaft in Deutschland, deren Hauptaufgabe es wäre, Missionaren zu helfen, in ihre Berufung Gottes hineinzukommen, durchaus notwendig war. Doch würde eine solche Organisation wirklich Teil des Leibes Christi sein und nicht nur eine Art Anhängsel? Doch trotz all meiner Einwände gab es im Grunde eine wichtige Frage, auf die wir eine Antwort brauchten: Wollte der Vater, dass wir es taten? Wenn ja, dann war uns beiden klar, dass wir uns seinem Willen unterordnen und alles tun würden, was er von uns verlangte. Janets Rat war, dass wir all das mit Menschen besprechen sollten, denen wir vertrauten.

Günter Krallmann äußerte sich sehr positiv und ermutigend darüber, als wir ihn um seine Meinung baten. Er meinte sogar: Wenn wir eine Agentur starten würden, würde er sich mit seiner Familie sofort anmelden, um unsere ersten Missionare zu werden. John Dorrough, ein Kollege von GLOBE, der eine Gemeinde in Süddeutschland gegründet hatte, lud mich ein, um in seiner Gemeinde über Mission zu sprechen. Im Anschluss daran stellte er mir ein junges Ehepaar vor, die eine Organisation brauchten, die ihnen dabei helfen würde, nach Uganda zu gehen, wo sie mit einem Missionar von GLOBE zusammenarbeiten wollten. Unser Gemeindekassierer kam eines Tages auf mich zu und sagte, dass die Gemeinde eventuell ihren Status als gemeinnützige Organisation verlieren könnte, wenn die Einnahmen für die Mission noch weiter anstiegen. Er meinte, dass es eine gute Sache wäre, wenn es eine separate Missionsorganisation gäbe, die sich um diesen Aspekt der Gemeindegeschäfte kümmert, um verwaltungstechnische Konflikte zu vermeiden. Schließlich kontaktierte ich Bob Bishop und fragte ihn, was ich tun sollte. Er erklärte ganz unverblümt: „Ich denke, du solltest es machen". – „Aber ich habe keine Ahnung, wie man das anstellt. Könnte man es auf die gleiche Philosophie, die gleichen Werte und Ziele aufbauen, wie die von GLOBE?" – „Das geht sicher", antwortete er. Ich fragte mich im Stillen, ob er einfach nur nett war und mir deshalb sagte, dass ich alles tun könnte, was ich wollte, oder ob er mich wirklich darin unterstützte, einen neuen Dienst zu starten. Ich kannte ihn als einen Mann des Gebets und fragte mich, ob er vielleicht schon darüber gebetet hatte oder ob der Vater ihn leitete, während wir miteinander sprachen. Auf jeden Fall bot er mir alle Hilfe an, die er geben konnte. Er schlug sogar vor, dass ich das Mitarbeiterhandbuch und alle Formulare von GLOBE verwenden könnte, wenn ich es für hilfreich erachtete. Ich nahm seinen Rat also an und betrachtete ihn als die göttliche Führung des Vaters.

Auf meine Fragen bezüglich des Zusammenhangs zwischen Gemeinde und außergemeindlichen Organisationen bekam ich keine sofortigen Antworten, aber ich fühlte, dass Gott dabei war, mir zu helfen, all die Fragen zu klären, für die ich am Anfang des Monats gefastet hatte. Als ich das Wachstum der Urgemeinden studierte, kam ich mehr und mehr zu dem Schluss, dass Missionsgesellschaften als ein integraler Baustein des Leibes Christi angesehen werden sollten. Ich studierte die Apostelgeschichte und die ersten Missionsreisen und verstand dabei, dass missionarische Strukturen genau das von Gott geplante Mittel sind, damit Gemeinden sich auch über kulturelle, sprachliche und geografische Barrieren hinweg reproduzieren und multiplizieren können. Darüber hinaus erkannte ich, dass Missionarsgemeinschaften neuen Missionaren, die eine Berufung für Evangelisation und Gemeindegründung, Hilfs- und Entwicklungsarbeit erhalten hatten, genau die fachliche Ausbildung gaben, die sie brauchten, und dass das schon in der neutestamentlichen Zeit der Fall war.

Ich erkannte langsam auch die Risiken und das Arbeitspensum, das ein solches Vorhaben mit sich brachte. Wenn ich eine Missionsgesellschaft gründen würde, dann wurde mir klar, dass ich dafür ein Mandat brauchte. Nachdem ich mich mit Hajo und dem Leitungsteam unserer Gemeinde beraten hatte, verschickte ich Einladungen an alle Leiter in Deutschland, von denen ich wusste, dass sie missionarisch tätig waren, und lud sie für das Frühjahr 1990 zu einem Sondierungstreffen nach Duisburg ein, bei dem ich die Möglichkeit vorstellen wollte, eine neuartige Missionsgesellschaft zu gründen. Bis auf zwei von ihnen nahmen alle die Einladung an und kamen. Einer dieser beiden Leiter war verhindert, aber er ermutigte mich, die Arbeit zu beginnen. Der andere Leiter schrieb mir einen Brief, in dem er darlegte, dass Missionsagenturen der Vergangenheit angehörten und dass die Gemeinden in der Zukunft alle Missionsarbeit selbst managen müssten. Seiner Meinung nach war der Start einer solchen Agentur völlig unsinnig.[2]

Dieses Treffen fand im April 1990 statt, um zu besprechen, ob die Notwendigkeit für eine neue Missions-

[2] Ich lud diesen Pastor später als Gastredner zum zehnjährigen Jubiläum von Globe Europe ein. Er entschuldigte sich dabei öffentlich für seine Bemerkungen und erkannte, dass er sich damals geirrt hatte.

gesellschaft bestand oder ob die Anwesenden einen größeren Zustrom neuer Missionskandidaten selbst finanzieren und begleiten könnten. Ich stellte das Modell einer Agentur im Stil von GLOBE vor, die ihren Sitz in Europa hätte und von dort aus Langzeit-Missionare in die ganze Welt entsenden würde. Der Arbeitstitel für dieses Projekt war „Globe Europe“. Dabei erkannte ich fünf Problembereiche, die behandelt werden mussten: Erstens war es meine Überzeugung, dass es zu wenige deutsche Missionare gab, die weltweit dienten. Ich war der Meinung, dass die deutschen Gemeinden und Deutschland selbst als eine so wohlhabende Nation stärker repräsentiert sein sollten. Zweitens waren die meisten Agenturen nicht in der Lage, einen großen Zustrom neuer Missionskandidaten zu bewältigen. Daraus folgte, dass neue Agenturen nötig waren, um sich um neue Kandidaten zu kümmern. Drittens war der Mangel an Finanzen ein wichtiges Hindernis für das Wachstum einer Agentur. Es könnte sein, dass ein neuer Ansatz zum Thema „Finanzierung von Missionaren“ auch neue Ressourcen freilegen würde. Viertens operierten die meisten existierenden Missionsagenturen hauptsächlich projektbezogen. Entweder hatten sie im Aufbau befindliche Projekte in bestimmten Ländern, oder sie konzentrierten sich auf kurzzeitige Evangelisations- und Hilfsprojekte. Fünftens hatten die meisten kleinen Gemeinden, die ich in den zehn Jahren meines Dienstes in Deutschland kennengelernt hatte, kein aktives Missionsprogramm. Diese Gemeinden mussten daran erinnert werden, dass der Missionsauftrag ein grundlegender Aspekt der Vision Jesu für seine Gemeinde ist. Aus meiner Sicht war der aktive Gehorsam gegenüber diesem

Auftrag keine Option, sondern zwingend notwendig.

Um diese Probleme anzugehen, hatte ich vor, mich auf die persönliche Begleitung von Missionaren zu konzentrieren und nicht auf Projekte. Wir würden nach Kandidaten Ausschau halten, die eine sichere Berufung und Vision für die Missionsarbeit hatten. Dann würden wir mit ihnen zusammen daran arbeiten, die Vision, die Gott ihnen gegeben hatte, zu erfüllen. Globe Europe würde die finanzielle Unterstützung managen, sich für ihren Dienst einsetzen und sie im Gebet begleiten und unterstützen. Doch anstatt dass Globe Europe sich darum kümmert, die finanzielle Unterstützung zu gewährleisten, würden die Missionare selbst dafür verantwortlich sein, einen Unterstützerkreis aufzubauen. Auf diese Weise konnten wir eine größere Zahl von Missionaren bewältigen. Mit dieser Methode hatten die Spender auch eine persönlichere Beziehung zu den Missionaren und ihrer Arbeit, weil sie sie persönlich kannten. Außerdem würden wir versuchen, zu Gemeinden und Pastoren Beziehungen aufzubauen, um ihnen zu helfen zu verstehen, dass es die Aufgabe der Gemeinde war, Missionare auszusenden und zu unterstützen, und dass wir ihnen dabei halfen, indem wir uns um ganz spezifische Aufgabenbereiche im Zusammenhang mit der Missionsarbeit kümmerten, welche die meisten kleinen Gemeinden nicht bewältigen konnten. Es gab einen sehr positiven Austausch bezüglich dieser fünf Punkte. Am Schluss unseres Treffens fragte ich: „Meint ihr, dass es in diesem Land einen Bedarf für eine solche Agentur gibt?“. Alle Anwesenden waren sich einig, dass es eine interessante Idee war und dass es definitiv einen Bedarf und Raum für zusätzliche Agenturen in diesem Land gab. Andreas Franz, ein Doktorand in Missionswissenschaften, der bei diesem Treffen als Schriftführer diente, sagte nichts. Auf seinem Nachhauseweg sagte er zu seiner Frau Marina: „Diese Idee ist einfach viel zu amerikanisch, das funktioniert in unserem Land bestimmt nicht“. Wir wussten allerdings damals noch nicht, was für eine ausgedehnte Zusammenarbeit sich zwischen uns in den folgenden Jahren ergeben würde.

14. Kapitel: Globale Veränderungen

Die Ereignisse des 9. November 1989 trafen die gesamte Welt völlig unvorbereitet. Als die Ostdeutschen nach Westberlin hineinrannten, jubelnd auf den Straßen tanzten, auf der Berliner Mauer feierten und die ganze Nacht hindurch mit völlig Fremden Sekt tranken, wurde das gesamte deutsche Volk plötzlich mit einer Realität konfrontiert, für die so viele Menschen 27 Jahre lang gebetet hatten. Wir, die wir uns im September davor in Frankfurt getroffen hatten, um genau für diesen Moment zu beten, hatten den Eindruck, dass wir ein kleiner Teil eines souveränen Handelns Gottes waren. Da es auf einmal möglich war, ungehindert von Osten nach Westen zu reisen, konnten Familien, die eine ganze Generation lang getrennt gewesen waren, sich nun wieder vereinen. Ein Gefühl der Hoffnung und der Freude erfasste das gesamte deutsche Volk. Die Mauer der Trennung wurde abgebrochen, und das bedeutete einen ungehinderten Fluss von Waren und Dienstleistungen in das vormals kommunistische Ostdeutschland.

Mit dem Fall der Berliner Mauer veränderte sich auch das Gesicht der missionarischen Aktivitäten in Europa. Die Welt hatte sich in nur wenigen Stunden grundlegend verändert und bot nun die Möglichkeit, das Evangelium ganz offen in Ländern zu predigen, wo dies zuvor verboten war. In der Vergangenheit hatten mutige Missionare versucht, auf alle möglichen Weisen die verfolgten Christen zu ermutigen, indem sie Bibeln und christliche Literatur ins Land schmuggelten sowie in den Häusern und abgelegenen Gegenden predigten, abseits von den wachsamen Augen der Unterdrücker. Doch nun konnten sie miterleben, wie sich dieser Schleier der Geheimhaltung lüftete. Christen konnten jetzt ganz ungehindert predigen und ihren Glauben ohne Angst vor Repressalien leben. Die deutschen Gemeinden reagierten unverzüglich. Kleine Gemeinden und Kirchen, die sich über eine missionarische Aktivität zuvor nie Gedanken gemacht hatten, waren auf einmal motiviert, den Christen im Osten zu helfen. Sie beluden Autos, Anhänger, Lastwagen und alle möglichen anderen Fahrzeuge mit Bibeln, Nahrungsmitteln und Kleidung, um ihren bedürftigen Brüdern und Schwestern zu helfen. Viele deutsche Gemeinden entdeckten einen Eifer für die Mission und begannen, das Evangelium von Ostdeutschland bis nach Kasachstan zu predigen. Verschiedene Gemeinschaften adoptierten Gemeinden im Osten und besuchten sie regelmäßig. An den Grenzen standen die LKWs Schlange, um Hilfsgüter zu den sehr viel weniger begüterten Menschen zu transportieren.

Es war ganz offensichtlich ein offenes Fenster Gottes, das auf diese Weise nie wiederkommen würde, und es erforderte auch von unserer Seite aus eine umgehende Reaktion. Das CCR brachte sich ebenfalls ein, so gut es konnte. Da ich der Missionsverantwortliche in der Gemeinde war, wurde ich damit beauftragt, alles in die Wege zu leiten, damit wir diese Bemühungen mit unterstützen konnten. Wir steckten uns selbst zwei Ziele. Das erste war, einer Gemeinde im östlichen Deutschland in der Nähe von Wittenberg zu helfen, der Stadt, in der Luther seine 95 Thesen an die Tür der Schlosskirche genagelt hatte. Das zweite war, Christen in Rumänien ausfindig zu machen und ihnen zu helfen. Das Jahr 1990 wurde ein Jahr, in dem viele Evangelisations- und Hilfseinsätze stattfanden. Durch die dringenden aktuellen Anliegen wurde mir wirklich klar, dass die Gründung einer neuen Missionsgesellschaft absolut notwendig und nicht nur eine nette Idee war. Die Gemeinden, die sich engagierten, in Osteuropa zu helfen, brauchten einen Rahmen, in dem sie auf legale Weise ihre Finanzen und missionarischen Bemühungen weitergeben konnten.

Im Anschluss an unser Sondierungstreffen, während Janet und ich Einsätze und Transporte von Hilfsgütern nach Ostdeutschland und Rumänien organisierten, machte ich mich daran, die Grundlagen für den Start einer Missionsgesellschaft zu legen. Ich setzte mich mit John Dorrough in Verbindung, der zu der Zeit eine kleine Gruppe von Pastoren leitete, um herauszufinden, ob sie daran interessiert wären, diese neue Missionsgesellschaft zu befürworten. Er teilte mir mit, dass sie bereit waren, einen solchen Dienst zu unterstützen, und lud mich ein, beim nächsten Pastorentreffen, das er organisierte, die Vision vorzustellen. Ich engagierte daraufhin einen renommierten Rechtsanwalt in Essen, der Erfahrung mit der Gründung gemeinnütziger Organisationen hatte. Ich erklärte ihm, was für eine Art von Agentur ich gründen wollte, und fragte ihn, wie man eine solche Organisation in Deutschland aufziehen müsste. Er machte sich an die Arbeit und verfasste nach meinen Vorgaben eine Satzung, damit Globe Europe für die Arbeit, die wir tun wollten, einen rechtlichen Rahmen bekam. Mir war auch bewusst, dass wir gleich von Anfang an Hilfe bei der Buchhaltung und bei der Büroarbeit brauchten, und so freute ich mich ganz besonders, als Edith Sperling, die zu unserer Gemeinde in Wesel gehörte, sich bereit erklärte, ehrenamtlich als unsere Sekretärin zu arbeiten. Ihr Mann Werner war auch sehr motiviert, uns bei unseren missionarischen Bemühungen zu helfen. Ich ließ das Mitarbeiterhandbuch von GLOBE in Amerika ins Deutsche übersetzen, damit wir eine Arbeitsvorlage hatten, wohl wissend, dass wir das Ganze mit der Zeit überarbeiten mussten. Anfang Juni hatten wir dann genügend Elemente einer Organisationsstruktur vereint, um eine Missionsgesellschaft gründen zu können.

Am 11. Juni 1990 traf ich mich mit John Dorrough und fünf weiteren Pastoren in Frankfurt, um die Satzung von Globe Europe zu unterzeichnen. Alles verlief sehr gut bis auf ein kleines Detail. Uns fiel kein besserer Name für die Organisation ein, und so blieben wir bei dem Arbeitstitel. An diesem Tag wurde die Missionsgesellschaft Globe Europe geboren.

Als ich von diesem Treffen wieder nach Hause kam und Janet erzählte, wie es gelaufen war, schauten wir einander an, und uns wurde plötzlich etwas klar. Genau auf diesen Auftrag waren wir schon unser ganzes Leben lang vorbereitet worden. Aus diesem Grund hatte der Vater uns nach Deutschland gerufen. Alles, was wir bis hierhin getan hatten, war ein wichtiges Fundament für das, was jetzt vor uns lag. Die Puzzleteile fügten sich schließlich so zusammen, dass es für uns Sinn machte. Wir wussten vielleicht nicht viel darüber, wie man eine Missionsgesellschaft gründet, aber wir wussten ganz sicher, dass dies unsere Bestimmung war.

Wir nahmen uns Zeit fürs Gebet, und Janet und ich fügten all die Puzzleteile zusammen. Ich hatte als Kind schon Deutsch gelernt und konnte jetzt fließend genug sprechen, um den Deutschen zu dienen, sie zu motivieren und für die Missionsarbeit auszubilden. Ich wuchs auf dem Missionsfeld auf und war schon mit vielen verschiedenen Arten missionarischer Arbeit in Berührung gekommen. Dadurch konnte ich Missionsarbeit als etwas sehen, bei dem man in erster Linie Gott dient, und auch zu den Menschen, zu denen man berufen ist, geht. Ich hatte gelernt, unter freiem Himmel zu predigen und Evangelisationen abzuhalten, und diese Fähigkeiten konnte ich an andere weitergeben, die einen solchen Dienst auf der ganzen Welt ausüben würden. Danach hatten Janet und ich geheiratet und eine große Familie aufgezogen, während wir gleichzeitig Familienleben und Missionsdienst in einem fremden Land unter einen Hut bekommen mussten. Die schwierigen Lektionen, die wir dabei lernten, führten dazu, dass Janet einen Dienst entwickelte, durch den sie Missionsmütter beriet und schulte, und auch vielen Familien in vielen Ländern diente. Dass wir selbst als Pastor bzw. als Pastorenfrau, Jugendleiter und Gemeindegründer gearbeitet hatten, half uns, den sendenden Gemeinden besser zu dienen. Es half uns aber auch, den Schwerpunkt unserer Missionsarbeit auf die Ausbildung von Gemeindeleitern zu legen. Ein weiteres Hauptmerkmal würde sein, die Missionare zu ermutigen, im jeweiligen Missionsland neue Gemeinden zu gründen. Das Vertrauen, das wir aufgebaut hatten, indem wir Zeit in die Pflege von Beziehungen mit Pastoren und Gemeindeleitern in Großbritannien und in Deutschland investiert hatten, würde auch dazu beitragen, in deren Gemeinden eine Vision für den Missionsauftrag zu vermitteln. Wir hatten viel über organisatorische, strukturelle und administrative Dinge gelernt, und das würde uns helfen, einen klaren gesetzlichen Rahmen und ein solides geistliches Fundament für eine eingetragene Wohltätigkeitsorganisation zu legen. Die Lektionen, die Janet und ich gelernt hatten, und durch die wir in Bezug auf das Leben aus Glauben als Familie und als Dienst reifer geworden waren, würden auch für jene, die langzeitlich in den Missionsdienst berufen waren, sehr zugutekommen. Wir könnten anderen helfen, die Fehler, die wir gemacht hatten, zu vermeiden, indem wir die Missionskandidaten an unserem Glauben und unserer Erfahrung teilhaben ließen. Alles wies darauf hin, dass der Vater uns für genau diese Zeit vorbereitet hatte. Ich erinnerte mich an die Vision, die ich auf dem Schiff von Hull nach Rotterdam gehabt hatte, wie Deutschland die gesamte Welt berührt. Dies war auf jeden Fall eine Möglichkeit, wie der Vater uns gebrauchen konnte, einen kleinen Teil zur Erfüllung dieser Vision beizutragen. Unsere Liebe zu den Deutschen und zu Deutschland war gewachsen, und auch unser Wunsch, anderen zu dienen und ihnen zu helfen, alles zu werden, was Gott für sie geplant hatte. Nun hatten wir Werkzeuge zur Hand, mit denen wir dies ganz bewusst und gezielt tun konnten. Wir waren sogar einer Missionsgesellschaft beigetreten, die uns für das, was wir in Deutschland aufbauen wollten, als Vorbild diente. Wir freuten uns darauf, in gleicher Weise, wie man uns so liebevoll Möglichkeiten, Unterstützung und Ermutigung gegeben hatte, auch anderen diese Möglichkeiten eröffnen zu können. Wir waren von einem Netzwerk aus Mentoren und Vorbildern umgeben, die uns mit wertvollen Ressourcen versorgten, die wir nun an andere weitergeben konnten. Jedes einzelne Detail, jede einzelne Erfahrung in unserem Leben fügte sich in diesem ereignisreichen Zeitpunkt der Geschichte zusammen. Wir hatten auch festgestellt, dass in den zehn Jahren vor der Jahrtausendwende zum 20. Jahrhundert sehr viele neue Missionsgesellschaften gestartet worden waren, und in den ersten Jahren des 20. Jahrhunderts hatte es ein markantes Wachstum des Christentums weltweit gegeben. Ich fragte mich, ob wir irgendwie, auf eine geringe Weise, Teil eines viel größeren Werks waren, das Gott gerade inszenierte. Wir lebten aktuell ebenfalls in den letzten zehn Jahren vor einer Jahrtausendwende. Was würde der Vater in den nächsten vierzig Jahren tun? Wir waren Zeugen eines phänomenalen Ereignisses in der Geschichte, und nun waren wir gespannt herauszufinden, wie wir Gottes Absichten in unserer Generation dienen konnten.

15. Kapitel: Wir surfen auf der Welle

Als wir im Februar 1990 nach Dessau fuhren und die ehemalige Grenze nach Ostdeutschland überquerten, kam es mir vor, als hätten wir einen Zeitsprung von 40 Jahren in die Vergangenheit gemacht. Die Unterschiede zwischen West- und Ostdeutschland waren unübersehbar. Die Menschen hielten am Straßenrand an und starrten auf unseren VW Golf, mit dem wir über das Kopfsteinpflaster fuhren. Die kräftigen Farben der Läden und Schaufenster, wie wir es aus dem Westen kannten, waren hier nirgendwo zu sehen. Manche Häuser schienen immer noch Schäden aus dem Zweiten Weltkrieg aufzuweisen – und alles sah grau und verrußt aus bedingt durch die vielen Kohleöfen und den Smog. Ostdeutschland zeigte ganz deutlich die nur allzu offensichtlichen Auswirkungen von 45 Jahren kommunistischer Herrschaft. Doch alles war dabei, sich zu verändern, denn die beiden Länder bewegten sich nun auf eine politische Wiedervereinigung zu. Nichts würde mehr so sein wie früher. Die gesamte Infrastruktur musste neu entwickelt werden. Die Straßen und Autobahnen, die öffentlichen Verkehrssysteme und die gesamte Kommunikationstechnologie bedurften einer vollständigen Überarbeitung und Neustrukturierung. Fast der gesamte Wohnungsmarkt musste reformiert und saniert werden. Die umweltverschmutzenden Fabriken mussten abgerissen und völlig neu aufgebaut werden. Die Banken und die Krankenkassen mussten modernisiert werden und sich den westdeutschen Industrienormen anpassen. Die historischen Schätze und Denkmäler, die nicht gepflegt worden waren, mussten entweder wieder aufgebaut werden oder viel sorgfältige Pflege erhalten. Kurz gesagt: Ein ganzes Land musste neu aufgebaut werden, wenn die Wiedervereinigung wirklich gelingen sollte. Die Kosten dafür würden die anfänglichen Schätzungen weit übersteigen, und ein ganzes Volk würde Opfer bringen müssen in Form von Steuererhöhungen, öffentlichen Darlehen und Fördermitteln. Das potenzielle Wirtschaftswachstum würde letztendlich eintreten und viele Vorteile bringen, aber zunächst musste eine ganze Reihe kultureller und entwicklungstechnischer Hindernisse überwunden werden.

In den Tagen nach dem Mauerfall brachten wir viele Geschenke und Gaben zu unseren Geschwistern im Glauben, insbesondere Obst und Kaffee sowie christliche Literatur. Für die Kinder nahmen wir Bonbontüten mit, die natürlich helle Begeisterungsstürme entfachten. Bei einem kurzen Besuch in Berlin schlugen wir sogar ein kleines Stück von der Berliner Mauer ab, um ein Andenken zu haben. Überall waren russische Soldaten zu sehen, die eifrig versuchten, westliche Währungen zu ergattern, indem sie uns ihre Mützen, Medaillen und andere mögliche Dinge zum Verkauf anboten. Leute aus dem Westen wurden wegen ihrer schicken Klamotten, Schuhe und Autos angestarrt. Der offensichtliche vergleichsweise Reichtum wurde zur Kenntnis genommen und rief Neid hervor. Ich fragte mich, wie lange diese Neugier wohl andauern würde, und mir war klar, dass dieses Interesse an uns Westlern eine große Chance bot, das Evangelium weiterzugeben. Wir hatten ein kleines Zeitfenster, das wir nutzen mussten. An zwei bestimmte Einsätze in Ostdeutschland in jenem Jahr kann ich mich noch ganz besonders gut erinnern:

Wir waren eine kleine Gruppe und spazierten an einem sonnigen Tag durch die Innenstadt von Wittenberg. Wir erreichten den Marktplatz, auf dem es von Leuten nur so wimmelte, die frisches Obst und andere Waren einkauften, die neuerdings auf dem Markt zu finden waren. Die Marktstände waren rings um die vor dem Rathaus stehenden Denkmäler von Martin Luther und Philipp Melanchthon aufgebaut, der beiden Anführer der Reformation. Ich stieg die Stufen an der Vorderseite des Gebäudes hinauf und konnte von dort den gesamten Marktplatz überblicken. Ich war tief bewegt von dem, was ich in dieser Stadt beobachtete. Ganz spontan erhob ich meine Stimme und fragte laut: „Was meinen Sie, was Luther sagen würde, wenn er jetzt hier wäre?“. Auf einmal hörte das Einkaufstreiben auf. Menschen erschienen an den Fenstern am Rand des Platzes, und ich hatte die Aufmerksamkeit aller, die sich in Hörweite befanden. Mir fiel auf, dass der Marktplatz eine sehr klare, natürliche akustische Verstärkung bot, und dass keine störenden Verkehrsgeräusche zu hören waren. Da ich vor Kurzem etwas über Luther gelesen hatte, integrierte ich diese Gedanken schnell in eine kurze Ansprache darüber, dass er bestimmt sehr erfreut gewesen wäre, diesen Tag zu erleben. Dann änderte ich das Thema und fragte: „Was würde Jesus sagen, wenn er heute hier wäre?“. Als ich meine Botschaft auf die Tatsache richtete, dass Jesus in der Tat gegenwärtig war und jeden aufnehmen würde, der zu ihm kommt, hätte man eine

Stecknadel zu Boden fallen hören können. Ich bot den Zuhörern an, gleich an Ort und Stelle mit ihnen zu beten, wenn sie es wünschten, und beendete meine kurze Predigt. Ich stieg die Stufen wieder herunter und ging auf jene zu, die kamen und Interesse an Jesus bekundeten. Ich war von der Tatsache, dass keiner der Zuhörer wahrscheinlich jemals eine solche Demonstration der Redefreiheit erlebt hatte, ganz zu schweigen von einer Einladung, sich mit Gott zu versöhnen, sehr beeindruckt.

Der zweite Einsatz war eine Reise, die ich für eine Gemeinde aus Nordengland organisiert hatte. Der Pastor dieser Gemeinde, Brian Clark, hatte mich einige Zeit davor gebeten, für ihn und seine Gemeinde als Mentor und Ratgeber zu fungieren. Als er mich anrief und fragte, ob seine Gemeinde irgendetwas tun könnte, um in Ostdeutschland zu helfen, organisierte ich für sie in aller Eile eine Serie von Treffen. Wir gingen auf den Marktplatz in der Innenstadt von Halle, der Geburtsstadt des berühmten Komponisten Georg Friedrich Händel. Im Schatten einer Gedenkstatue bauten wir einen Büchertisch auf und begannen mit einem Freiluftgottesdienst. Wir hatten 450 Bibeln und eine Kiste mit Traktaten mitgebracht, um sie an alle zu verteilen, die ihren Glauben an Christus bekannten. Als wir anfingen, Anbetungslieder zu singen und Zeugnis zu geben, versammelte sich eine Menge von 150 bis 200 Zuschauern um uns. Nach einer kurzen Evangeliumsbotschaft und einer Einladung, Christus als Retter anzunehmen, kamen mindestens 150 Menschen und beteten mit uns an Ort und Stelle. Ich lud alle, die ein Gebet gesprochen hatten, ein, unseren Büchertisch zu besuchen, wo sie kostenlos eine Bibel erhalten würden. Ich ermutigte sie, das Markusevangelium zu lesen und täglich zu beten. Während diese Leute zum Büchertisch hinübergingen, sammelte sich dort, wo sie gestanden hatten, eine neue Menge. Wir begannen also einen zweiten Gottesdienst und machten das Ganze noch einmal. Wieder gingen 150 Leute auf unsere Einladung ein, und als wir auch sie zum Büchertisch baten, bildete sich zum dritten Mal eine Menschenmenge, und wir merkten, dass wir das Ganze noch ein drittes Mal machen mussten. Noch ehe der Tag zu Ende ging, hatten wir alle unsere Bibeln an Menschen weitergegeben, die ein Heilsgebet gesprochen hatten, und fast alle Traktate, die wir außerdem dabei hatten, verteilt. Der geistliche Hunger, den wir in jenem Jahr in Ostdeutschland sahen, war wirklich außergewöhnlich.

Unsere Reisen nach Rumänien haben bei uns ebenfalls einen tiefen Eindruck von Gottes Barmherzigkeit hinterlassen, die im Leben so vieler Menschen am Werk ist. Im März 1990 leiteten wir einen kleinen Konvoi von Autos und Anhängern, begleitet von einem Reisebus und einem Siebentonner-LKW. Wir fuhren von Deutschland aus durch Österreich und Ungarn bis nach Medias in Rumänien. Die Armut, die wir dort sahen, war noch viel größer als in Ostdeutschland oder sogar in Ungarn. In jeder Stadt und in jedem Dorf, in dem wir anhielten, versammelten sich sofort Menschen um uns und starrten uns an. Sie baten uns um Kugelschreiber oder um Obst, wenn sie sahen, dass wir welches hatten. Orangen waren besonders hoch im Kurs. Auf den Straßen liefen die Kinder neben den Autos her, winkten und riefen einander aufgeregt zu, weil sie die Westler sehen wollten, die zu

Besuch gekommen waren. Wir warfen ihnen vom Auto aus Bonbons zu, und sie freuten sich lautstark, rannten weiter neben den Autos her und winkten uns zu, um uns zu danken. An einem Tag hielten wir in der Abenddämmerung am Straßenrand an, und Janet gab einer älteren Frau ein Pfund Kaffee. Sie betrachtete das Paket neugierig und fragte sich, was sie da in der Hand hielt. Eine jüngere Frau kam herbeigeeilt, um zu sehen, was die ältere Frau in der Hand hielt. Als sie sah, dass es Kaffee war, riss sie die Augen weit auf und winkte uns dankend zu. Ganz aufgeregt erklärte sie der alten Frau, was sie da in den Händen hielt, die daraufhin übers ganze Gesicht strahlte, weil sie begriff, dass sie tatsächlich das in der Hand hielt, was sie dort „schwarzes Gold" nannten.

Unsere erste Nacht verbrachten wir in dem einzigen Hotel in Medias. Eigentlich übernachteten nur Janet und ich mit unserer Tochter Rebecca und ihrer Freundin Marietta, die auf dieser ersten Reise mitgekommen war, in dem Hotel, nachdem wir das einzige bewohnbare Zimmer ausfindig gemacht hatten. Zum Glück schliefen die jungen Männer, die auch dabei waren, im LKW und konnten dadurch verhindern, dass die Ladung während der Nacht gestohlen wurde. Am nächsten Morgen aßen wir das uns angebotene karge Frühstück. Sie gaben uns Tee, und meine Frau versuchte herauszufinden, ob es dazu auch Milch gäbe. Sie fragte in verschiedenen Sprachen, und als sie keine Antwort bekam, machte sie das Melken nach und muhte dazu. Das brachte sowohl das Personal als auch unser Team zum Lachen, aber das Resultat war das Gleiche: Es gab keine Milch. Beim Verteilen unserer Hilfsgüter – hauptsächlich Lebensmittel und Kleidung – an die Gemeinden, machten wir einen von vielen Fehltritten, weil wir die dortige Situation nicht kannten. Wir hatten in Deutschland eine große Menge Brokkoli kaufen können, weil dieser gerade besonders billig gewesen war. Doch als wir das Gemüse unseren neuen Freunden in Rumänien geben wollten, hatten sie keine Ahnung, was es war oder was sie damit anfangen sollten.

Auf unseren weiteren Reisen nach Rumänien konnten wir nicht nur Hilfsgüter, sondern auch das Evangelium bringen. Eine Spende von 10.000 Bibeln in rumänischer Sprache erreichte uns aus den USA, und wir luden sie in einen 20-Tonner-LKW zusammen mit Lebensmitteln und Kleidung. Als wir die nordöstliche Grenze von Rumänien erreichten, trafen wir eine kleine Gruppe Christen, die wir mit diesen Gaben ermutigen und unterstützen konnten. An einem Ort, nachdem wir Lebensmittel, Kleidung und Milchpulver verteilt hatten, luden wir alle zu einer Versammlung am Ufer eines kleinen Baches ein, der am Rand des Dorfes vorbeifloss. Der Pastor der winzig kleinen Gemeinde – wir hatten gerade mal zu sechst in dem Versammlungsraum übernachten können – versuchte uns klarzumachen, dass keiner kommen würde, denn die Dorfbewohner hatten kein Interesse am Evangelium. Doch das gesamte Dorf kam. Auf der Brücke über den Bach stehend predigte ich eine einfache Botschaft vor der versammelten Menge und fragte dann, wer Jesus in sein Leben einladen wollte. Alle hoben die Hand und standen auf, um mit uns zu beten. Dann sagten wir ihnen, dass wir ihnen gerne eine Bibel geben wollten, wenn sie uns versprechen würden, auch darin zu lesen. Alle, die auf Rumänisch sagten: „Ich verspreche es“, würden eine Bibel bekommen. Unser gesamtes Team machte sich an die Arbeit. Sie unterstrichen den Vers in Johannes 3,16 und gaben jeder Person, die vorkam, eine Bibel. Wir hatten sechzehn Leute im Team, und alle arbeiteten so schnell sie konnten, aber es dauerte trotzdem über eine Stunde, bis wir jedem, der kam, eine Bibel überreicht hatten.

Auf einer anderen Reise nach Rumänien hatten wir große Probleme mit unserem Anhänger, der eine Panne hatte und repariert werden musste. Wir waren die Nacht durchgefahren und litten alle an Schlafmangel. Unsere Nerven lagen blank, und so fingen wir an uns zu streiten. „Das ist keine gute Art, unseren Einsatz zu beginnen“, sagte ich zu den anderen Teammitgliedern im Minibus. „Wir müssen etwas unternehmen, um unsere Einstellung zu ändern.“ Genau in dem Augenblick erreichten wir die rumänische Stadt Brad. Ich fand es interessant, dass sie eine Stadt nach mir benannt hatten, aber unser Übersetzer ließ uns schnell wissen, dass „Brad“ auf Rumänisch „Tanne“ bedeutet. Als wir uns der Innenstadt näherten, ließ ich das Team unser Fahrzeug anhalten. Ich musste meinen Kopf wieder freikriegen und dringend meine Einstellung ändern. Ich stieg aus und ging zu einer Straßenecke, von wo aus ich die Innenstadt überblicken konnte, und beschloss, einfach ganz laut etwas herauszurufen. „Ich heiße Brad Thurston, und ich möchte euch danken, dass ihr eure Stadt nach mir benannt habt“, begann ich. „Ich möchte euch sagen, dass es für mich eine große Ehre ist, den ganzen Weg aus den USA gekommen zu sein, um eure schöne Stadt zum ersten Mal zu besuchen.“ Plötzlich versammelte sich eine Menschenmenge um mich herum. Die Leute kamen auf die Balkone ihrer Wohnungen heraus oder öffneten ein Fenster, um zuzuhören. Ich erzählte ihnen dann, dass ich mir nur einen besseren Ort vorstellen könnte, wo mein Name stehen könnte, als auf einem Stadtschild, und zwar im Buch des Lebens. „Die gute Nachricht ist, dass ihr alle wissen könnt, ob das der Fall ist, damit, wenn dieses Buch geöffnet und euer Name darin gefunden wird, ihr für alle Ewigkeit Zutritt zum Himmel habt. Ihr könnt es wissen, wenn ihr glaubt, dass Jesus am Kreuz gestorben und wieder auferstanden ist, um eure Sünden zu tilgen, und wenn ihr ihn bittet, Herr eures Lebens zu sein.“ Auf diese und noch andere Weisen forderte ich die Leute auf, ihr Leben Jesus zu geben. Am Ende beteten alle, die sich um uns herum versammelt hatten, ein Gebet, in dem sie Jesus baten, ihnen zu vergeben und sie zu erneuern. Ich fragte sie dann, ob sie Bibeln besäßen, aber keiner besaß eine. Ich sagte ihnen also, dass ich jedem eine Bibel geben würde, der auch bereit wäre, darin zu lesen. Ich holte eine Kiste aus unserem LKW und fing an, Bibeln zu verteilen, die wir mitgebracht hatten. Aber die Menge war so darauf erpicht, eine Bibel zu bekommen, dass sie mich wie ein Mob umringten und mich fast zerquetschten. Bei dem verzweifelten Versuch, eine Bibel abzubekommen, drängten sie mich mit dem Rücken an eine Wand und drückten so stark auf mich ein, dass ich um mein Leben fürchtete. Ich nahm die Kiste, warf sie mitten in die Menge und sagte, dass sie sich selbst bedienen sollten. Eine solche Begierde nach dem Wort Gottes hatte ich zuvor noch nie erlebt. Als wir uns wieder in den LKW setzten, stellten wir fest, dass wir alle von diesem Erlebnis erfrischt wurden, weil wir gesehen hatten, wie der Vater auf eine ganz besondere Weise im Leben der Menschen am Werk war. Letztendlich hatten wir einen richtig guten Start in unseren Einsatz in dieser Woche.

Nicht alles, was im Osten passierte, war gut. Wir wurden oft bestohlen und unsere Autos mehrfach aufgebrochen. Wir wurden beim Geldumtausch betrogen, angelogen und mussten höhere Preise bezahlen, einfach weil wir offensichtlich aus dem Westen kamen. Doch wir vergaben jedes Mal bereitwillig und beteten für die Leute, die meinten, sie müssten das stehlen, was wir ihnen umsonst geben wollten.

Selbstverständlich wogen unsere positiven Erlebnisse sehr viel mehr als irgendein Verlust materieller Dinge. Die Menschen, die wir trafen und denen wir von der Liebe Jesu erzählten, waren sehr gastfreundlich, herzlich und für das Evangelium sehr offen. In einer Stadt organisierten wir mit einem großen Team einen Einsatz, der zur Gründung einer neuen Gemeinde führte. Wir predigten auf dem Marktplatz und die Menschen sammelten sich, um uns zuzuhören. Als wir ihnen anboten, mit ihnen für die Errettung zu beten, standen sie Schlange, um Gebet zu empfangen. Ein paar Meter weiter boten wir Gebet für die Kranken an, und auch dort bildete sich eine Schlange. Oft war es so, dass die Leute sich nach dem einen Gebet auch noch in der anderen Schlange einreihten. Eine ältere Frau kam zu Janet und fragte, was es kostet. „Was denn?“, fragte meine Frau. „Das Gebet“, sagte sie. „Nichts natürlich“, stammelte Janet. „Warum fragen Sie das?“ – „Weil wir die Priester hier für ein Gebet bezahlen müssen“, antwortete sie. „Kein Wunder, dass uns die orthodoxen Priester hier nicht mögen“, sagte ich später zu Janet, als sie mir von dieser Begebenheit erzählte. „Wir verderben ihnen das Geschäft.“

Es dauerte nicht lange, bis wir herausfanden, dass es einen Unterschied gibt zwischen Nothilfe – unmittelbare Hilfsaktionen aufgrund einer akuten Notsituation –, Wiederaufbauhilfe – kurzfristige Einsätze, bei denen die Hilfsarbeiter mit den Menschen vor Ort zusammenarbeiten, nachdem eine akute Notsituation behoben wurde – und Entwicklungshilfe – Zusammenarbeit mit Verantwortlichen vor Ort, um kurz- und langfristige Projekte zu planen, die eine Verbesserung der allgemeinen gesellschaftlichen und wirtschaftlichen Situation einer lokalen Bevölkerung bewirken. Ein gutes Beispiel für diese drei unterschiedlichen Arten humanitärer Hilfe ist die Aktion von Globe Europe nach dem katastrophalen Erdbeben in der nördlichen Türkei 1999. Die Nothilfe bestand darin, direkt nach dem Erdbeben Hilfsteams zu entsenden, die mithalfen, in den Trümmern der eingestürzten Gebäude nach Überlebenden zu suchen und medizinische Hilfe zu leisten. Globe Europe sammelte Spenden, um diesen Nothilfeeinsatz mitzufinanzieren. Die Wiederaufbauarbeit bestand darin, dass wir dabei halfen, für die überlebenden Opfer des Erdbebens eine Zeltstadt und die dazu notwendige Infrastruktur zu errichten. Globe Europe entsandte Teams, die in der Zeltstadt arbeiteten, und auch Kühlräume, die unser Team vor Ort errichtete. Die Entwicklungshilfe war die letzte Etappe der Hilfeleistung beim Wiederaufbau der Gegenden, die durch das Erdbeben zerstört worden waren, damit die dortige Bevölkerung wieder in festen Häusern wohnen konnte. In diesem Stadium war die Lokalbevölkerung imstande, diese Wiederaufbauarbeit selbst zu tun.

Wir fanden in dem Zusammenhang auch heraus, dass wohlmeinende Leute, wenn sie wirtschaftliche Armut sehen, oft so darauf reagieren, als wäre Nothilfe nötig, obwohl in Wirklichkeit ein Langzeitplan für eine integrierte Entwicklung an der Tagesordnung ist. Die daraus folgenden Hilfsaktionen können dann im Endeffekt für die Menschen, denen man eigentlich helfen will, schädlich sein. Wir haben das in Rumänien beobachtet, wo manche Leute letztendlich nur zur Gemeinde kamen, um das abzuholen, was sie als ihren berechtigten Anteil an den Hilfsgütern betrachteten, anstatt dass sie kamen, um eine Beziehung mit Gott zu suchen. Es gab Streit darüber, wer die Hilfsgüter zuweisen oder wer was und wie viel von den Sachen bekommen sollte, die wir gebracht hatten, um sie zu verschenken. Als wir merkten, dass unsere Gaben den Empfängern mehr schadeten als dass sie halfen, stellten wir die Sendungen von Hilfsgütern ein und konzentrierten uns in erster Linie darauf, das Evangelium zu predigen. Gleichzeitig suchten wir nach Wegen, wie wir den neuen Christen helfen konnten, durch die Entwicklung selbstständiger Tätigkeiten ihren Lebensunterhalt zu verdienen. Den Unterschied zwischen Nothilfe, Wiederaufbau und Entwicklung zu erkennen, war für uns als wachsender Dienst von enormer Wichtigkeit.

Das erstaunliche Engagement so vieler deutscher Gemeinden für missionarische Aktionen in der Zeit von 1990 bis 1993 gab uns die Möglichkeit, über Mission zu lehren und Christen zu motivieren, eine berufliche Karriere als Auslandsmissionar in Betracht zu ziehen. Es wurde sehr deutlich, dass Menschen vor Ort wohnen mussten, wenn die Dienste in anderen Ländern, wie jene, die wir gestartet hatten, dauerhaft fortgeführt werden sollten. Sie mussten sich mit der Sprache und den Gepflogenheiten vertraut machen und bereit sein, neue Orte mit der Liebe Gottes zu erreichen. Jüngerschaftstraining und Gemeindegründung erforderten eine umfangreichere Investition, als es mit kurzen Evangelisationskampagnen möglich war. Mehrere meldeten sich auf den Ruf, langfristig in der Mission tätig zu sein.

Wieder staunten wir über die Zeitplanung. Genau zum richtigen Zeitpunkt hatten wir eine Missionsgesellschaft gegründet, als Einzelne und Gemeinden nach genau der Art von Dienstleistung suchten, die wir anboten. Ein Geschäftsmann und seine Frau, die uns auf einem unserer ersten Einsätze nach Rumänien begleitet hatten, suchten mich kurze Zeit später privat auf. „Brad, ich möchte mein Geschäft auflösen und mich in den Ruhestand begeben. Es ist zwar nicht ganz einfach, aber ich muss mir um die steuerlichen Aspekte Gedanken machen. Meine Frau und ich haben deshalb beschlossen, dass ich Globe Europe 100.000 Deutsche Mark (etwa 50.000 Euro) geben sollte, um euch beim Aufbau eurer neuen Missionsgesellschaft zu helfen.“ Ich war sprachlos, denn wieder einmal hatte der Vater dafür gesorgt, dass die Bedürfnisse von Globe Europe weit über unser Bitten und Verstehen hinaus gedeckt wurden. Die ganzen teuren Anlaufkosten und Gebühren für unsere neue Missionsgesellschaft wurden dadurch abgedeckt.

Wir wussten ohne jeglichen Zweifel, dass wir genau das taten, wozu Gott uns berufen hatte.

16. Kapitel:
Das Fundament wird gelegt

Auch zu Hause in Wesel hatten wir keine Zeit zum Ausruhen. Neben der ganzen Planung und Werbung für die Hilfsaktionen und Evangelisationskampagnen mussten wir unsere Missionsgesellschaft weiterentwickeln. Das beinhaltete auch, bei Pastoren und Gemeinden für Mission zu werben, Missionare zu rekrutieren und herauszufinden, was ein Missionsdirektor so alles zu tun hat. Werner und Edith Sperling waren sehr aktiv und engagiert, gingen zu Konferenzen und machten Werbung für ein Patenprogramm für Kinder in Guatemala. Außerdem kümmerten sie sich um die Verwaltung, die Büroarbeit und die Finanzbuchhaltung unserer kleinen Organisation. Janet und die Kinder halfen bei vielen praktischen Büroarbeiten wie zum Beispiel Briefsendungen einzutüten, was direkt bei uns im Wohnzimmer passierte. Wenn ein umfangreicher Postversand anstand, dann sah unser Haus drei Tage lang aus, als wäre ein Wirbelsturm hindurchgezogen. 1992 geschahen zwei wichtige Dinge, die dazu beitrugen, eine gute Grundlage für unsere junge Organisation zu legen.

Waldemar Sardaczuk, Missionsdirektor des Aktionskomitees für verfolgte Christen (AVC), lud mich ein, an der nächsten Konferenz der Europäischen Pfingstlichen Missionsgesellschaften teilzunehmen, die in Erzhausen bei Frankfurt stattfinden sollte. Während einer Programmpause lud er ein halbes Dutzend der vertretenen deutschen Agenturen zu einem informellen Treffen ein, damit wir uns darüber austauschen konnten, was wir genau taten. Am Ende dieses Treffens beschlossen wir, dass es eine gute Idee wäre, sich regelmäßig zu treffen, um einander zu ermutigen und anzuspornen. Unsere informellen Zusammenkünfte wurden ab 1994 zu einer regelmäßigen Veranstaltung und führten zu der Gründung des Arbeitskreises Pfingstlich-Charismatischer Missionen (APCM). Ich wurde eingeladen, zum Leitungskreis dieser Organisation zu gehören, die zuerst von Waldemar und später von meinem Freund Andreas Franz geleitet wurde, der 1990 bei unserem Sondierungstreffen dabei gewesen war. Die APCM wurde zu einem sehr wichtigen Element für über 60 Missionsagenturen, die schließlich alle Mitglieder wurden. Sie wurde zu einem von der deutschen Regierung anerkannten Dachverband, dessen Mitgliedsorganisationen für Soforthilfe- und Entwicklungsprojekte offizielle Hilfsgelder in Anspruch nehmen können. Dank dieses Verbandes war es auch möglich, dass die Missionsfamilien der einzelnen Mitgliedsorganisationen weiter deutsches Kindergeld beziehen können, solange sie im Ausland leben und arbeiten. Die APCM konnte auch die Bewilligung staatlicher Zuschüsse für Freiwilligendienste bewirken, bei denen junge Erwachsene ein Jahr lang bei Entwicklungshilfeprojekten mitarbeiten, die von deutschen Missionaren geleitet werden. Die Beteiligung von Globe beim Aufbau der APCM brachte mit sich, dass wir nun einer deutschlandweit anerkannten Organisation gegenüber rechenschaftspflichtig waren, was unsere missionarischen Aktivitäten anging. Dadurch bekam Globe Europe mehr Anerkennung und Zuspruch bei Gemeinden und anderen Organisationen. Es war eine Ehre, beim Start eines Verbandes mitzuwirken, der später eine landesweite Bedeutung erreichte und ein Segen für Hunderte von Missionaren und deren Sendungsorganisationen wurde.

Das zweite Ereignis war das Resultat einer flüchtigen Idee, die mir bei einer Konferenz in Altensteig kam, zu der Hermann Riefle mich eingeladen hatte. Bei einem der Abendessen setzte er mich neben einen anderen Amerikaner, um für ihn zu übersetzen. Zufällig handelte es sich dabei um Loren Cunningham, den Gründer und Vorsitzenden von JMEM. Im Laufe unseres Gesprächs beschloss ich, ihn einzuladen, im Dezember 1992 nach Duisburg zu kommen, um eine Konferenz für deutsche Missionare abzuhalten und dann bei der Missionskonferenz unserer Gemeinde am Wochenende unser Gastsprecher zu sein. Zu meiner großen Freude sagte er liebenswürdigerweise zu.

Daraufhin organisierten wir unsere erste Missionarskonferenz, die wir „Zeit der Erfrischung" nannten. Über 70 Missionare kamen dafür in einem Hotel in Wesel zusammen. Zu dem am darauf folgenden Wochenende in Duisburg stattfindenden Festmahl für die Mission kamen 250 Leute. Das Restaurant war bis zum letzten Platz gefüllt, und die Missionskollekte an dem Abend war die größte Kollekte, die wir bis zu jenem Zeitpunkt je eingesammelt hatten. Doch den wirklichen Segen, den der Besuch von Loren bewirkte, empfingen wir nicht in diesen Veranstaltungen. Janet und ich hatten ihn zu uns nach Hause zum Essen eingeladen, und als er mit uns am Tisch saß, bezog er jedes einzelne unserer Kinder in das Tischgespräch mit ein und nannte sie alle bei ihrem Namen. Er interessierte sich besonders für unsere elfjährige Tochter und ermutigte sie, dem Ruf Gottes für ihr Leben zu folgen. Seine Art und Weise, wie er die ganze Familie bei seinem Besuch berücksichtigte, hinterließ bei Janet und mir einen tiefen Eindruck. Wir beschlossen, diese Art und Weise, sich für die Menschen zu interessieren, mit denen wir zu tun hatten, zu kopieren. Ich bat Janet, mich jedes Mal an diesen Entschluss zu erinnern, wenn ich versuchen sollte, bei gemeinsamen Mahlzeiten geschäftliche Dinge zu besprechen.

Als ich Loren zum Frankfurter Flughafen zurückfuhr – eine dreieinhalbstündige Fahrt – fragte ich ihn, welche Ratschläge er einem jungen Mann geben könnte, der gerade damit begonnen hat, eine Missionsgesellschaft aufzubauen. Welche Schlüsselfragen sollte ich besonders beachten. Loren dachte einen Moment darüber nach und erklärte mir dann vier Dinge, die ich tun sollte, um eine solide Organisation zu bauen. Wir hielten unterwegs an, um zu frühstücken, und ich war von dieser ganz besonderen, persönlichen Mentoring-Zeit, die Loren mir gewährte, so gefesselt, dass ich die Zeit fast ganz aus den Augen verlor, und wir am Ende in aller Eile zum Flughafen rasen mussten.

Das erste, worauf er mich hinwies, bezog sich auf die fünf Wachstumsstadien, die jede Organisation durchläuft, und die verschiedenen organisatorischen und leitungsbezogenen Konflikte, die dabei gelöst werden müssen. Er wies mich darauf hin, dass jedes Wachstumsstadium seine eigenen Herausforderungen mit sich bringt und unterschiedliche Leitungsfähigkeiten erfordert, um das nächste Wachstumsstadium zu erreichen. Es war sehr wertvoll, diese Werkzeuge zu kennen, denn es half uns, den Übergang von der kreativen Pionierphase unseres Dienstes zu einer stabileren Organisation zu meistern. Die gesunde Entwicklung der Gesellschaft war für den Dienst für die Sache Christi weltweit ein wichtiges Element.

Der zweite Punkt, auf den er zu sprechen kam, war die Wichtigkeit eines ausgeglichenen Leitungskreises, um zu verhindern, dass skrupellose Menschen die Ausrichtung und das Ziel einer Organisation verfälschen. Eine gesunde Mischung in einem Leitungskreis aus örtlichen und regionalen Leitern und Spendern würde dazu beitragen, die Integrität einer Organisation dauerhaft aufrechtzuerhalten.

Der dritte Schlüssel dafür, eine gesunde, dauerhafte Organisation aufzubauen, bestand darin, einen Bindungsprozess zu fördern, durch den alle Mitglieder der Organisation ein Zusammengehörigkeitsgefühl entwickeln. Loren erzählte mir, wie die Jüngerschaftsschule (SfJ) von JMEM bei allen Mitarbeitern, freiwilligen Helfern und Missionaren diese Art von Zusammengehörigkeitsgefühl hervorruft. Wenn sich ehemalige Schüler von JMEM wiedertreffen, stellen sie sich gegenseitig immer die Frage, wo jeder seine SfJ gemacht hat. Diese Art der Zusammengehörigkeit hat dazu beigetragen, dass man einander vertraut und bereitwilliger zusammenarbeitet, auch über kulturelle und gesellschaftliche Barrieren hinweg.

Zum Schluss ging Loren noch darauf ein, dass man lernen muss, die Zeichen der Zeit zu deuten. Es gibt Zeiten, in denen bestimmte Orte auf der Welt für das Evangelium besonders empfänglich sind, und andere Zeiten, in denen sie nicht so empfänglich sind. Es gibt auch Verbindungen zwischen Volksgruppen und Völkern, die zu erkennen hilfreich sein kann, wenn man bestimmte nicht so empfängliche Völker durch empfänglichere Völker erreichen möchte. In dem Fall kann die Tatsache, sich auf Länder und Volksgruppen zu konzentrieren, die bereit sind, ausländische Missionare anzunehmen, gleichzeitig bewirken, dass sowohl kulturell als auch durch persönliche Beziehungen Zugang zu einer anderen Zielgruppe erlangt wird. Diese kurze Begegnung mit Loren hatte nicht nur auf unsere Missionsgesellschaft einen bleibenden Einfluss, sondern auch auf uns als Familie.

Jene Vier-Punkte-Lektion wurde zu einem der Grundsteine, auf denen Globe Europe aufgebaut wurde. Erst 2014, als Janet und ich Loren Cunningham zum zweiten Mal trafen, hatten wir die Gelegenheit, uns noch einmal bei ihm für seine Freundlichkeit und seine wertvolle Investition in unseren Dienst und in unser Leben zu bedanken. Ich hatte mir nicht träumen lassen, dass die Fahrt mit Loren zum Flughafen einen so grundlegenden Einfluss auf die Richtung und das Wachstum unserer Gesellschaft haben würde – und auch auf die Gemeinden und Missionare, denen wir dienen würden.

Die weitere Entwicklung unserer Gesellschaft lief wie eine Kettenreaktion ab. Wenn wir einen guten Rat in die Tat umsetzten, entdeckten wir, was wir als nächstes tun mussten, um eine gesunde Dienstorganisation aufzubauen. Ich wusste, dass wir als erstes eine Art Zusammengehörigkeitsprozess erfinden mussten, der für alle Missionare von Globe Europe Pflicht wurde. Mir war klar, dass wir nicht in der Lage waren, eine sechsmonatige Missionsschule zu organisieren, so wie JMEM es tat, geschweige denn Mitarbeiter dafür zu finden. Um ehrlich zu sein, hatte ich auch keine Ahnung, was wir potenziellen Kandidaten überhaupt über Mission beibringen sollten. Meine einzige Erfahrung in der Mission war eine persönliche Lebenserfahrung und das, was ich aus einigen Büchern wusste, die ich gelesen hatte. Es war mir sonnenklar, dass Globe Europe eine Art Ausbildung für Missionskandidaten anbieten musste, wodurch wir auch dieses Zusammengehörigkeitsgefühl entwickeln würden. Mir fiel Günter Krallmanns Seminar mit dem Titel „Leiterschaft im Stil Jesu" wieder ein, und ich war der Meinung, dass dieses Seminar zumindest für den Anfang das war, was wir brauchten. Der Lehrgang war auf Weltmission und auf Charakterschulung ausgerichtet und betonte auch das Engagement für Reproduktion und Multiplikation. Als ich ihn einlud, war Günter einverstanden, eine Woche mit uns zu verbringen und seinen Lehrgang abzuhalten. Unsere erste „Mentoringschule" fand im Sommer 1993 auf Burg Hohenscheid in Solingen statt. An dieser ersten Schule nahmen Werner und Edith Sperling teil – die auch danach während unserer gesamten Amtszeit in Deutschland weiter im Büro von Globe Europe gedient haben –, Siegfried und Maria Eyke – die dann als Missionare nach Rumänien gingen und danach eine neue Gemeinde in Wittenberg gründeten –, Gottfried und Ruth Hetzer – die nach einem Bibelschulaufenthalt in Schottland 14 Jahre lang in Kenia, Namibia und Südafrika dienten –, Jeff und Christa Mills – die noch im gleichen Jahr nach Guatemala ausreisten, wo sie immer noch dienten, als wir Deutschland schon verlassen hatten –, Carsten Buck – ein Mitglied des Vorstands von GLOBE – und dann noch Günter Krallmann und ich.

Günters Lehre bestand aus 16 Bausteinen, in denen die Dienstmethode Jesu in Grundzügen beschrieben wurde, und wir waren alle von der Klarheit und Tiefe seiner Ausführungen beeindruckt. Die Methode Jesu, die Welt zu gewinnen, war die beste Methode, die man sich aneignen konnte, das stand außer Frage. Es gab an seinem Leiterschaftsmodell nichts zu verbessern, und es würde auch nie einen erfolgreicheren Weg geben, Jünger auszubilden. Der Missionsauftrag in Johannes 20,21 brachte ganz klar den Wunsch Jesu zum Ausdruck, dass wir ihn imitieren sollen: *„Jesus sprach nun wieder zu ihnen: Friede euch! Wie der Vater mich ausgesandt hat, sende ich auch euch“*. So wie der Vater Jesus gesandt hatte, genauso sandte Jesus uns. Ich stellte mir daraufhin die folgende Frage: „Wie hatte der Vater Jesus gesandt?“. Die Antwort auf diese Frage musste zwingend für alle, die dem Missionsauftrag gehorchen wollten, von großer Bedeutung sein. Man konnte den Dienst Jesu sehr einfach als einen Dienst auf zwei Ebenen definieren: die Ebene der Erlösung und die Ebene der Ausbildung. Der Dienst Jesu auf der Ebene oder dem Plan der Erlösung bestand in seinen öffentlichen Reden und Taten der Barmherzigkeit. Dieser erlösende Plan hatte seinen Höhepunkt in seinem Tod am Kreuz, seinem vergossenen Blut für die Vergebung der Sünden, seiner Grablegung in einem geborgten Grab und seiner Auferstehung von den Toten, durch die er Sünde, Krankheit, Tod und den Teufel überwand. Die Ebene der Ausbildung oder der ausbildende Plan Jesu konzentrierte sich auf die Schulung des geistlichen Lebens und des Charakters der zwölf Jünger. Die Zeiten, die Jesus ganz persönlich mit den Jüngern verbrachte, führte diese zu einem tieferen Verständnis darüber, wer Jesus war. Durch Beobachten erfuhren sie, dass die Quelle seines Lebens und seiner Autorität ein direktes Resultat seiner engen Beziehung mit seinem himmlischen Vater war. Wir lernten, dass Jüngerschaft in erster Linie die Infusion des Lebens durch den Heiligen Geist ist, die dadurch bewirkt wird, dass man Zeit mit Jesus verbringt und seine Lebensweise kennenlernt. Dadurch, dass Günter uns diese Dinge lehrte und wir im Gebet den Vater fragten, wie wir das Gelernte in einer fremden Kultur umsetzen könnten, wurde ein weiterer Grundstein für Globe Europe gelegt. Globe Europe würde es sich zur Hauptaufgabe machen, Jünger zu machen, Männer und Frauen mit Integrität, die bereit und fähig wären, ihr Leben wiederum in andere zu investieren. Wir würden danach trachten, die Prinzipien der Reproduktion und Multiplikation an erste Stelle zu setzen. Durch die Investition in eine Handvoll Jünger, die sich engagieren, das, was sie gelernt haben, anderen beizubringen, und die in der Lage sind, andere zu lehren, kann eine sehr viel größere Multiplikation erreicht werden, als eine Person allein je vollbringen könnte. Es war ein ganz klares Prinzip, das Paulus seinem Jünger Timotheus vermittelte: *„... und was du von mir in Gegenwart vieler Zeugen gehört hast, das vertraue treuen Menschen an, die tüchtig sein werden, auch andere zu lehren!“* (2.Tim 2,2). Wir baten Günter, diesen Lehrgang noch mehrmals zu wiederholen, bis alle unsere Missionare ihn durchlaufen hatten, und wir in der Lage waren, ihn selbst zu lehren. Über die Jahre wurden diese

Grundprinzipien immer wieder gelehrt. Wir fügten später andere Bausteine hinzu, die wir aus unserer wachsenden Erfahrung mit der Missionsarbeit lernten, doch unsere grundlegende Dienstphilosophie blieb immer gleich. Diese erste Mentoringschule bildete das Fundament, auf dem wir unser Ausbildungsprogramm für die Mission aufbauten und weiter ausbauten.

Eine weiterer Input, den Günter uns in den Anfangsjahren gab, war seine Bereitschaft, sich einmal im Jahr mit mir zu treffen, um sich mit mir über das Wachstum und die Entwicklung von Globe Europe auszutauschen. Das taten wir über mehrere Jahre hinweg. Seine Frau Ulrike und er selbst wurden nicht nur unsere ersten Missionare, sobald die Gesellschaft gegründet worden war, sondern sie investierten auch ihre Zeit und ihr Herzblut in die Missionare und berieten mich in Bezug auf anfängliche Strukturen und Zielsetzungen. Ich habe es auch Günter zu verdanken, dass er mich darauf hingewiesen hat, wie wichtig es ist, gezielte Kernwerte zu definieren, nach denen eine gesunde Organisation operiert. Ich kann mich nicht genau daran erinnern, wann das Thema Kernwerte genau zur Sprache kam, aber als ich Bob Bishop fragte, was die Kernwerte von GLOBE waren, war seine Antwort eher vage, zumindest nach meinem Verständnis. Ich brauchte eine klarere Antwort auf meine Frage.

Meine Reaktion auf Bobs vage Antwort auf meine Frage überraschte mich. In dem Moment fing ich an zu verstehen, dass ich im Umgang mit meinen amerikanischen Kollegen schon eher wie ein Deutscher reagierte. Eine kulturelle Verwandlung hatte in meinem Leben stattgefunden, und ich merkte, dass ich eher wie ein Deutscher dachte und handelte als wie ein Amerikaner. Ich stellte fest, dass ich nicht nur verstand, warum Deutsche so denken und handeln, wie sie es tun, sondern dass ich sogar selbst so dachte und handelte wie sie. Ich war zu einem „Dritt-Kultur-Menschen" geworden. Jemand, der aus einer Kultur kommt, in einer zweiten Kultur lebt, sich aber dadurch, dass er sich in beiden Kulturen zu Hause fühlt, eigentlich zu keiner von beiden richtig gehört. Das wurde noch deutlicher, als Janet und ich eines Tages mit Freunden zusammen waren, die sich über die Ausländer beschwerten, die Deutschland „überschwemmten". Janet tippte den Betreffenden auf die Schulter und meinte: „Aber weißt du denn nicht, dass wir auch Ausländer sind?". Er drehte sich verwundert zu ihr um, ganz erstaunt über ihre Bemerkung, und antwortete einfach: „Janet, du bist nicht wirklich eine Ausländerin, du bist eine ‚Veredelte Deutsche'". Wir dachten beide, dass Janet gerade die höchste Auszeichnung erhalten hatte, die man sich als Missionar wünschen konnte. Diese Bemerkung zeigte, dass sie von unseren Freunden voll und ganz in das Leben und die Kultur Deutschlands aufgenommen worden war. Es war ein Zeichen für das Vertrauen und die Freundschaft, die über viele Jahre hinweg aufgebaut wurden. Wir hatten seit unseren ersten zwei Jahren, in denen wir mit dem Leben und der Kultur in Deutschland so viel Mühe hatten, große Fortschritte gemacht.

Die Frage nach den Kernwerten von Globe Europe beschäftigte uns über mehrere Wochen. Was war für die Ausrichtung von Globe Europe so wichtig, dass es nicht nur die Mitarbeiter, sondern auch die Missionare, die Vereinsmitglieder, die Spender, die Gemeinden und alle, die in irgendeiner Weise mit der Missionsgesellschaft zu tun hatten, grundlegend beeinflusste? Welche Werte stachen gegenüber allen anderen Werten heraus, um das Leben, die Einstellung und die Handlungen aller, die Globe Europe weltweit repräsentierten, nachhaltig zu bestimmen? Ich las in mehreren Büchern über Werte, informierte mich über andere christliche Organisationen und fand heraus, was ihre Werte waren. Ich kam zu dem Schluss, dass wir eine Menge großartiger Werte hatten, die uns teuer waren und nach denen wir lebten. Doch ich war auf der Suche nach drei hauptsächlichen und unveränderlichen Kernwerten, welche die Identität unserer Organisation definierten. Je mehr ich mich über Werte informierte, umso mehr wurde mir klar, wie wichtig es war, sie zu kennen und danach zu leben. Werte würden uns bei Entscheidungsprozessen Orientierungshilfe geben, uns vor schlechten Entscheidungen und falschen Annahmen bewahren. Wenn wir unsere Werte kannten, danach lebten und sie regelmäßig lehrten, konnten wir auch besser die Missionskandidaten auswählen, mit denen wir im Laufe ihrer Karriere als Missionare zusammenarbeiten wollten – und genauso konnte es Missionaren auch helfen zu wissen, mit wem sie auf dem Missionsfeld zusammenarbeiten wollten. Wer nicht nach unseren Kernwerten leben wollte, würde automatisch auch nicht Teil der Familie von Globe Europe sein können.

Den ersten Kernwert konnte ich sehr sicher bestimmen: *Glauben*. Globe Europe war durch und durch eine auf Glauben gegründete Organisation. Alles, was wir unternahmen, gründete sich auf den Kernwert des Glaubens. Wir lehrten den Glauben, wir lebten im Glauben, wir unterstützten Glauben und wir freuten uns, wenn wir erlebten, wie aus Glauben motivierte Taten Frucht trugen. Die Prinzipien des Glaubens bestimmten nicht nur, wie wir mit unserem Geld umgingen, sondern auch wie wir unsere Kinder erzogen, wie wir uns für die Durchführung bestimmter Projekte entschieden, wie wir unsere Ziele steckten; kurz gesagt: Der Glaube hatte einen Einfluss auf unser gesamtes Leben und unseren gesamten Dienst. Jeder, der Teil von Globe Europe werden wollte, würde von Anfang an mit dem Thema und einem Lebensstil des Glaubens in Berührung kommen.

Der zweite Kernwert war genauso offensichtlich: *Dienen.* Wir existierten nicht, um unsere eigenen Pläne zu verwirklichen, sondern in erster Linie um Gottes Pläne zu verwirklichen. Wir dienten den Gemeinden, ehrten sie und ihre Leiter und suchten nach Wegen, wie wir ihnen bei der Erfüllung des Missionsauftrags behilflich sein konnten. Wir dienten den Missionaren und dem Ruf Gottes auf ihrem Leben, um ihnen zu helfen, sich auf einen erfolgreichen Dienst vorzubereiten. Die Missionare waren berufen, Gott zu dienen, indem sie den Menschen in einer anderen Kultur dienten. Wir dienten den Spendern und Vereinsmitgliedern, indem wir in allen finanziellen und rechtlichen Angelegenheiten mit Integrität handelten. Als Mitarbeiter dienten wir einander, indem wir uns gegenseitig ermutigten und förderten. Der Dienst war ein allgemein gültiger Wert in unserem Universum, eine Tugend, die das Handeln von jedem, der mit Globe Europe in Verbindung stand, von Grund auf bestimmen musste.

Was mir mehr Mühe machte, war der dritte Kernwert. Ich wusste, dass er etwas mit der gemeinnützigen Hilfs- und Entwicklungsarbeit zu tun haben musste, die wir durchführten. Er musste auch reflektieren, dass es uns wichtig war, die Kranken zu heilen sowie die Armen, die Witwen und die Waisen zu versorgen. Dieser Kernwert musste das Herz des Vaters ausdrücken, das sich nach Ganzheit und Wiederherstellung sehnt. Als ich darüber nachdachte, fiel mir einer der Dienstzweige von JMEM ein, der sich „Mercy Ships" nannte (dt.: Schiffe der Barmherzigkeit). JMEM nutzte Schiffe, um auf der ganzen Welt arme Küstengebiete zu erreichen und ihnen medizinische Hilfe zu leisten. Gabi Wirth-Juma, eine der ersten Missionare bei Globe Europe, war eine Krankenschwester, die wir ausgesandt hatten, um auf einem dieser Schiffe zu dienen. Das Wort *Barmherzigkeit* schlug in mir eine Saite an, weil es anscheinend alle Aspekte unserer missionarischen Aktivität abdeckte, wie ich es mir erhoffte. Ich war mir allerdings nicht hundertprozentig sicher und wusste, dass ich noch mehr darüber wissen und mit Janet darüber beten musste. Ich wollte es auch mit Bob Bishop und seinem Assistenten Doug Gehman besprechen. Ich wollte außerdem wissen, was der Vorstand von Globe Europe dazu meinte. Würde der Begriff *Barmherzigkeit* unsere Aktionen und Einstellungen ausreichend abdecken, um für unseren Dienst und für uns persönlich ein Kernwert zu sein?

Für mich wurde der Wunsch, die Bedeutung der Barmherzigkeit Gottes zu verstehen, zu einer regelrechten Nachforschung, in deren Verlauf ich auf die Passage in Epheser 2,4-9 stieß:

„Gott aber, der reich ist an Barmherzigkeit, hat um seiner vielen Liebe willen, womit er uns geliebt hat, auch uns, die wir in den Vergehungen tot waren, mit dem Christus lebendig gemacht – durch Gnade seid ihr gerettet! Er hat uns mitauferweckt und mitsitzen lassen in der Himmelswelt in Christus Jesus, damit er in den kommenden Zeitaltern den überragenden Reichtum seiner Gnade in Güte an uns erwiese in Christus Jesus. Denn aus Gnade seid ihr gerettet durch Glauben, und das nicht aus euch, Gottes Gabe ist es; nicht aus Werken, damit niemand sich rühme."

Obwohl ich wusste, dass Gott gemäß Psalm 50,12 alles besaß, was geschaffen war, schien das nicht klar auszudrücken, was für ihn wirklich wertvoll war. Ich fand nur zwei Bibelstellen, in denen Gott als reich definiert wurde. Die erste stand in Psalm 145,8, wo er als *„reich an Gnade"* (NGÜ – in englischen Bibelübersetzungen *„reich an Liebe"*) bezeichnet wird, und in dem obenstehenden Vers, wo er als *„reich ... an Barmherzigkeit"* definiert wird. Offensichtlich legte er sehr viel Wert auf Liebe und Barmherzigkeit. Interessanterweise beschreiben diese beiden Werte Charaktereigenschaften und nicht materiellen Besitz. Beide brachten Gottes Mitgefühl für die Menschheit zum Ausdruck und wurden durch die Gnadengabe Gottes, das durch den Tod und die Auferstehung Jesu Christi erkaufte ewige Leben, miteinander in Verbindung gebracht. Das war für mich der Hinweis darauf, wie Gott den Wert seiner Liebe und Barmherzigkeit bestimmt. Liebe und Barmherzigkeit waren Gott wichtig, weil sie ihn das Leben seines Sohnes Jesus gekostet haben. Nichts in dieser Welt ist vergleichbar mit diesem Preis. Weil er den unermesslich hohen Preis für die Sünde der gesamten Menschheit bezahlt hatte, konnte Gott in aller Freiheit auf seine große, grenzenlose und unerschöpflichen Reserven der Liebe und der Barmherzigkeit zurückgreifen und sie auf unwürdige Menschen ausgießen, über alles Bitten und Verstehen hinaus. Liebe wurde die regierende Motivation Gottes, um seine Barmherzigkeit all jenen zu erweisen, die nicht würdig waren, sie zu empfangen. Als ich darüber nachdachte, erinnerte ich mich an den allerersten Bibelvers, den ich als Kind auswendig gelernt hatte, nämlich Johannes 3,16: *„Denn so hat Gott die Welt geliebt, dass er seinen eingeborenen Sohn gab, damit jeder, der an ihn glaubt, nicht verloren geht, sondern ewiges Leben hat“*. Liebe erzeugt Barmherzigkeit.

Die Reaktion der Menschen, die Gottes Barmherzigkeit und Liebe empfangen und erlebt haben, war mehr als nur Dankbarkeit und Lob. Auch ihr Leben wurde dahingehend verändert, dass sie nun im Glauben an den Sohn Gottes lebten. Barmherzigkeit wurde durch Taten des Glaubens demonstriert, als Christen in gleicher Weise für die Kranken beteten, den Armen halfen und sich um Witwen und Waisen kümmerten, wie sie die gute Nachricht vom Reich Gottes verkündigten. Taten des Glaubens waren keine menschliche Initiative, sondern eher eine Reaktion auf eine Initiative Gottes, der einer gebrochenen Welt seine Barmherzigkeit erweisen wollte. Das Ergebnis war, dass Gott mit jenen, die ihm vertrauten und an ihn glaubten, zusammenarbeitete. Gottes

Liebesbekundungen waren das Ergebnis seiner Taten der Barmherzigkeit, indem er den Charakter eines Menschen veränderte und sein Denken und seine Sichtweisen durch das Wirken des Heiligen Geistes erneuerte.

Mein eigenes Verständnis von Barmherzigkeit war ganz anders als das, was ich nun entdeckte. Ich hatte Barmherzigkeit als eine Handlung gesehen, nicht als eine Tugend. Ich dachte, es bedeutet, dass ein Reicher von seinem Überfluss das, was er entbehren kann, jemandem gibt, der viel ärmer ist. Es war keine kostbare Gabe, und der Empfänger verstand das auch. Die Wahrheit ist: Wenn ein Sünder zu Christus kommt, ist er voller Staunen darüber, wie wertvoll er in Gottes Augen ist, dass er sogar seinen Sohn an unserer Stelle sterben lässt. Wenn Gott seine Barmherzigkeit erweist, dann gibt er von seiner Substanz. Und diese Barmherzigkeit Gottes ist es, die Menschen dazu bewegt, ihm zu vertrauen und an ihn zu glauben.

Als mir bewusst wurde, wie wichtig die Barmherzigkeit Gottes bei der Ausübung der Missionsarbeit ist, konnte ich auch erkennen, dass es ein Grundwert war, der alle Aspekte von Gottes Wesen umspannte. Gott hatte die Vision inspiriert. Er hatte die Mittel bereitgestellt, um die Vision in die Tat umzusetzen. Er bestätigte die Methoden und Strategien durch die begleitenden Zeichen und Wunder. Und er versprach, dass die missionarischen Aktionen einen ewigen Lohn erhalten würden. Wir waren von Gottes Barmherzigkeit völlig abhängig. Barmherzigkeit musste auf jeden Fall einer der Kernwerte von Globe Europe sein.

In den Anfangsjahren von Globe Europe erlebten

wir, wie der Vater uns führte, um ein gutes Fundament zu legen, auf das wir in den darauf folgenden Jahren aufbauen und uns weiter entwickeln konnten. Wir hatten Kernwerte festgelegt, welche das Wesen unseres Dienstes bestimmten und unsere Ausrichtung in Zukunft leiten würden. Wir kannten unsere Missionsphilosophie ganz genau: Die Förderung der von Gott gegebenen Vision und Berufung von Missionaren, der Akzent auf Leiterschaftstraining und ein Engagement im Sinne des Prinzips der Reproduktion und Multiplikation. Wir hatten ein Trainingsprogramm ins Leben gerufen, durch das die Missionare und Mitarbeiter ein Zusammengehörigkeitsgefühl entwickeln konnten. Wir waren aktiv in Evangelisation, Gemeindegründung und humanitären Hilfsaktionen involviert und bauten gleichzeitig Partnerschaften mit Gemeinden in ganz Deutschland auf. Wir rekrutierten Missionare, indem wir bei Konferenzen, in Bibelschulen und Gemeinden predigten. Unser Member-Care-Programm für Missionare verfestigte sich durch die „Zeiten der Erfrischung" und die pastoralen Besuche auf den Missionsfeldern. Wir hatten erlebt, wie nützlich es ist, Ratgeber zu haben und jedes Jahr Zeit für Gebet und Planung für das folgende Jahr zu nehmen. Wir arbeiteten an der Struktur und den Strategien unserer Organisation weiter, die mit der Zeit eine immer größer werdende Zahl von Missionaren aufnehmen musste. Und schließlich investierten wir auch in Beziehungen zu anderen Missionsgesellschaften, die eine Zusammenarbeit auf unterschiedlichen Missionsfeldern förderten und dafür offen waren.

17. Kapitel: Barmherzigkeit ganz praktisch

Trotz der ganzen Begeisterung über die Anfänge von Globe Europe hörten meine persönlichen Kämpfe nicht auf. Der Stress mit den Einsätzen, der Aufbau einer neuen Missionsgesellschaft, gekoppelt mit meinem üblichen Arbeitspensum in der Gemeinde und der Notwendigkeit, auch mehr Zeit mit meiner Familie zu verbringen, begannen nach und nach an meinen Kräften und an meinen Beziehungen zu zehren. Meine Einstellung zu bestimmten Aktivitäten in der Gemeinde wurde zunehmend kritischer, was zur Folge hatte, dass meine Freundschaft mit Hajo kriselte. Ich hätte es wissen sollen, dass genau die Zeiten, wenn wir meinen, wir seien im Leben oder im Dienst am erfolgreichsten, diejenigen sind, in denen wir am anfälligsten für die Versuchung sind, in geistlichen Hochmut zu verfallen und uns dementsprechend zu verhalten. Mir erschien, alles nur noch Arbeit und Anstrengung zu sein, und ich wurde immer mehr erschöpft. Ich vernachlässigte meine Familie und meine Freunde zunehmend. Etwas musste sich verändern. Ich suchte Hilfe bei anderen Leitern, denen ich vertraute, und hoffte, so eine schnelle Lösung zu finden. Aber ich entdeckte dabei, dass sie nicht nur verstanden, worin mein Problem bestand, sondern dass sie auch mit den gleichen Problemen zu kämpfen hatten. Anstatt dass sie mir die Hilfe gaben, nach der ich suchte, verstärkten sie die Schwierigkeiten, in denen ich mich befand, nur noch. Als letzte Maßnahme, um ein wenig Frieden zu finden, trat ich von meinem Amt als Ältester und Vorstandsmitglied beim CCR zurück. Hajo wandte sich an einen Ratgeber außerhalb der Gemeinde, um ihm bei der Bewältigung der daraus folgenden Herausforderungen für die Gemeinde zu helfen. Mein Rücktritt von der Gemeindeleitung erzeugte innerhalb der Gemeinde Spannungen, und das wiederum führte dazu, dass andere Vorstandsmitglieder auch zurücktraten. Dadurch wurde nur noch mehr Durcheinander und weitere Verletzungen, Misstrauen und Streit zwischen ehemals guten Freunden hervorgerufen.

Ich weiß noch, wie ich eines Tages dachte, weil es mir wehtat, einen Dienst zu verlassen, in den ich zehn Jahre meines Lebens investiert hatte, dass die Menschen, die man am meisten liebt, einen auch am meisten verletzen können. Oder hatte ich sie enttäuscht? Gehörte das zum normalen Leben als Missionar dazu? Ich konnte den innerlichen Schmerz, den ich empfand, nicht wirklich beschreiben, weil ich nicht wusste, ob ich der Verratene oder der Verräter war. Zuerst versuchten Janet und ich weiter in die Gemeinde zu gehen. Doch zum Schluss beschlossen wir beide, dass es besser wäre zu gehen, damit sowohl die Gemeinde als auch wir wieder Frieden finden konnten. Wir wollten eine kleine Gemeinde in Walsum gründen, einem Stadtteil im Norden von Duisburg und näher an Wesel, wo wir wohnten. Er lag auch einige Kilometer entfernt vom CCR, das sich mehr in der Nähe der Duisburger Innenstadt befand. Ein paar Familien, die in Walsum wohnten, schlossen sich uns an, darunter auch Janets Freundin Anne und ihr Ehemann Winni Kleinfeld. Das Anliegen der Gemeinde war, Familien innerhalb Fahrradnähe von unserem Versammlungsort zu erreichen. Wir favorisierten den Bau von Beziehungen, indem wir viel Zeit miteinander verbrachten und uns nicht so sehr auf Gemeindeprogramme konzentrieren. Wieder halfen Janet und ich anderen, darunter auch Winni und Anne, diese neue Gemeinde zu leiten, die wir Christuskirche Walsum nannten. Im ersten Jahr übernahmen wir den größten Teil der Predigten und der Lehre. Ich erinnere mich, dass ich dachte, wenn man sich in einer Krise befindet, sollte man einfach exegetisch durch ein Buch der Bibel predigen und dem Heiligen Geist die Möglichkeit geben, durch die Worte der Bibel zu sprechen, anstatt zu versuchen, bestimmte Probleme thematisch zu behandeln. Ich predigte also ein Jahr lang aus dem 1. Petrusbrief und überließ es dem Vater, den Heilungsprozess für unsere Seelen in Gang zu setzen. Nach der Krise mit Hajo trafen wir uns noch mindestens einmal im Jahr, aber die Spannungen in unserer Beziehung bestanden weiter.

Da ich mich über unsere zerbrochene Freundschaft immer noch grämte, befragte ich einige christliche Leiter über den Prozess der Wiederherstellung und den Wiederaufbau von Vertrauen. Ihr Rat bezog sich essenziell auf die Notwendigkeit, Vergebung zu gewähren und zu empfangen. Sie ermutigten mich, zu fasten und zu beten. Sie schlugen mir auch vor, das Thema Vergebung in der Bibel zu studieren. Alle Prinzipien, die ich auf diese Weise entdecken würde, sollten dann ein fester Bestandteil meines Gebetslebens werden. Geistliche Durchbrüche, so rieten sie mir, kamen aus einer wachsenden Intimität mit Gott. Ich las Bücher über den Nutzen der Vergebung und die Wurzel der Bitterkeit, die wächst, wenn wir nicht vergeben. Janet und ich trafen uns in den folgenden zehn Jahren mehrmals mit Hajo und Ruth. Wir baten einander um Vergebung und beteten zusammen, wir aßen gemeinsam und versuchten, die Unterhaltung auf einer persönlichen Ebene zu halten, um das Thema Dienst und Arbeit zu vermeiden. Wir taten, was richtig war, ganz einfach weil es das war, was wir tun mussten, und weil es von uns als christliche Leiter erwartet wurde.

Eines Tages überführte mich der Heilige Geist meiner unbarmherzigen Einstellung gegenüber Hajo. Tatsache war, dass ich nicht mehr auf die gleiche Weise für Hajo betete, wie vor dem Bruch. Stattdessen wollte ich mich nur vergewissern, dass ich Recht und er Unrecht hatte, egal, was es gewesen war und woran ich mich jetzt nur sehr dunkel erinnerte. Der Heilige Geist erinnerte mich daran, dass es nicht meine Aufgabe war, Hajo von Sünde zu überführen. Es stand mir nicht zu, das, was nicht richtig war, zu korrigieren, sondern ich musste lernen, zu vergeben und die zu lieben, die mich verletzt hatten, unabhängig davon, ob sie mich jemals um Entschuldigung bitten würden. Wenn ich in meiner Erkenntnis über die Barmherzigkeit Gottes wachsen wollte, dann musste ich lernen, auf die gleiche Weise barmherzig zu sein, wie er barmherzig war. Deshalb musste ich Buße über meine Sünde, meine Arroganz sowie meinen Stolz tun, und ich musste mich darauf konzentrieren, Gott zu bitten, all die zu segnen, von denen ich meinte, dass sie gegen mich gesündigt hatten. Ich musste Hajo gegenüber eine Haltung der Barmherzigkeit haben, denn ich wusste, dass es das Einzige war, wodurch mein Herz – und hoffentlich auch unsere Freundschaft – geheilt werden konnte. Ich fing also an, regelmäßig für ihn, für seinen Dienst, seine Familie, die Gemeinde und für alles, was mir einfiel, was er als Pastor nötig haben könnte, zu beten. Etwa eine Woche, nachdem ich angefangen hatte, so zu beten, rief er mich an und fragte mich, ob wir uns treffen könnten. Ich wusste, dass es die Antwort des Vaters darauf war, wie ich wieder Frieden und Wiederherstellung erfahren konnte. Von meiner Seite aus zumindest wusste ich, dass die Spannungen weniger waren, dass mein Herz auf dem Weg der Genesung war und dass ich mich an Hajos Erfolg freuen könnte, egal wo ich ihn treffen würde. Ich hatte lange darauf gewartet, aber ich war bereit, diesen Weg einzuschlagen und für eine Versöhnung zu beten. Bei diesem Zusammentreffen hatte ich zum ersten Mal den Eindruck, dass es für unsere Freundschaft Hoffnung auf Wiederherstellung gab.

Nicht lange danach trafen wir uns in seinem Büro, und Hajo schlug vor, dass wir uns gemeinsam auf die Kanzel im CCR stellen und uns öffentlich gegenseitig Vergebung aussprechen sollten. Er bot mir sogar an, dass ich predige, als Zeichen dafür, dass wir uns wirklich vergeben hatten. Ich dachte einen Augenblick darüber nach und meinte dann: „Hajo, wir können das gerne machen, wenn du willst. Wenn du meinst, dass es hilfreich ist, dann werde ich das gerne tun. Aber das eigentliche Problem, das wir beide lösen müssen, ist, dass wir beste Freunde waren. Ich wünschte, dass wir einander wieder so vertrauen könnten wie früher." Er wandte sich sehr ruhig und gedankenvoll um, ehe er antwortete: „Brad, so weit bin ich noch nicht". – „Wenn du so weit bist, Hajo, dann sag es mir", meinte ich darauf.

Ich hatte den Eindruck, dass wir in winzigen Schritten vorankamen. Wir waren sehr vorsichtig dabei, uns auf eine Wiederherstellung dessen, was zerbrochen war, zuzubewegen, sehr bedacht darauf, unsere Herzen nicht weiteren Verletzungen auszusetzen. Der Weg dahin, das Vertrauen wieder herzustellen, war eine sehr holperige Straße, besonders ohne eine Karte, die uns zeigen konnte, wie wir vorgehen mussten. Alle unsere Zusammentreffen von da ab waren angenehm und manchmal sogar richtig herzlich.

Der Durchbruch kam 2013, als wir uns anschickten, Deutschland zu verlassen. Janet und ich luden Hajo und Ruth zum Essen ein. Wir wollten Deutschland nicht verlassen, ohne uns die Zeit genommen zu haben, den Menschen, die unser Leben am meisten beeinflusst hatten und die uns den Weg zu einem Dienst in Deutschland geöffnet hatten, zu danken. Sie hatten auch einen Anteil daran, was der Vater in so vielen Ländern auf der ganzen Welt durch Globe Europe tat. Der Vater hatte dieses Ehepaar gebraucht, um uns in Deutschland einzuführen, im ganzen Land Kontakte zu knüpfen, und wir hatten gemeinsam daran gearbeitet, eine Gemeinde zu bauen, die eine Vision dafür hat, die Nationen zu berühren. Wir hatten ihnen gegenüber eine Dankesschuld.

Als unsere Mahlzeit und unsere Unterhaltung sich dem Ende neigten, schauten Hajo und Ruth uns beiden in die Augen und baten uns noch einmal um Vergebung für alles, was in der Vergangenheit passiert war. Janet und ich versicherten ihnen, dass wir einander bereits vergeben hatten und dass wir ihnen nur das Beste wünschten. Wir standen auf, um uns zum Abschied zu umarmen, als Hajo plötzlich kaum hörbar in mein Ohr flüsterte: „Brad, bitte, bitte, vergib mir". Wir wussten mit einem Mal, dass wir in der Gegenwart eines heiligen Gottes standen, der damit begonnen hatte, eine Beziehung wiederherzustellen, und zwar auf eine Weise, die wir mit unseren menschlichen Anstrengungen nicht erreichen konnten. Wir mussten beide weinen und hielten einander fest. Ich war von der Barmherzigkeit Gottes so sehr überwältigt, dass ich nicht einmal mehr weiß, ob ich die Worte, die in meinem Herzen waren, wirklich ausgesprochen habe: „Hajo, ich vergebe dir, vergib du mir auch". Aber als wir einander anschauten, wussten wir, dass unser Leben von der Tiefe wahrer Vergebung berührt worden war. „Hajo", sagte ich, „erinnerst du dich, dass wir einander versprochen hatten, lebenslang Freunde zu bleiben?" – „Ja", antwortete er, „daran erinnere ich mich."

Es war ein sehr bewegender Moment für mich. Ich schrieb Hajo eine Notiz, in der ich ihm sagte, dass ich mich schon zwanzig Jahre nach diesem Augenblick gesehnt hatte und dass ich das, was der Vater in unserem Leben neu gemacht hatte, weiter verfolgen wollte. Ich fühlte mich ein wenig wie der verlorene Sohn aus Lukas 15, aber ich suchte mehrere meiner Freunde auf, die wussten, dass unsere Freundschaft vor so langer Zeit zerbrochen war. Ich erzählte ihnen, was passiert war, und dass ich den Wunsch hatte, auf dem Weg der Versöhnung mit Hajo weiterzugehen. In über 40 Jahren im Dienst hatte ich sehr viele Gemeindespaltungen und verletzte, zerbrochene Beziehungen innerhalb des Leibes Christi miterlebt. Meiner Erfahrung nach war es normalerweise nicht so, dass sich Leiter miteinander versöhnen und die Beziehungen wiederhergestellt werden. Ein verletztes Vertrauen führte in der Regel zu zerbrochenen Beziehungen, die nie wieder heil wurden. Bei unserer ersten Reise zurück nach Deutschland im September 2014 wurden Janet und ich eingeladen, im CCR zu dienen. Es war das erste Mal, seit wir die Gemeinde im Februar 1992 verlassen hatten.

Wieder einmal wurden wir von der Barmherzigkeit überrascht, indem wir die Heilung einer Beziehung erleben durften, obwohl wir schuldig daran gewesen waren, dass sie überhaupt erst zerbrochen war. Anstatt lediglich Empfänger von Barmherzigkeit zu sein, hatten wir uns entschieden, Akteure der Barmherzigkeit zu werden, bereit, anderen Barmherzigkeit zu erweisen. Wir erlebten die Wahrheit dessen, was in Jakobus 2,13b steht: *„Die Barmherzigkeit triumphiert über das Gericht“*.

18. Kapitel: Ein Bauwerk des Glaubens

Unser Dienst wuchs so sehr, dass es 1995 so schien, als würde er unseren gesamten Haushalt überschwemmen. Bei jedem größeren Postversand war unser ganzes Wohnzimmer drei Tage lang in einem Belagerungszustand, selbst wenn die Kinder uns beim Eintüten der Briefumschläge halfen. Unsere Buchhalterin meinte, dass wir uns erweitern müssten, weil das Ganze zu umfangreich geworden war, um es von einem Heimbüro aus zu managen. Sie schlug vor, in der Stadt einen Büroraum zu mieten. Wir schauten uns also um, aber alles schien uns viel zu teuer zu sein, und wir hatten nicht diesen inneren Frieden dabei, auf den wir uns sonst bei wichtigen Entscheidungen immer verließen. Wir übergaben dieses Anliegen also dem Vater im Gebet und beschlossen, auf ihn zu warten.

Wir waren dabei, „Adopt a Child“, einer Organisation, die Kinderpatenschaften vermittelte, zu helfen, sich in Albanien zu etablieren. Sie kümmerten sich bereits sehr erfolgreich in Guatemala um Kinder und waren auch in der Gemeindegründung aktiv. Während wir Spenden sammelten, die dazu beitragen sollten, diesen Dienst dort zu beginnen, rief uns ein Freund aus Augsburg in Süddeutschland an und meinte, dass er ein interessantes Objekt für uns hätte. Er hatte seinen Arbeitgeber gefragt, ob die Firma Baumaterial für den Dienst in Albanien spenden könnte. Der Arbeitgeber sagte daraufhin, dass er zwar kein Baumaterial hätte, aber dass er ein 450 m^2 großes Gebäude spenden könnte. Die Stadt hatte soeben eine neue Abfallverwertungsanlage fertiggestellt und ein Fertighaus errichtet, um für die Übergangszeit die Büros darin unterbringen zu können. Nun sollte das Fertighaus demnächst abgerissen und entsorgt werden, es sei denn, jemand anderes hätte eine Verwendung dafür. In dem Fall könnten sie es spenden. Ich setzte mich mit „Adopt a Child“ in Verbindung, um zu fragen, ob sie es gebrauchen könnten, und sie sagten zu. Ich fuhr also nach Augsburg und nahm glücklich die Schlüssel in Empfang. Das Ganze geschah im Rahmen einer medienwirksamen Zeremonie, bei der die Großzügigkeit der Firma hervorgehoben wurde. Die einzige Bedingung war, dass wir dann, wenn sie das Gebäude umgezogen haben wollten, kommen und es abbauen müssten. Ich war auf der Stelle einverstanden.

Im Januar 1996 kam der Anruf: „Sie müssen kommen und das Gebäude bis Ende des Monats abbauen“. Als ich „Adopt a Child“ kontaktierte, um ihnen die freudige Nachricht zu übermitteln, sagten sie mir, dass sie im Moment gar kein Grundstück hätten, auf dem sie ein Gebäude errichten konnten. Sie konnten das Haus also nicht nehmen. „Herr, was soll ich denn jetzt mit diesem Gebäude anfangen?“, betete ich. Die Antwort erschien fast zu offensichtlich. Wir hatten für Büroräume gebetet, und nun hatten wir ein ganzes Bürogebäude, das wir nutzen konnten, nicht nur für Büros, sondern auch als Schulungszentrum und als Unterkünfte für Missionare auf Heimaturlaub. Alles, was wir jetzt noch brauchten, war ein Grundstück, auf dem wir das Gebäude wieder aufstellen konnten. Als ich einem unserer Nachbarn von unserem Glück und unserem gleichzeitigen Dilemma erzählte, schlug er vor, dass wir seine Schwägerin ansprechen sollten, die für einen Immobilienmakler in Hamminkeln arbeitete, einem Vorort von Wesel. Wir gingen auf seinen Vorschlag ein, und so besichtigten wir kurz darauf mehrere Grundstücke in einem Gewerbegebiet der Stadt. Eines davon erschien uns für unsere Zwecke besonders gut geeignet. Es war ein 3340 m² großes Grundstück in ruhiger Lage direkt gegenüber vom Bahnhof, von wo aus es stündliche Zugverbindungen nach Wesel gab. Es lag auch nur zwei Kilometer von der Autobahn entfernt mit sehr guten Verbindungen zu den Flughäfen von Amsterdam und Düsseldorf. Der Eigentümer, der gleich nebenan wohnte, hatte das Land an einen Bauern vermietet, der seine Kühe darauf grasen ließ. Sein Verkaufspreis lag bei etwas unter 170.000 Deutsche Mark (etwa 85.000 Euro). Er war damit einverstanden, dass wir das Fertighaus auf dem Grundstück lagern, wenn es von Augsburg hertransportiert worden war. Es schien ein sehr gutes Angebot zu sein mit der Ausnahme, dass Globe Europe de facto kein Geld für ein solches Projekt zur Verfügung hatte. Außerdem würden auch Kosten anfallen, um das Fertighaus abzubauen, es zu transportieren, es wieder aufzubauen und es zu renovieren. Dann waren da noch die Baugenehmigung, die Anwaltskosten, Architektengebühren, Anstrichfarbe, Arbeitskosten und alles, was zu einem solchen Vorhaben dazugehört. Es hörte sich für uns so weit hergeholt an, dass wir wussten, dass Gott eingreifen musste, damit es tatsächlich passiert. Ein so großes Projekt hatten wir noch nie zuvor in Angriff genommen. Auch wenn wir schon derartige Summen für die humanitären Aktionen im Osten eingenommen hatten, hatten wir keine Erfahrung damit, große Geldsummen für unsere eigene Organisation aufzubringen. Wir unterbreiteten dieses Vorhaben wieder Personen, die wir achteten, und baten sie um ihre Meinung. Janet und ich beteten ernsthaft dafür, auch weil wir wussten, dass wir persönlich dafür geradestehen mussten, sollte irgendetwas schief laufen. Wir fühlten beide den Frieden und die Weisung Gottes bezüglich dieses Projekts, nachdem wir dafür gebetet hatten, und das gab uns Mut. Als wir die Meinung des Vorstands, unserer Mitarbeiter und Ratgeber einholten, rieten sie uns alle, dass wir das Land kaufen und unser eigenes Gebäude darauf errichten sollten, anstatt teure Büroräume zu mieten. Ich wurde an die Abmachung erinnert, die ich 1977 mit Gott in Oregon getroffen hatte: „Wenn du bezahlst, Gott, dann werde ich gehen“. Diese Angelegenheit war ein weiterer großer Glaubensschritt für uns. Als wir den Vater fragten, ob wir uns an dieses Projekt heranwagen sollten, baten wir ihn auch, die nötigen Gelder freizusetzen und alle, die daran arbeiten würden, vor Unfällen zu bewahren. Wir fühlten seinen Frieden, als wir beteten, und wussten, dass wir es wagen sollten. Der Vater hatte seine Treue bisher auf jedem Schritt unseres Weges erwiesen, und jetzt mussten wir ihm aufs Neue vertrauen.

Ich kam mir schon etwas seltsam vor. Ich saß im Büro des Anwalts, rechts neben mir mein zukünftiger Nachbar und Verkäufer des Grundstücks, hielt einen Kugelschreiber in der Hand und vor mir lag das zu unterschreibende Dokument. Der Verkäufer fragte mich: „Ist alles in Ordnung? Wollen Sie das Grundstück wirklich kaufen?“. Wohl wissend, dass Globe Europe kein Geld hatte, schaute ich ihm direkt in die Augen und sagte: „Es ist alles in Ordnung“. Und dann unterschrieb ich den Vertrag, in dem ich mich verpflichtete, die gesamte Summe im Juni 1996 zu zahlen. Ich war mir sehr wohl bewusst, dass Janet und ich mit schweren Strafaktionen zu rechnen hatten, sollten wir bis dahin das Geld nicht zusammenbekommen.

Das Wetter im Januar 1996 war ziemlich mild, und so konnte ich eine Gruppe von Männern organisieren, die bereit waren, uns in dem Monat beim Abbau des Gebäudes in Augsburg zu helfen. Um sicher zu gehen, dass wir alles richtig machten, hatten wir das ursprüngliche Aufbauteam von vor einigen Jahren ausfindig gemacht und bezahlten sie dafür, uns zu helfen. Unser Team aus freiwilligen Helfern startete jeden Morgen mit einer Andacht und Gebet. Dann gesellten wir uns zu der Gruppe der Bauarbeiter, die sich über uns lustig machten und absichtlich versuchten, uns mit ihrer vulgären Ausdruckweise zu ärgern. Einige der Freiwilligen nahmen die Herausforderung an und versuchten, trotzdem ihren Glauben zu bezeugen, so gut sie konnten. Allerdings liefen diese Sticheleien relativ gutmütig ab, und wir konnten trotzdem zügig arbeiten und die Sache über die Bühne bringen. Als wir am Mittwoch um 11 Uhr morgens etwa die Hälfte des Gebäudes abgebaut hatten, fiel Uwe, der christliche Vorarbeiter, aus drei Metern Höhe vom Dach und landete direkt auf dem Kopf. Er rief meinen Namen, und ich ließ meinen Hammer fallen, mit dem ich Nägel aus Brettern gezogen hatte, und rannte zu ihm. Die Angst, die ich in seinen Augen sah, spiegelte wider, was er sagte: „Brad, ich kann meine Beine, meine Füße und meine Arme nicht mehr spüren!". Ich fühlte in mir eine Wut gegen den Feind aufsteigen, der die Absichten Gottes verderben wollte. „Gott", betete ich laut, „wir haben dafür gebetet, dass sich niemand bei diesem Vorhaben verletzt! Ich nehme jetzt Autorität über den geistlichen Feind, der diese Arbeit stören will, und bitte dich, Herr, dass du Uwe berührst und ihn heilst, im Namen Jesus!" Während ich betete, kam einer der nichtchristlichen Arbeiter herbeigelaufen, und die Besorgnis stand ihm tief ins Gesicht geschrieben. „Ich habe gesehen, wie er mit dem Kopf aufgeschlagen ist", rief er aus. Eine Sekretärin kam aus einem anderen Gebäude herausgelaufen, um zu sehen, was es mit dem Aufruhr auf sich hatte. „Rufen Sie einen Krankenwagen!", rief ich ihr zu. Dann wandte ich mich wieder Uwe zu und betete weiter, wobei ich ihn zudeckte, damit ihm nicht kalt wurde, während wir auf die Ankunft des Notarztes warteten. Ich betete alles, was mir einfiel, in jeder Sprache, die ich kannte. So sollte dieses Unternehmen nicht beginnen! Das Gebäude sollte ein Gebetshaus für die Nationen sein, es sollte dazu dienen, die Hoffnung des Evangeliums zu den Völkern zu tragen. Als der Krankenwagen ankam, sah ich zu, wie die Sanitäter und der Notarzt mit viel Umsicht und Effizienz arbeiteten und Uwe ganz vorsichtig in den Krankenwagen hoben. „Ich könnt weiterarbeiten", sagte ich den Männern, „ich werde ihnen ins Krankenhaus folgen und seine Frau anrufen. Ich sage euch dann später Bescheid, wie es aussieht." Ich folgte dem Krankenwagen bis zur Notaufnahme und sprach mit dem Arzt, als sie Uwe auf einer Krankentrage hineinrollten. „Ich glaube, es ist nicht so schlimm, wie wir anfangs dachten", sagte der Arzt, „aber wir müssen seinen Hals röntgen und er muss von einem Neurochirurgen untersucht werden.“ Ich rief Uwes Frau an, die meinte, sie würde ein paar Sachen für Uwe zusammenpacken und sofort herüberkommen. Als sie Uwe aus der Röntgenabteilung herausfuhren, betete ich weiter mit ihm, bis er in den Untersuchungsraum kam, wo der Neurochirurg ihn untersuchte. Ich traf seine Frau in der Eingangshalle und brachte sie zur Notaufnahme, wo wir gemeinsam auf Neuigkeiten über ihren Mann warteten. Als man uns sagte, dass wir ihn sehen konnten, fanden wir ihn komplett angezogen in einem Stuhl sitzen mit einer Halskrause um den Hals. „Es ist nur eine Verstauchung“, sagte er, „und ich muss diese Halskrause vorsichtshalber tragen. Aber ich kann sofort nach Hause.“ Ich konnte es kaum fassen. „Lass uns zur Baustelle zurückfahren“, schlug ich vor, „damit alle Bescheid wissen, dass es dir gut geht.“

Als wir dort ankamen, versammelte sich die gesamte Mannschaft, um zu hören, was passiert war. „Mensch, da hast du aber Glück gehabt“, sagte einer der Männer. „Das hat mit Glück nichts zu tun“, merkte ich auf, „ihr wart doch alle dabei. Ihr habt gesehen, was passiert ist. Er ist aus einer Höhe auf den Kopf gefallen, bei der andere schon gestorben sind. Nein, ihr habt ein Wunder Gottes miterlebt.“ Nach diesem Vorfall fluchte niemand mehr bei der Arbeit. Und jeder einzelne der Baumannschaft kam hinterher persönlich auf mich zu und erzählte mir von seinen Problemen. Sie fragten sich alle, ob Gott auch in ihrem Leben etwas bewirken könnte. „Der Teufel hatte bestimmt die Absicht, dadurch etwas Schlechtes zu bewirken, aber Gott hat es gebraucht, um etwas Gutes zu bewirken“, dachte ich bei mir.

Das Gebäude wurde in mehrere Bündel zerlegt, in Plastik verpackt und mit drei LKWs nach Hamminkeln transportiert, wo wir es in einer Ecke des Grundstücks lagerten, ehe wir einen heftigen Wintereinbruch mit Schneeregen, Eisregen und Schnee erlebten. Unter die Plastikplane war Wasser eingedrungen und um einige der Holzteile herum gefroren. Das bedeutete, dass wir im Sommer etwas dagegen unternehmen mussten, ansonsten würden die Wände verfaulen oder schimmeln. Doch ehe ich etwas tun konnte, um diesen Schaden zu reparieren, musste ich mich darum kümmern, das Geld für das Grundstück aufzutreiben. Ich schrieb an verschiedene Freunde und Bekannte und teilte ihnen unsere Vision von dem Wachstum von Globe Europe und der daraus erwachsenen Notwendigkeit mit, ein Grundstück zu besitzen, um darauf das Gebäude zu errichten, das uns bereits auf so großzügige Weise gespendet worden war. Janet und ich beteten jeder für sich und auch als ganze Familie. Wir beteten mit den Mitarbeitern, und wir beteten mit dem Vorstand, und wir baten den Vater immer wieder um ein finanzielles Wunder.

Am Montag, den 3. Juni jenes Jahres hatte ich eine dreitägige Rüstzeit für Pastoren in Holland geplant. Wir wollten tagsüber Radtouren auf den Deichen und auf einer der Nordseeinseln unternehmen und uns über unterschiedliche biblische Prinzipien und Leitungsangelegenheiten austauschen. Die Pastoren sammelten sich in dem Hof, der vor unserem Haus lag, ehe wir alle gemeinsam zur Nordküste von Holland aufbrachen. Die Gruppe bestand aus einem Pastor aus den USA, zwei Gemeindeältesten aus England und mehreren deutschen Pastoren. Der Briefträger kam genau in dem Augenblick, als wir losfahren wollten, und brachte den zwar erwarteten, aber dennoch befürchteten Brief vom Anwalt. Die Bezahlung des Grundstücks war jetzt fällig und musste spätestens am Freitag auf dem Konto des Rechtsanwalts sein, damit keine der Sanktionen, mit denen ich einverstanden gewesen war, eingeleitet wurden. „Brüder, könnt ihr bitte zusammenkommen und mit mir beten“, bat ich die versammelte Gruppe von Gottesdienern. „Ich habe soeben eine Rechnung erhalten, die ich bis Freitag bezahlen muss. Das Problem ist allerdings, dass Globe Europe noch weitere 30.000 Deutsche Mark benötigt, um diese Rechnung bezahlen zu können, und wir haben bisher keine Ahnung, woher das Geld kommen könnte. Wir haben alles getan, was wir konnten, um die Summe zusammenzubekommen. Aber jetzt brauchen wir ein Wunder.“ Nachdem wir gebetet hatten, stiegen wir in unsere Autos und fuhren zu dem Haus an der Küste, in dem wir wohnen sollten. Dann gingen wir los, um ein paar Fahrräder zu mieten. Als wir darauf warteten, dass die Formalitäten dafür erledigt wurden, klingelte mein Handy. Es war einer meiner Freunde aus Alabama. „Brad, es tut mir leid, dass ich dich erst jetzt anrufe, aber ich wollte fragen, ob du immer noch Geld brauchst, um das Grundstück zu kaufen?“ – „Ja“, antwortete ich vorsichtig. „Wie viel brauchst du noch?“ – „Ich brauche bis spätestens Freitag noch etwa 20.000 Dollar“, erwiderte ich. „Mehr nicht? Na, dann ist das kein Problem. Ich dachte, wenn du immer noch 100.000 brauchst, dann hätte ich es wohl nicht geschafft, dir eine solche Summe noch schnell zu schicken. Aber wenn du nur 20.000 brauchst, dann sage ich meiner

Sekretärin, dass sie dir das Geld noch heute auf dein Bankkonto überweist. Bleib in der Leitung und gib ihr deine Bankdaten." Ich war völlig überwältigt, zunächst von dem Anruf und dann von der Tatsache, dass der Vater tatsächlich unsere Gebete erhört hatte. Dann ärgerte ich mich über mich selbst, dass ich meinen Glauben in Frage gestellt und gezweifelt hatte, dass Gott tatsächlich eingreift. Ich war völlig fassungslos und konnte zunächst einmal gar nichts sagen. Erst als wir auf unseren Fahrrädern zum Haus zurückfuhren, schaffte ich es, einigen der Männer zu erzählen, was geschehen war. „Erinnert ihr euch, dass wir heute Morgen Gott gebeten haben, Globe Europe 30.000 Mark zu geben? Stellt euch vor, das hat er gerade getan." Der Vater hat dadurch nicht nur meinen eigenen Glauben und mein Vertrauen in ihn aufgebaut, sondern zwei der anwesenden Pastoren hatten dadurch auch den Mut, ähnliches im Glauben zu wagen, um an ihrem Standort zu bauen. Am Freitag rief mich meine Bank an, um mir zu sagen, dass die Rechnung rechtzeitig bezahlt worden war.

Danach hatten wir keine Reserven mehr, und auch wenn ich den Kauf des Grundstücks unterzeichnet hatte, ohne das Geld dafür zu haben, hatte ich keinen Frieden darüber, mit dem Aufbau des Gebäudes zu beginnen und das Projekt zu Ende zu bringen, ehe wir nicht mindestens zwei Drittel des dazu erforderlichen Kapitals hatten. Der Glaube erschien mir etwas sehr Seltsames zu sein. Nur weil es in einer Angelegenheit auf eine bestimmte Weise funktioniert hatte, konnte ich nicht davon ausgehen, dass es im nächsten Fall auf die gleiche Weise funktionieren würde. Wir beteten also weiter und warteten auf Gott, und unterdessen blieb das Gebäude in einer Ecke des Feldes liegen.

Im Oktober 1996 kam Paul Estes aus Dothan in Alabama zu Besuch. Wir waren über die vergangenen Jahre gute Freunde geworden, und die Gemeinde, in der er Pastor war, hatte uns treu unterstützt. Ich nahm ihn mit zum Grundstück und erklärte ihm meine Vision für ein Zentrum für Weltmission. „Und hier drüben", zeigte ich mit der Hand, „werden wir das Gebäude errichten, das dort hinten gelagert ist. Und in der nächsten Phase werden wir das Gebäude als Gästehaus benutzen und Büros und eventuell eine Wohnung dort hinsetzen. Die Haupteingangshalle und die Ausbildungsräume werden da drüben sein." Ich beschrieb ihm alles, so gut ich konnte, mit der größten Begeisterung, die ich aufbringen konnte. „Ich habe den Eindruck", sagte Paul, „dass es vergammeln wird, wenn ihr das Gebäude nicht bald aufstellt." – „Da hast du sicher recht", antwortete ich. „Und was hält euch davon ab, das zu tun?", fragte er. „100.000 Dollar", sagte ich. „Ich habe zu Gott gesagt, dass ich nicht mit dem Bau beginnen werde, bis ich mindestens zwei Drittel der Kosten auf dem Konto habe. Ich habe das Land gekauft, ohne vorher das Geld dafür zu haben, aber der Vater hat mir nicht erlaubt, in dieser Phase der Entwicklung wieder so vorzugehen." – „Ich verstehe", sagte Paul. Und dann gingen wir wieder. Janet und ich verbrachten in dem Monat mehrere Tage damit, die alte, harte Plastikplane von den gelagerten Fertighausteilen zu entfernen, damit die Sonne das Holz bescheinen und trocknen konnte, ehe wir sie mit neuen Plastikplanen wieder abdeckten, um sie winterfest zu machen.

Einige Wochen darauf rief mich Paul an, der inzwischen wieder in Alabama war. „Brad, ich habe mich mit den Ältesten meiner Gemeinde getroffen, und wir wollen euch mit dem Gebäude helfen. Wir werden Globe Europe 100.000 Dollar aus unserem eigenen Baufonds abgeben.“ – „Paul, bitte treib mit mir keine Spielchen“, bat ich. „Mir haben schon mehrmals Leute Geld versprochen und am Ende ihr Versprechen nicht eingehalten. Ich bin jetzt ein bisschen skeptisch gegenüber solchen Äußerungen.“ – „Willst du unser Geld nicht?“, fragte er. „Doch, natürlich will ich es“, erwiderte ich, „ich möchte nur sicher gehen, dass ihr es wirklich Globe Europe geben wollt und es auch tatsächlich tun werdet. Wir sprechen hier über sehr viel Geld, und ich möchte unsere gute Freundschaft nicht aufs Spiel setzen.“ – „Bis wann brauchst du das Geld?“, fragte er. Ich kalkulierte schnell im Kopf. Wenn ich die Bauarbeiten für das Gebäudefundament am nächsten Tag anleiern würde, dann wären die ersten Rechnungen ungefähr Mitte Dezember fällig. „Ich brauche es bis zum 2. Dezember“, sagte ich ihm, um die ersten Rechnungen pünktlich bezahlen zu können. „Bis dahin hast du das Geld auf dem Konto“, versicherte er mir. „Paul, ich bin dir und der Gemeinde wirklich von Herzen dankbar für das Vertrauen, das ihr in uns setzt. Herzlichen Dank!“

Wir machten uns sofort an die Arbeit. Der Architekt lieferte die Zeichnungen für das Fundament, und die Bagger kamen und begannen mit den Arbeiten für die Wasser-, Gas- und Elektroleitungen. Dann wurden die Schalungen für das Gebäudefundament errichtet. Zunächst wurde Sand und Isolationsmaterial eingefüllt, um darauf den Beton für das Fundament zu gießen. „Wir benötigen ein paar Wochen ohne Frost, damit der Beton aushärten kann, ehe wir das Gebäude daraufsetzen können“, informierte mich der Vorarbeiter. Im Dezember wurde es kalt, und wir beobachteten, wie die Temperaturen sanken. „Bitte, Herr, lass den Beton aushärten, damit wir die Außenstruktur noch vor Weihnachten aufbauen können und den Rest des Materials im Innern lagern können, ehe der Winter einbricht. Du weißt, dass die Gebäudeteile keinen zweiten Winter überstehen werden“, beteten wir inständig. In den letzten Nächten sank die Temperatur fast bis zum Gefrierpunkt, aber es gab keinen Frost. In der Woche vor Weihnachten kam der Bautrupp, der schon geholfen hatte, das Gebäude abzubauen, um die Außenwände und das Dach noch vor den Weihnachtsferien aufzubauen. Wir waren gerade damit fertig, die Innenwände im Innern zu lagern und das Dach festzunageln, als die Temperaturen drastisch unter den Nullpunkt sanken und ein harter Winter anbrach. Der Vater hatte wieder einmal unsere Gebete erhört.

Ich werde nie den Tag vergessen, an dem ich diesen Scheck über 100.000 Dollar ausstellte. Ich dachte bei mir: „Das wird wahrscheinlich das letzte Mal sein, dass ich so etwas tue“. Was für eine erstaunliche Liebe diese Gemeinde doch für das Evangelium und für unsere Vision hatte, deutsche Missionare zu mobilisieren und auszubilden. Pauls Gemeinde half nicht nur bei der Finanzierung dieses Projekts, sondern sie kamen auch mit einem Team aus Alabama, um im Januar bei den Bauarbeiten zu helfen. Die Gruppe aus Alabama behauptete später, dass sie in ihrem ganzen Leben noch nie so sehr gefroren hatten wie damals, als sie uns halfen, das Missionszentrum zu bauen.

Viele Gemeinden aus der Umgebung kamen ebenfalls, um bei den Bauarbeiten zu helfen. Eine kleine Gemeinschaft blieb eine ganze Woche, um die Badezimmer zu fliesen. Andere kamen und verputzten die Wände, zogen Decken, hängten Lampen auf und arbeiteten an den elektrischen Installationen. Sie machten die Wasserinstallationen und vor allem die ganzen Malerarbeiten. Unsere Töchter brachten Mitschüler aus ihren Schulen mit, die uns an den Samstagen halfen. Sogar Leute aus Süddeutschland kamen, um uns bei der Fertigstellung zu helfen. Ein Schreiner baute eine Veranda für das Gebäude. Ein anderer Bekannter, der eine Straßenbaufirma hatte, legte das Fundament für unsere Auffahrt und den Parkplatz und spendete außerdem noch mehrere Tonnen Steine für das Pflaster. Die restlichen Steine, die wir benötigten, um die Auffahrt fertigzustellen, kauften wir von einer Firma ganz in der Nähe, die uns einen Lagerüberschuss zum Selbstkostenpreis anbot. Janet und ich verbrauchten eine Schubkarre und mehrere Paar Arbeitshandschuhe, als wir gemeinsam die Steine auf dem Parkplatz verlegten.

Wir entschieden uns dafür, die Schlafzimmer mit Teppichboden zu versehen und die Fußböden der Büros, der Küche, des Speiseraums, der Badzimmer, der Flure und der Eingangshallen zu fliesen. Ich fand passende Fliesen im Sonderangebot und handelte für die Menge, die wir benötigten, einen guten Preis aus. Die Fliesen mussten aus Italien importiert werden und wurden direkt auf unsere Baustelle geliefert. Mehrere Paletten wurden am Straßenrand abgeladen. Einige ausgebildete Maurer boten ihre Hilfe an, um die Eingangshalle und den Speiseraum zu fliesen. Als alle Bereiche, die wir vorgesehen hatten, gefliest waren, hatten wir immer noch Fliesen übrig. Schließlich legten wir auch noch Fliesen in alle anderen Räume des Gebäudes: den Versammlungsraum, die Waschküche und den Lagerraum. Und dann hatten wir immer noch Fliesen übrig. Wir verkauften sie später an eine kleine Gemeinde, die ihren Jugendraum fliesen wollte. Ich habe keine Ahnung, wieso wir am Ende so viel mehr Fliesen hatten, als wir bestellt hatten.

Im Mai 1997 waren wir soweit, dass wir das neue Gebäude einweihen konnten und unser Hauptbüro in das neue Missionszentrum von Globe Europe einzog. Wir wollten unsere Verwaltungsbüros im Gebäude unterbringen, aber wir hatten auch vorgesehen, dort Gruppen von bis zu 15 Missionskandidaten auf einmal auszubilden. Die Räume sollten auch anderen Gemeinden in der Gegend zur Verfügung stehen, um Seminare und Leitungsrüstzeiten durchzuführen. Janet verwendete Geschenke und Andenken, die wir im Laufe unserer Reisen um die ganze Welt gesammelt hatten, um dem Gebäude einen internationalen Charakter zu geben. Ein zukünftiger Globe-Europe-Missionar half uns sogar bei der Gartengestaltung. Es war alles in allem ein Gemeinschaftsprojekt, bei dem viele Leute mithalfen, die sich voller Eifer an einem Missionsprojekt beteiligen wollten.

In dieser Aufbauphase beschlossen Janet und ich Armin und Patty Weissenfels zu bitten, Mitarbeiter bei

Globe Europe zu werden, um sich um die ständig wachsenden administrativen Aufgaben zu kümmern. Sie hatten gerade eine Bibelschulausbildung abgeschlossen und fragten sich, wo sie als Missionare dienen könnten. Als wir auf sie mit dem Angebot zukamen, von unserem Zentrum aus vielen Missionaren zu dienen, waren sie von Herzen bereit, im Frühjahr 1998 zu uns zu stoßen. Armin war in vielerlei Hinsicht ein absolutes Plus für den Dienst einschließlich seiner praktischen Gaben, das Gebäude und das Grundstück instand zu halten, die Büroorganisation zu machen, kurzfristige humanitäre Hilfsaktionen zu organisieren und sich um den größten Teil der offiziellen Korrespondenz zu kümmern. Das größte Geschenk, das er jedoch meines Erachtens an Globe Europe machte, war die Einführung einer täglichen Gebetszeit für die Missionare und die Belange der Missionsgesellschaft. Da sowohl Janet als auch ich oft reisen mussten, konnten wir keine regelmäßigen, täglichen Gebetszeiten mit den Mitarbeitern einplanen. Jeden Tag mit allen anwesenden Mitarbeitern mit einer Gebetszeit zu beginnen, wurde von da an zu einer festen Gewohnheit.

Durch das beständige Wachstum sowohl der Missionsgesellschaft als auch unserer jungen Gemeinde in Duisburg, gekoppelt mit dem Bauprojekt in Hamminkeln, waren Janet und ich inzwischen reif für eine Sabbatruhe. Da Armin und Patty im Zentrum halfen, wurde uns klar, dass es wahrscheinlich die beste Gelegenheit für uns sein würde, das in die Tat umzusetzen. Es war für unsere Kinder auch ein guter Zeitpunkt, mit der deutschen Schule eine Pause zu machen. Die Jungs lebten bereits in den USA. Mark war mit Sherry verheiratet, und sie hatten einen zweijährigen Sohn. Daniel studierte in North Carolina. Unsere älteste Tochter konnte jetzt auch mit der Universität beginnen. Als ich die Kinder fragte, wo sie für ein Sabbatjahr hinwollten, waren sie sich alle einig, dass wir zu Billy und Carol gehen sollten, den Jugendleitern, die mit Paul Estes in Dothan in Alabama arbeiteten. Ich rief Paul also an und fragte ihn, was er davon hielte, wenn wir alle für ein Jahr zu ihnen kommen würden. Er sagte einfach: „Kommt her!".

Wir flogen im Juli 1998 nach Alabama. Wir hatten vor, uns auszuruhen, Zeit mit der Familie zu verbringen und geistlich aufzutanken, indem wir uns einer Lokalgemeinde anschlossen und nicht so viel umherreisten. Wir brachten unseren Töchtern in dem Jahr das Autofahren bei, gingen so weit wir konnten zu all ihren Schul- und Sportevents, ließen oft nach dem Gottesdienst in der Gemeinde bei Aufrufen für uns beten und schlossen neue Freundschaften. Janet traf sich mit einigen Damen regelmäßig zum Gebet, und ich betete jeden Dienstag frühmorgens mit Pastor Paul. In diesem Jahr feierte Janet ihren fünfzigsten Geburtstag und erklärte, dass es für sie das „Jubeljahr" war. Es war für uns alle tatsächlich ein ganz besonderes Jahr, in dem wir uns mit ihr gemeinsam an vielen schönen Dingen freuen konnten. Janet und ich genossen es einfach, Zeit miteinander zu verbringen und gemeinsam Dinge zu unternehmen. Manchmal wachten wir morgens auf und sagten: „Lass uns doch heute die Kinder und Enkelkinder in Birmingham besuchen fahren". Und dann setzten wir uns ins Auto und fuhren zum Mittagessen dorthin, und kamen abends wieder nach Hause. Eine Fahrt zum Grand

Canyon und Zeit, die wir mit unseren Geschwistern verbrachten, war ebenso sehr erfrischend. Unser Sabbatjahr war auch eine gute Zeit für uns, darüber nachzudenken, was wir im Missionsdienst bisher erlebt hatten, und uns darauf auszurichten, was wir in der nächsten Etappe unseres Dienstes noch erreichen wollten. Wir beteten darüber, welche Aktivitäten wir einstellen und welche Aktivitäten wir weiter ausbauen sollten.

Bei einem Besuch in Andy Wiegands Gemeinde in der Nähe von Toledo im Bundesstaat Ohio fragte er mich eines Tages: „Brad, was wäre nötig, damit dieser Dienst auf 100 Missionare anwächst?". – „Ich werde darüber nachdenken", antwortete ich, „und dann auf dich zurückkommen." Diese Frage wurde für mich zu einer großen Herausforderung. Ich hatte bisher über Wachstum nur im Sinne eines organischen Prozesse nachgedacht, und dass Globe Europe irgendwie das Wachstum bewältigen würde, wenn es passierte. Wenn ich jedoch glaubte, dass der Vater uns Wachstum schenkt, waren wir dann darauf vorbereitet, die nötigen Schritte zu tun, um ein solches Wachstum zu ermöglichen? Ich begann darüber nachzudenken, wie es wäre, wenn wir schon 100 Missionare hätten. Wie müssten die Räumlichkeiten und die Einrichtungen für das Verwaltungspersonal aussehen, um sich um die Angelegenheiten von 100 Missionaren zu kümmern? Wie könnten wir gute und gesunde Beziehungen mit den aussendenden und unterstützenden Gemeinden pflegen? Welche Art von Member Care vor Ort wäre nötig, um den Missionaren zu helfen? Wie müssten wir rekrutieren und welche Art Ausbildung müssten wir anbieten, um dieses Ziel zu erreichen? Wenn wir jedes Jahr 12 bis 15 Personen ausbildeten, und jedes Jahr einige unserer Missionare das Missionsfeld wieder verließen, dann hätten wir unterm Strich einen Zuwachs von nur etwa sechs bis zehn Missionaren pro Jahr.

Das würde bedeuten, dass es bis zu 15 Jahre dauern könnte, bis wir 100 Missionare gleichzeitig auf dem Missionsfeld hätten. Das schien mir eine sehr lange Zeit zu sein. Wie könnte man das Wachstum beschleunigen, ohne diese uns so wichtige familiäre Atmosphäre und die persönlichen Beziehungen, die wir durch unsere Mentoring-Methoden aufbauten, zu verlieren? Welche Art von Schulungseinrichtungen würden wir dafür brauchen, diese Art von Dienst zu entwickeln? Unsere Mitarbeiter waren allein mit den administrativen Aufgaben fast völlig ausgelastet, und Janet und ich hatten uns auf die Beziehungspflege mit den Gemeinden und Member Care (Betreuung der Missionare) konzentriert. Wir lehrten auch die wichtigsten Einheiten in unserer Mentoringschule, die sich weiter entwickelte und zu unserer Kandidatenschule wurde. Zusätzlich zu ihrer Lehrtätigkeit war Janet für die Organisation des Gästehauses zuständig, kümmerte sich um die Küche, organisierte die freiwilligen Helfer und plante sämtliche Sonderevents und unsere „Zeiten der Erfrischung".

Wenn wir unser Aktionsfeld erweiterten, dann brauchten wir auf jeden Fall noch mehr Mitarbeiter. Wie viel mehr würden zusätzliche Mitarbeiter, neue Gebäude, mehr Instandhaltungsarbeiten, gekoppelt mit zusätzlichen Büroeinrichtungen, erweiterten Schulungen und besserem Member Care kosten? Wo würde die Rentabilitätsschwelle liegen, bei der wir genug Missionare hätten, um die Verwaltungskosten der Missionsgesellschaft zu decken? Ich überprüfte unsere Konten und staunte, wie viel Spenden Globe Europe jährlich brauchte, zusätzlich zu den Verwaltungskosten, die unsere Missionare zahlten, um alle anfallenden Kosten zu decken. Wenn die Agentur sich selbst finanzieren sollte, dann war Wachstum absolut notwendig.

Es gab einen Bereich der Missionsarbeit, in dem Globe Europe noch nicht tätig war. Wir mussten noch ein Jugendprogramm entwickeln, das junge Leute motivieren konnte, sich auf eine berufliche Laufbahn in der Mission vorzubereiten, oder es zumindest in Betracht zu ziehen. Das war ein Bereich, in dem wir auf jeden Fall aktiv werden mussten. Ich schrieb all dies auf, um es mit Andy zu besprechen, und dabei bekam ich nach und nach ein klareres Bild davon, wofür wir als Team und als Ehepaar beten und was wir planen mussten.

Als wir im Sommer 1999 nach Deutschland zurückkehrten, brannte in uns erneut der Wunsch, den deutschen Gemeinden und Missionaren zu dienen. Wir hatten auch eine klarere Vorstellung davon, welche Schritte wir als nächstes unternehmen mussten, was unseren Dienst betraf. Zuerst mussten wir uns darauf konzentrieren, die Missionsgesellschaft auszubauen, was bedeutete, dass wir nicht länger persönlich in Gemeindegründungsarbeit involviert waren. Wir würden nach wie vor anderen, die neue Gemeinden gründen wollten, als Ratgeber zur Verfügung stehen, aber wir wollten keine Leitungsposition in einer Ortsgemeinde mehr haben. Das Jahr 1999 war allerdings ein Jahr, an das viele als ein

Katastrophenjahr zurückdenken würden. Durch den Krieg im Kosovo, das Erdbeben in Izmir in der Türkei, dem Wirbelsturm Mitch in Guatemala waren wir sehr eifrig darum bemüht, medizinische, humanitäre, materielle Hilfe und Lebensmittel weiterzuleiten und unsere Missionare bei den Hilfsaktionen zu unterstützen.

Mitten in all diesen Ereignissen erhielt ich eine interessante Nachricht von einem Teenager in Bielefeld mit Namen Johannes Baumann. Johannes schrieb mir, dass sein Pastor ihm empfohlen hatte, sich mit mir in Verbindung zu setzen, um zu fragen, ob ich einen Praktikanten für ein Jahr gebrauchen könnte, um uns bei unserer Arbeit zu helfen. Ich hatte noch nie zuvor einen Praktikanten eingestellt und wusste nicht so recht, wie ich ihn ein ganzes Jahr lang beschäftigen könnte. Doch ich lud ihn für alle Fälle zu einem Vorstellungsgespräch ein. Johannes war ein sehr beflissener junger Mann, der darauf brannte, anderen von seinem Glauben zu erzählen und sehr lernbegeistert war. Janet und ich beteten darüber, ob er kommen sollte, und beschlossen, dass wir seine Hilfe mit Sicherheit gebrauchen konnten. Es gab immer noch viele kleine Arbeiten am Gebäude zu tun, er könnte mir auf meinen Reisen als Fahrer dienen und wir könnten regelmäßig zusammen die Bibel studieren. Und dann hatte ich noch eine Idee: Wie wäre es, wenn wir eine Jugendmissionskonferenz abhielten, die von jungen Leuten geleitet, von jungen Leuten durchgeführt und speziell für junge Leute wäre? Janet und ich fanden, dies wäre eine großartige Idee, und so fragte ich Johannes, ob er sich vorstellen könnte, ein solches Projekt zu leiten. Er würde es planen, organisieren, ein Team zusammenstellen, das sich um alles kümmert, und dann auch leiten müssen. „Wärst du bereit, das zu tun?“, fragte ich ihn. Die Vorstellung schien ihn offensichtlich zu faszinieren, denn ich sah, wie es in seinen Augen aufblitzte, als ihm diverse Ideen dazu durch den Kopf schossen. „Das kann ich machen“, antwortete er.

Als erstes musste er einen Namen für dieses Event finden. „Was hältst du von X-treme Missions?“, fragte er mich. „Das ist ein großartiger Name“, war meine Antwort. Das erste „X-treme Missons“-Jugendcamp fand im Juni 2000 statt, direkt gefolgt von unserem 10-jährigen Dienstjubiläum. Über 50 Jugendliche kampierten auf dem Rasen auf unserem Grundstück, hatten laute, lebendige, aufregende Lobpreiszeiten und hörten leidenschaftliche Predigten über die Notwendigkeit, mit Gott ins Reine zu kommen und seinen Missionsauftrag zu erfüllen. Viele junge Leute wurden von den jährlich stattfindenden „X-treme Mission“-Camps sehr berührt und nahmen später an Einsätzen in ganz Europa teil oder machten ein Freiwilligenjahr als Praktikant in verschiedenen Ländern der Welt. Viele wuchsen in Leitungsrollen in ihrer Ortsgemeinde hinein. Es war auch ein großer Segen für uns zu beobachten, wie unsere eigenen Töchter in ihren Leitungsfähigkeiten wuchsen, indem sie sich in die Leitungsteams von „X-treme Missions“ einbrachten.

Mit Ausnahme einer kurzen Auszeit, um seine Hochzeit mit Esther vorzubereiten, hatte Johannes seinen Dienst entdeckt. Nach mehreren Jahren, in denen er „X-treme Missions“ geleitet hatte, begann er einen eigenen Dienst: die jmg-Jugendmissionsgemeinschaft in

Bielefeld. Johannes war der erste von vielen hingegebenen jungen Leuten, die später bei Globe Europe gearbeitet und dem Werk für unterschiedlich lange Zeiträume gedient haben.

2003 war allen klar, dass unser Gebäude aus allen Nähten platzte. Wir mussten die nächsten Schritte unternehmen, um das Globe Europe Missionszentrum fertig zu bauen. Eines beunruhigte mich allerdings dabei, und zwar dass ich wirklich gedacht hatte, dass ich nie wieder eine Spende in der Größenordnung von 100.000 US-Dollar erleben würde. Aber wie sollten wir unsere Arbeit ausweiten, wenn ich Gott daran hinderte, uns derartige Spenden zukommen zu lassen? Ich wusste, dass ich über meinem Kleinglauben Buße tun musste, und ich sagte dem Vater, dass ich sehr froh sein würde, wenn er diesen Dienst segnen wollte, wie auch immer er es für richtig hielt.

Diese Wandlung in meiner Herzenseinstellung und die Tatsache, dass mein Glauben dadurch wuchs, wurden bald belohnt. Wir erhielten eine Spende, die sogar noch grösser war, um uns bei der Endphase der Fertigstellung unseres Zentrums zu unterstützen. Ich informierte mich eingehend über die Gewohnheiten von großen Spendern, und wie man ihnen größere Projekte am besten präsentierte, aber ich konzentrierte mich gleichzeitig auch auf das Gebet und die Wegweisung Gottes. Wieder einmal fingen wir an, für Finanzen zu beten, für Arbeiter und für Ressourcen. Wir stellten Möglichkeiten vor, wie Menschen sich in einen wachsenden und effizienten Dienst investieren konnten. 2003 vollführten wir feierlich den ersten Spatenstich und begannen mit dem Bau der

Erweiterung unseres bestehenden Gebäudes. Wir merkten wieder einmal, wie sehr wir von der Barmherzigkeit des Vaters abhängig waren, uns zu leiten und zu führen, als wir ein noch größeres Bauprojekt als das erste in Angriff nahmen. Wir hatten dabei eine weitere Kerngruppe, die von Eberhard Wirth geleitet wurde, der uns schon bei dem ersten Gebäude so kräftig geholfen hatte. Er hatte nicht nur eine Tochter, die als Missionarin mit Globe Europe arbeitete, sondern er fühlte sich selbst auch berufen, uns mit seiner Gabe des Dienens zu helfen. Das ganze nächste Jahr über arbeiteten ehrenamtliche Helfer, aus den USA oder sogar aus Kenia, und mehrere Missionare auf Urlaub unermüdlich Seite an Seite mit Fachkräften, die wir angestellt hatten, um das Missionszentrum fertigzustellen.

Unsere Kinder waren jetzt schon erwachsen, und so reisten Janet und ich oft umher, um Gemeinden im ganzen Land zu besuchen oder um Missionare auf der ganzen Welt zu ermutigen. Bei einer dieser Reisen nach Brasilien wurden wir in Belo Horizonte von einem jungen Missionarsehepaar vom Flughafen abgeholt. Auf der Fahrt vom Flughafen zu ihnen nach Hause erblickte ich viele Bergwerke. „Was wird hier abgebaut?“, fragte ich. „Hauptsächlich Granit und Marmor“, lautete die Antwort. „Ich möchte einmal wissen, was der kostet“, war meine nächste Frage, und so begannen wir, nach einem vertrauenswürdigen Händler zu suchen. Als ich nach Deutschland zurückkehrte, erhielt ich eine Nachricht von dem Missionar, der mir sagte, dass ich zugeschnittenen und polierten Granitstein für einen Preis von sechs Euro pro Quadratmeter kaufen könnte. Ich befragte einen meiner Bekannten, der im Import/Export-Geschäft tätig war, und er meinte, er könnte den Transport von ein paar Containern mit Stein für mich arrangieren, und dass der Gesamtpreis für den Stein, den Transport, inklusive Zoll und Steuern, bei weniger als zwölf Euro pro Quadratmeter läge. Dieser Preis war sehr viel niedriger als die Angebote, die ich für Teppich oder Zementfliesen erhalten hatte. Ich wusste, dass es sich um eine einmalige Gelegenheit handelte, und so bestellte ich über 700 m^2 für den gesamten Fußboden des neuen Gebäudes. Die Lieferung dauerte zwar länger als ursprünglich vorgesehen, aber es war trotzdem ein Bombengeschäft. Der Maurer, der den Fußboden verlegte, erzählte mir, dass der gleiche Stein aus Brasilien, in Italien poliert und zugeschnitten, hier über 60 Euro pro Quadratmeter gekostet hätte. Auch hier sahen wir wieder eine der vielen Weisen, wie der Vater uns versorgte.

An unserem 25. Hochzeitstag, am 28. Mai 2004, weihten wir das neue Gebäude dem Reich Gottes und der Verbreitung des Evangeliums auf der ganzen Welt. Das Missionszentrum war ein Werkzeug, das dazu dienen sollte, Missionare auszubilden und ihren Dienst zu fördern. Das war seine letztendliche Bestimmung. Uns war sonnenklar, dass all diese Gaben von Gott waren, der seine Gemeinde in Deutschland segnete, und wir waren lediglich eine Zeit lang die Verwalter.

Im September 2004 kamen Eddi und Angie Riepl nach einem fünfjährigen Missionsdienst in einem asiatischen Land nach Deutschland zurück und verstärkten unseren Mitarbeiterstab als Gemeindekoordinatoren. Das war für Globe Europe, sowohl für die weitere Entwicklung unserer Organisation als auch für uns persönlich, ein großes Plus. Eddi verbrachte sehr viel Zeit damit, zu Pastoren und Gemeinden in ganz Deutschland Beziehungen aufzubauen, über Mission zu lehren und Missionare und ihre Arbeit vorzustellen. Er half auch Armin bei den zunehmenden Verwaltungsaufgaben, insbesondere bei der Abwicklung der Korrespondenz mit verschiedenen Regierungsstellen. Viele unserer Missionare waren für seine unermüdlichen Bemühungen in ihrem Namen sehr dankbar. Damit hatten wir einen festen Arbeiterstamm, wir besaßen ein geeignetes Gebäude und verfügten über die notwendigen Ressourcen, damit der Dienst sich ausweiten konnte.

19. Kapitel: Wachstumsschmerzen

Einmal wurde ich gebeten, mein Zeugnis mitzuteilen. Als ich begann, davon zu erzählen, was der Vater in meinem Leben getan hatte, ging ich nahtlos dazu über zu beschreiben, was der Vater im Leben der Missionare tat, die wir in die Nationen ausgesandt hatten. Ich fand, dass es eine spannende Geschichte war. Die Geschichte darüber, was Gott in meinem Leben begonnen hatte, wurde nun an Orten und auf Weisen weitergelebt, wie ich es mir nie hätte vorstellen können. Am Ende der Veranstaltung kam ein Herr auf mich zu und wies mich sanft zurecht. Ich hätte meine eigene Geschichte nicht erzählt, sagte er. Ich hatte nicht das getan, worum man mich gebeten hatte. Zumindest dachte er das. Ich entschuldigte mich dafür, dass er meine eigene Geschichte nicht gehört hatte. Die eigentliche Geschichte handelt nicht in erster Linie von mir. Es war die Geschichte von Gott, der seine große Barmherzigkeit an jemandem wie mir erwies, der so gebrochen war, wodurch eine Gabe des Glaubens freigesetzt wurde, um etwas zu vollbringen, das anderweitig nicht möglich gewesen wäre. Dieser Glaube hatte zur Folge, dass andere inspiriert wurden, die Liebe und Barmherzigkeit Gottes zu erfahren und dann noch größere Glaubenstaten zu vollbringen. Dass sie nun Gott mit ihrem Leben und ihrem Dienst erfolgreich verherrlichten, war die größte Errungenschaft, die ich mir je hätte erhoffen können.

In meiner Geschichte ging es nicht nur allein um mich. Es war genauso die Geschichte meiner Frau und meiner Familie und von ihrem Glauben. Zu ihr gehörten auch all diejenigen, die für uns beteten, die die von Gott eingegebene Vision unterstützten, die freiwilligen Helfer und Mitarbeiter, durch die der Dienst überhaupt existieren konnte, und die Missionare, die an Orte gingen, zu denen wir nie gehen würden, und Dinge vollbrachten, die wir nie vollbringen könnten. Janet und ich sind zwar das Gesicht von Globe Europe gewesen, aber der eigentliche Dienst wurde von vielen Menschen getan. Ich erinnere mich, dass Bob Bishop einmal sagte: „Wir können im Reich Gottes sehr viel mehr bewirken, wenn wir uns nicht darum kümmern, wer dafür die Anerkennung bekommt".

Ich hatte in Gedanken ein verrücktes Bild von einem herausragenden Orchester, das von einem energischen und talentierten Dirigenten dirigiert wurde. Das Ungewöhnliche an diesem Orchester war, dass die unterschiedlichen Teile des Orchesters sich an unterschiedlichen Teilen der Welt befanden. Von den Ebenen in Nord-Mosambik über die Slums in den Großstädten Indiens, die üppigen Berggebiete Nordvietnams, die schwarzen Strände der Pazifikinseln, die Dschungelwälder in Peru bis zu den „barrios", die sich entlang der wachsenden Städte Zentralamerikas bilden, hatten alle Teile dieses Orchesters ihre Instrumente gestimmt und warteten darauf, vom Dirigenten durch ein klares Signal mit seinem Dirigentenstab in Aktion gerufen zu werden. Und als sie alle spielten, erfreute diese himmlische Musik Zuhörer aus jeder Nation und Kultur, die ihrerseits diesem weltumspannenden Orchester beitraten, weitere kleine Orchester bildeten, die jedes erdenkliche Instrument perfekt beherrschten und unter dem wachsamen Auge eines sehr zufriedenen Dirigenten spielten. Es war eine Freude und eine Ehre, einer dieser Musiker zu sein, die der Heilige Geist auf diese Weise dirigierte.

Der Wert und die Gültigkeit unseres Dienstes und des Dienstes von Globe Europe konnte nur im Licht der effektiven Anwendung der Prinzipien der Reproduktion und Multiplikation verstanden werden. Die Wirkungsweise dieses Prozesses der Reproduktion und Multiplikation wurde mir anhand eines einschneidenden Erlebnisses ganz drastisch bewusst. Gemeinsam mit einem der Gemeindeältesten aus der Gemeinde in Dothan in Alabama, besuchte ich einige unserer Globe-Europe-Missionare in Lima, Peru. An einem unserer freien Tage bot der Jugendpastor der Gemeinde, die wir besuchten, an, uns durch die Innenstadt zu führen. Wir beschlossen, die einstündige Fahrt von den Außenbezirken der Stadt, in der wir waren, bis in die Innenstadt mit dem öffentlichen Stadtbus zurückzulegen. An einer Haltestelle stieg ein kleiner Junge ein und stellte dem Fahrer eine Frage. Als der Fahrer ihm zunickte, drehte sich der Junge um, sagte einen Spruch auf, der für mich wie ein Gedicht klang, und ging dann durch den ganzen Bus, um irgendwelche Bonbons und Kaugummis zu verkaufen. Als der kleine Junge an der nächsten Haltestelle wieder ausstieg, wandte ich mich an meinen Übersetzer und fragte ihn, was da gerade passiert war. „Sie bitten den Busfahrer um Erlaubnis, etwas zu sagen und dann ihre Süßigkeiten zu verkaufen, um sich ein wenig Geld zu verdienen“, antwortete mein Übersetzer. Ich drehte mich zu meinem Begleiter um und sagte: „Das kann ich auch. Du betest.“ Dann wandte ich mich wieder an meinen Übersetzer und bat ihn, mir zu folgen. Ich ging vom hinteren Teil des Busses nach vorne und fragte den Fahrer, ob ich ein paar Worte sagen dürfte. Als er nickte, wandte ich mich um und sprach zu einer gespannt wartenden Zuhörerschaft: „Ich bin zu Gast in eurem wunderschönen Land“, begann ich. „Und ich habe festgestellt, dass die Menschen hier warmherzig und freundlich sind. Wie schön ist es doch, in ein fremdes Land zu kommen und sich so willkommen zu fühlen.“ Dann fuhr ich folgendermaßen fort: „Ich frage mich, wie es für uns alle sein wird, wenn wir im Himmel als Fremde ankommen. Was meinen Sie, wie wird man uns empfangen?“ Dann erzählte ich, wie Jesus es uns ermöglicht hat, im Himmel ein herzliches Willkommen zu empfangen und über die Freude zu wissen, dass wir tatsächlich die Ewigkeit dort mit ihm verbringen dürfen. Ich endete damit, dass ich für alle Passagiere im Bus ein Gebet sprach. Als wir an unserer Zielhaltestelle ausstiegen, folgten uns mehrere Leute. Sie packten meine Hand und dankten mir überschwänglich für diese wunderbaren, ermutigenden Worte.

Im nächsten Jahr kehrte ich wieder nach Lima zurück und traf auf den gleichen Jugendpastor, der uns auf dieser Busfahrt begleitet hatte. „Erinnerst du dich an die Fahrt mit dem Stadtbus, die wir letztes Jahr gemacht haben?“, fragte er mich. „Aber selbstverständlich, es war ein sehr mächtiges Erlebnis“, antwortete ich. „Nun, ich kam wieder nach Hause und erzählte der Jugendgruppe davon, was du gemacht hast, und sie fanden es all sehr aufregend. Und so haben wir mit einer Busevangelisation begonnen. Jeden Samstag treffen wir uns frühmorgens, um zu beten, und dann gehen wir los und fahren in der ganzen Stadt mit dem Bus und predigen das Evangelium, so wie du es gemacht hast." Ich staunte nicht schlecht. Dieser junge Mann hatte etwas beobachtet, war dadurch in seinem Glauben ermutigt worden und erkannte, dass er und andere auch etwas tun konnten. Letztendlich predigten sie das Evangelium vor viel mehr Nicht-Christen in dieser einen Stadt, als ich es je hätte tun können. Keiner von denen, die ihnen zuhörten, würde jemals wissen, wer ich war. Das Ganze wurde gestartet, weil ein Evangelist und ein Gebetskämpfer, die ein fremdes Land besuchten, dabei einen Jugendpastor beeindruckten, der wiederum eine ganze Jugendgruppe beeinflusste, die dann mit unzähligen Bussen fuhren und Tausende Nicht-Christen mit einer Botschaft der Hoffnung und der Ermutigung erreichten. Es war ein Schnappschuss dessen, was der Vater uns durch 2. Timotheus 2,2 lehrt: *„... und was du von mir in Gegenwart vieler Zeugen gehört hast, das vertraue treuen Menschen an, die tüchtig sein werden, auch andere zu lehren!“*.

Wer konnte schon wissen, wie groß der Dienst von Globe Europe durch eine solche Investition noch werden konnte? Doch genau genommen war diese Fragestellung nicht wirklich ein sinnvoller Ansatz, um das Wachstum des Reiches Gottes zu verstehen. Denn wie in 1. Korinther 3,7 steht: *„So ist weder der da pflanzt etwas, noch der da begießt, sondern Gott, der das Wachstum gibt.“*. Wir mussten der himmlischen Berufung treu folgen, und dann würde Gott das Wachstum hervorbringen, das er aus unserer Investition hervorbringen wollte.

Als die Zahl der Missionare, denen Globe Europe diente, wuchs, reisten Janet und ich immer mehr umher, um sie zu besuchen, sie zu ermutigen und Missionsseminare in verschiedenen Nationen auf der ganzen Welt für sie abzuhalten. Wir lernten von unseren Missionaren, wie man sich in unterschiedlichen Kulturen verhält und wie man die zeitlose Evangeliumsbotschaft so mitteilt, dass die Menschen, die auf so ganz andere Art leben wie wir, sie verstehen können. Ich habe zum Beispiel gelernt, dass für mehrere Volksstämme in Kenia die schlimmste Sünde, die ein Mensch überhaupt begehen kann, ist, wenn man die Beherrschung verliert. Ich hatte immer gedacht, die schlimmste Sünde sei, jemanden umzubringen. Doch das lag daran, dass „das Leben" in meiner Kultur den allerhöchsten Stellenwert hatte, und ich hatte angenommen, dass alle anderen auf der ganzen Welt auch so dachten. Doch in Ostafrika entdeckte ich, dass dies nicht der Fall war. Bei ihnen hatten die Ehre und der Respekt für Menschen den höchsten Stellenwert. Folglich waren für mich die größten Empfänger der Gnade Gottes Mörder wie Mose, König David und der Apostel Paulus, weil sie Vergebung empfangen hatten. Ich fragte mich, wer in der ostafrikanischen Kultur als der größte Empfänger der Gnade Gottes angesehen wurde. Ich dachte darüber nach und beschloss, diese Idee am Sonntag in Kitale in Kenia zu testen. Ich erzählte die Geschichte von Jakobus und Johannes, den Donnersöhnen, und die radikale Veränderung, die sich im Leben von Johannes vollzogen hatte, nach der er zu dem Jünger wurde, den Jesus liebhatte. Die Reaktion darauf war sehr enthusiastisch, zumindest nach dem Eindruck zu schließen, den diese Botschaft offensichtlich bei der Versammlung hinterließ. Diese Begebenheit zeigte mir, dass es absolut notwendig war, interkulturelle Schulungen durchzuführen, um das Evangelium wirksam weiterzugeben. Auch in kleineren Ländern gibt es viele verschiedene Stämme, Sprachen und Kulturen. Zu meinen, dass durch das Erreichen einer ethnischen Gruppe mit dem Evangelium auch das gesamte Land erreicht wird, wäre eine große Dummheit. Ich fand heraus, dass es allein in Uganda über 40 verschiedene Sprachen gibt. Auch heute noch sind kulturübergreifende Missionsdienste von absoluter Notwendigkeit, um das Evangelium zu verbreiten, genau wie in den Anfangsjahren der christlichen Gemeinde.

Die Vielfalt missionarischer Tätigkeiten, die notwendig sind, um die Botschaft des Evangeliums mitzuteilen und gleicherweise das durch Jesus veränderte Leben vorzuleben, ist enorm. Und der Vater beschenkt seine Kinder immer wieder mit vielen neuen, kreativen Methoden und Strategien, damit die Menschen, die er liebt und rettet, effektiv erreicht werden. Ich glaube, das ist der Grund, warum ein Wunsch von mir war, dass jeder Missionar, der vom Missionsfeld nach Hause kommt, aufschreiben sollte, was Gott durch ihn oder sie bewirkt hat, damit zukünftige Generationen von Gottes kreativen und barmherzigen Taten lesen und dadurch in ihrem Glauben ermutigt werden. Das Lesen von Missionarsbiografien ist für mich zu einer der Hauptquellen der Ermutigung geworden. Gute Biografien haben mir geholfen zu verstehen, welche Freuden und Kämpfe zum Leben eines Missionars dazugehören und gleichzeitig immer zu sehen, dass die Kraft Gottes in ganz gewöhnlichen Menschen am Werk ist, die ihm zutrauen, außergewöhnliche Dinge zu tun.

Als Leiter habe ich gelernt, dass mein persönliches Wachstum keine Option ist. Wenn ich geistlich und in meinen Fähigkeiten als Leiter wuchs, dann war ich ein Vorbild für die Mitarbeiter und Missionare, damit auch sie in ihrem Leben wachsen. Wenn ich meinen Mitarbeitern bei unseren gemeinsamen Zeiten davon erzählte, was ich gelernt hatte, dann wurde bei der Diskussion über das jeweilige Thema jeder einzelne von uns herausgefordert. Oft war es so, dass ich eine Bemerkung über etwas machte, das ich in der Bibel neu entdeckte. Oder wenn ich dabei war, eine neue Perspektive für einen bestimmten Gedankengang zu entwickeln, dann ermutigte ich die anderen, ihre Ansichten über meine Meinung mitzuteilen. Unsere interaktiven Bibelstunden halfen uns allen, geistlich zu wachsen, indem wir unsere Einsichten miteinander austauschten. Das Gleiche passierte, wenn wir die Veränderungen in organisatorischen Strukturen besprachen. Es war für die Mitarbeiter einfacher zu verstehen, warum wir bestimmte Änderungen einführten, wenn sie am Entscheidungsprozess beteiligt waren. Wenn wir damit durch waren und gemeinsam eine Entscheidung getroffen hatten, dann verstand und akzeptierte jeder einzelne nicht nur die Motivation hinter dieser Entscheidung, sondern es war auch einfacher für uns, uns gegenseitig darüber Rechenschaft abzulegen, dass wir die gemeinsam getroffene Entscheidung auch in die Praxis umsetzten. Gegenseitige Rechenschaft half uns auch dabei, ein hohes Niveau an Integrität bei allen unseren Unternehmungen zu halten.

An einem Dienstag in unserer Mitarbeiterbesprechung fragte ich alle Anwesenden: „Wie können wir einen gesunden Ansatz zur Konfliktlösung entwickeln? Wie können wir Schwierigkeiten miteinander ansprechen, besonders wenn wir emotional an eine bestimmte Sichtweise gebunden sind? Gibt es einen Weg, wie wir einander auf gesunde Weise konfrontieren können und nicht zulassen, dass unsere Gespräche zu einem Streitgespräch oder einem persönlichen Angriff ausarten? Wenn es so einen Weg gibt, welches wären die Grundregeln für so ein vernünftiges Gespräch?“ Diese Fragen riefen eine sehr lebhafte Debatte hervor, die über mehrere Monate geführt wurde. Wir notierten alle Meinungen auf einer Tafel. „Ich kann nur schwer Menschen zuhören, die mich anschreien“, sagte ein Mitarbeiter. „Ich mache dann einfach zu und beachte sie nicht länger.“ Ein anderer fügte hinzu: „Ich hasse es, wenn mir jemand sagt: ‚Manche Leute sagen dies oder das über dich‘. Ich bitte sie dann, die betreffende Person zu mir zu schicken, damit sie es mir selbst sagen kann. Oder wenn das einfach ihre Art war, ein Problem anzusprechen, das sie selbst mit mir haben, dann müssten sie es offen zugeben und sagen: ‚Ich denke das und das über dich‘, und nicht andere vorschieben.“ Noch ein weiterer meinte: „Wir müssen in unseren Gesprächen beim eigentlichen Thema bleiben und dabei nicht in Nebensächlichkeiten abrutschen.“ Schließlich arbeiteten wir gemeinsam eine Liste aus, die aus 22 Regeln bestand, an die wir uns halten wollten, wenn es unter den Mitarbeitern zu Konflikten kam. Wir unterschrieben diese Regeln sogar alle, um deutlich zu machen, dass wir sie befolgen wollten. Diese Art von Teamarbeit erzeugte ein gesundes Arbeitsklima für uns alle. Und außerdem verbesserten wir dadurch auch unseren Dienst an den Missionaren und Gemeinden.

Natürlich ist es so, dass Janet und ich als die Leiter auch herausgefordert waren, geistlich zu wachsen und unsere Kompetenzen ständig zu verbessern, so wie alle herausgefordert sind, das zu tun. Um immer wieder neue Ideen zu bekommen, versuchte ich in zwei bestimmten Bereichen eine gewisse Disziplin einzuhalten. Erstens versuchte ich zu lernen, wie man gute Fragen stellt, und zweitens hielt ich immer wieder Ausschau nach guten Büchern. Die erste Disziplin war nicht so einfach, wie ich angenommen hatte. Bei einem Seminar hatte ich gelernt, wie man gute Fragen über einen Bibeltext stellt, und das hatte mir immer viel Spaß gemacht, weil es zu interessanten Entdeckungen führte. Aber zu wissen, welche Fragen man an andere richtet, war, wie ich feststellte, eine echte Kunst.

Ich merkte das einmal ganz besonders, als ich mich in einem Flugzeug auf dem Weg von Dallas nach Atlanta befand. Ich hatte mit einem Unbekannten, der auf der anderen Seite des Ganges neben mir saß, eine Unterhaltung begonnen. Er war ein hochgewachsener Mann und trug Cowboystiefel. Ich hatte beobachtet, dass er eine große Bibel in die Sitztasche vor sich stopfte. Ich sprach ihn also an und meinte, dass seine Bibel so aussähe, als würde er viel darin lesen. Er stellte sich mir vor als Ken Hemphill und fing dann an, mir alle möglichen interessanten Fragen über das Reich Gottes zu stellen. Er zog sogar einen Schreibblock heraus und notierte sich einige meiner Antworten. Dadurch gab er mir das Gefühl, einen wichtigen und wertvollen Beitrag zu unserer Unterhaltung zu liefern. „Warum interessieren Sie sich so sehr für dieses Thema?“, fragte ich. „Ich arbeite an einem Buch darüber. Ich habe sogar vor, meine Arbeitsstelle aufzugeben, um mich darauf zu konzentrieren, einen Dienst aufzubauen, der das Reich Gottes im Mittelpunkt hat“, lautete seine Antwort. „Was machen Sie denn aktuell?“, fragte ich. „Ich bin der Präsident des Theologischen Seminars der Südwestlichen Baptistenvereinigung“, antwortete er. „Dann wundert es mich, dass Sie sich überhaupt dafür interessieren, was ich über das Thema zu sagen habe“, stotterte ich. „Nein, es interessiert mich wirklich“, fuhr er fort. „Ich halte auch Studenten auf dem Universitätsgelände an und befrage sie. Es hilft mir zu verstehen, was Gott tut, und gleichzeitig wird mein Wissen dadurch ständig erweitert.“ Ich fühlte mich hoch geehrt. Ich habe keine Ahnung, ob er irgendwelche meiner Ideen in dem Buch, das er später veröffentlichte, verwendet hat. Aber ich werde nie vergessen, wie sein Interesse an mir, einem Unbekannten auf einem Flug, mein Leben beeinflusst hat. Relevante Fragen zu stellen ist eine Kunst, an der ich immer noch feilen muss, doch zumindest habe ich eine wertvolle Lektion gelernt: Gute Fragen zu stellen, hilft einem nicht nur bei der persönlichen Weiterentwicklung, es demonstriert auch Respekt und Wertschätzung denen gegenüber, mit denen man sich unterhält.

Die Freude am Lesen war etwas, das ich bei all der

Geschäftigkeit in meiner Zeitplanung verloren hatte. Ich las, um zu studieren, nicht um mir selbst etwas Gutes zu tun. Janet war immer schon eine begeisterte Leserin gewesen und hat diese Leidenschaft an unsere Kinder weitergegeben, als sie größer wurden. Sie ermahnte mich von Zeit zu Zeit und schlug vor, dass ich mich doch bei einem guten Buch entspannen sollte. Günter Krallmann ermutigte immer alle, die sich für Mission interessierten, Biografien von Missionaren zu lesen. Und er investierte sehr viel Zeit darin, Bücher zu schreiben. Eine weitere Person, die die Verbreitung christlicher Literatur förderte, war George Verwer. Er kam niemals irgendwohin, ohne gute Bücher zu empfehlen. Er schrieb sogar selbst ein Buch mit dem Titel *Literature Evangelism* (dt.: *Evangelisation durch Literatur*). Einmal war ich dabei, das Thema Leiterschaft zu studieren, als ich ein ausgezeichnetes Buch von John Haggai entdeckte, mit dem Titel *Lead On* (dt.: *Geh voran!*). Eine Aussage in diesem Buch hat sich tief in meinem Gedächtnis festgesetzt. Er schrieb, dass er jede Woche mindestens ein Buch las, nur um geistig auf der Höhe und fähig zu bleiben, seine Arbeit auszuführen. Um ehrlich zu sein, ich fand lesen eher mühsam. Ich las, was ich musste, aber außer meiner Bibel las ich nicht viel. Eines Tages musste ich mich ein wenig entspannen und nahm eines von Janets Büchern in die Hand und begann, darin zu lesen. Es war ein Roman von John Grisham. Kurz darauf las ich alle seine Bücher und entdeckte ganz neu eine Begeisterung fürs Lesen. Ich fing an, auch andere zu fragen, was sie gerne lesen, und legte mir eine Sammlung verschiedener Bücher über Business, Politikwissenschaften, Leiterschaft und Biografien zu, daneben auch Romane, die ich an freien Tagen oder im Urlaub las. Ich wusste, dass Andy Wiegand ein sehr beschäftigter Mann war, der anspruchsvolle Bücher las, und so fügte ich alles, was er mir empfahl, zu meiner Sammlung hinzu und las es. Das Gleiche galt für mehrere Missionare und andere Leiter, für die ich viel Respekt hatte. Ich wollte das lesen, was sie lasen, und gleichzeitig in meinem Denken durch unterschiedliche Ansichten stimuliert werden. Ich entdeckte auf diese Weise viele Mentoren, die mich in unterschiedlichen Disziplinen herausfordern konnten und sich immer gut in meinen eigenen Zeitplan einfügten. Die Ideen, Prinzipien und Konzepte, über die ich las, flossen dann auch in unsere Mitarbeiterbesprechungen ein und forderten uns alle in gleicher Weise heraus, unsere eigenen Denksysteme zu überarbeiten, wie wir unsere Teamarbeit und unseren Dienst noch verbessern konnten.

20. Kapitel:
Das GLOBE-Netzwerk

Globe Europe baute weiter Beziehungen sowohl auf nationaler als auch auf internationaler Ebene. Auf nationaler Ebene arbeiteten wir bei der Entwicklung verschiedener Projekte mit anderen Agenturen zusammen und unterstützten sie sogar in ihren missionarischen Bemühungen. Ein Beispiel dafür sind die Geschehnisse nach dem 11. September 2001, als viele Deutsche von den Vorfällen in New York tief betroffen waren. Sie wurden sich bewusst, dass die Welt dabei war, sich wieder einmal zu verändern, und das noch nicht einmal 12 Jahre nach dem Fall der Berliner Mauer. Die Stadt Wesel organisierte einen Schweigemarsch, um ihre Solidarität mit den USA zu bekunden, der mit einer Großversammlung auf dem Marktplatz neben der Kathedrale endete. Als in Wesel lebender Amerikaner sprach ich an dem Tag zu der versammelten Menge. Ich sprach darüber, wie man Angst durch Glauben überwindet und ermutigte die Bürger zu bedenken, wie Jesus die Ungerechtigkeit, die er von seinen Feinden erlitten hatte, überwand. Die Lokalzeitung griff meine Anmerkungen auf und veröffentlichte in den darauf folgenden Wochen einige Artikel darüber, wie Globe Europe auf die Ereignisse reagierte. Wir taten uns mit anderen Missionsgesellschaften innerhalb der APCM zusammen, um ein zerstörtes Dorf in Afghanistan wieder aufzubauen. Wir nannten das Projekt „Dörfer der Hoffnung“. Das erste Dorf, das wieder aufgebaut wurde, war ein Pionierprojekt, welches später von anderen, größeren Organisationen fortgeführt wurde, die über bessere finanzielle Mittel verfügten als wir. Doch durch dieses Projekt eröffneten sich Möglichkeiten zur Zusammenarbeit mit anderen Organisationen, was im weiteren Verlauf unserer Tätigkeiten auf dem Missionsfeld zu einer Gewohnheit wurde.

Wir hatten erlebt, wie wertvoll die Zusammenarbeit mit anderen bei der Erfüllung des Missionsauftrags war, und so suchten wir aktiv nach Organisationen, mit denen wir sowohl in Deutschland als auch international zusammenarbeiten konnten. Drei bestimmte Organisationen stachen als Hauptpartner für Globe Europe dabei heraus. Als erstes war da das Glaubenszentrum, der deutsche Zweig der Bibelschule Christ for the Nations International, in Bad Gandersheim. Janet und ich haben das Vorrecht genossen, dort über die Jahre zu lehren, und haben viele Menschen ermutigt, diese Bibelschule zu besuchen. Wir hatten auch bemerkt, dass mehr und mehr hochkarätige Missionare aus dieser Schule zu Globe Europe kamen. Als das Leitungsteam mich bat, einer ihrer Beiräte zu sein, war ich sofort bereit, ihnen fünf Jahre lang auf diese Weise zu dienen. Unsere Beziehung zueinander wurde tiefer, indem wir einander in unseren jeweiligen Diensten ermutigten. Das Glaubenszentrum entwickelte sogar ein Modul für Weltmission, das von Christoph und Kirsten Köhler geleitet wird, die dort studiert und danach mit Globe Europe in Brasilien als Missionare gearbeitet hatten.

Die zweite Organisation war World Outreach, eine Missionsgesellschaft in Singapur, die in ihrer missionarischen Ausrichtung und Vision Globe Europe sehr ähnlich war. Unsere Missionare arbeiteten in Malaysia, Kenia und Mosambik mit ihnen zusammen, was uns bewegte, nach weiteren Möglichkeiten der gegenseitigen Unterstützung und Ermutigung zu suchen. Die Leiter dieser Gesellschaft besuchten uns regelmäßig in Deutschland und boten die Möglichkeit für mehr missionarische Ausbildung, eine neue Sichtweise für das Wachstum unserer Organisation, und informierten über ihren Fokus auf „Unerreichte Volksgruppen" und „Gemeindegründungsbewegungen". Insbesondere der KairosKurs, den Max Chismon, einer der Leiter, auf den Philippinen ausgearbeitet hatte, und der inzwischen in vielen anderen Ländern unterrichtet wurde, war ein Trainingsseminar, das von Globe Europe unterstützt und in Deutschland gefördert wurde.

Die dritte Organisation war TheMA (Theologish-Missionswissenschaftliche Akademie), der Dienst, den Andreas Franz aufgebaut hatte, um besonders Missionaren zu helfen, eine Universitätsausbildung durch Fernstudium zu absolvieren. Andreas lehrte regelmäßig bei unseren Kandidatenschulen über Kultur und Evangelisation. Wir ermutigten auch mehrere unserer Missionare, ihre Ausbildung bei ihm zu vervollständigen.

Parallel zur Zusammenarbeit mit diesen Organisationen, entwickelte sich ein weiterer Partnerschaftszweig. GLOBE International (ehemals Globe Missionary Evangelism) hatte sowohl Globe Europe als auch uns als Familie schon immer viel geholfen, da wir ihre Missionare waren. Sie hatten uns bei der Verwaltung unserer persönlichen Finanzen geholfen, aber auch die Gelder an unser Werk weitergeleitet, die in den USA dafür gespendet wurden. Die meisten Gespräche bezüglich dieser

Angelegenheiten führte ich mit Doug Gehman, dem Assistenten von Bob Bishop.

2002 entwickelte sich eine neue Dimension unseres Dienstes. Matthias und Julia Iseli aus Kleindietwil in der Schweiz, traten Globe Europe bei, um in São Paolo in Brasilien als Missionare zu dienen. Da sie unsere ersten Missionare aus der Schweiz waren, mussten wir einen Weg finden, wie ihre Partner aus der Schweiz sie finanziell unterstützen konnten. Nach einem Treffen mit ihrem Pastor, Markus Zaugg, und seiner Frau Marianne, wurde mir bewusst, dass das Schweizer Rechtssystem sich in vieler Hinsicht von dem deutschen Rechtssystem unterschied. Uns wurde sehr schnell klar, dass wir einen Arbeitszweig in der Schweiz gründen mussten, um die Spenden für die Familie Iseli aus diesem Land zu verwalten. 2003 erklärte Markus sich bereit, die verwaltungstechnische Seite der Organisation als 2. Vorsitzender zu managen, wenn ich die Aufgaben des 1. Vorsitzenden übernehmen würde. Wir kamen auch überein, dass Edith sich von unserem Büro in Deutschland aus um die finanzielle Seite des Schweizer Arbeitszweiges kümmern würde. Der nächste Schritt war, mithilfe eines Anwalts die offiziellen Dokumente zu redigieren, und dann erblickte die Missionsgesellschaft Globe Europe Schweiz das Licht der Welt. Mit Sitz in Kleindietwil, im berühmten Emmental, würde diese neue Gesellschaft sich nun um alle Schweizer Missionare kümmern, die Globe Europe aussandte. Bald hatten wir ein halbes Dutzend Missionare aus der Schweiz auf dem Missionsfeld. Sowohl Janet als auch ich liebten unsere halbjährlichen Besuche in der Schweiz, um an den Besprechungen von Globe Europe Schweiz teilzunehmen. Wir entdeckten die köstlichen Schweizer Käsesorten und viele andere Delikatessen, und natürlich die atemberaubende Schönheit dieses Landes.

Im darauf folgenden Jahr 2004 sprachen Iain und Liz McKenzie aus Inverness in Schottland uns an, weil sie als Missionare nach Honduras gehen wollten und eine Missionsgesellschaft suchten, die sie aussenden konnte. Iain ist ein ausgebildeter Verwalter und Organisator, und so kümmerte er sich um all die offiziellen Papiere, um den Arbeitszweig Globe Europe United Kingdom zu gründen, über den er mit seiner Familie dann die ersten britischen Missionare waren, die ausgesandt wurden. Wieder war ich der leitende Direktor der Organisation und George Alexander, der schon über lange Zeit mit GLOBE und seinen Missionaren gearbeitet hatte, wurde der Schriftführer und kümmerte sich um den größten Teil der anfallenden Arbeit.

Im gleichen Jahr trat Bob Bishop als Direktor von GLOBE International zurück, und Doug Gehman wurde als Leiter der Missionsgesellschaft eingesetzt. Doug und ich arbeiteten sehr gut zusammen, und unsere Freundschaft vertiefte sich weiter. Es gelang uns immer irgendwie, alle Probleme, die mit der Missionsgesellschaft zusammenhingen, zu lösen. 2007 kamen wir jedoch an einen Punkt, wo wir die Notwendigkeit erkannten, ein klares Gegenseitigkeitsabkommen zu schließen, das für alle GLOBE-Agenturen gültig wäre. Wir luden alle Leiter zu einem Gipfeltreffen in Hamminkeln ein und prüften gemeinsam, wie wir unsere Beziehungen zueinander definieren wollten. Wir kamen überein, uns einmal jährlich zu treffen, um Fragen zu besprechen, die sich aus unserer gemeinsamen Arbeit ergaben, und machten uns daran, unsere Gegenseitigkeitsabkommen für alle GLOBE-Agenturen klar zu definieren. Über die nächsten Jahre merkten wir, wie wertvoll es war, als Geschwister-Organisationen zusammenzuarbeiten, was praktisch bedeutete, dass jede Gesellschaft in ihrem eigenen Land autonom funktionierte. Wo möglich, würden wir einander auf internationaler Ebene gegenseitig ermutigen und helfen, wobei wir die kulturellen Unterschiede der Mitarbeiter anerkennen und respektieren wollten. Wir vertraten alle die gleiche Missionsphilosophie, teilten die gleichen Kernwerte und förderten das gleiche Schulungsminimum. Wir hatten den gleichen Wunsch, das Evangelium unter den am wenigsten erreichten Volksgruppen zu verbreiten, und wir wollten uns darauf konzentrieren, für das Entstehen von Gemeindegründungsbewegungen zu beten, dort, wo unsere Missionare lebten und arbeiteten. Wo Not- und Entwicklungshilfeprojekte etabliert waren, mussten wir Ressourcen und Wissen weitergeben. Wir forderten einander heraus, ein hohes Leistungsniveau anzustreben, ganz besonders in Bezug auf Maßnahmen zum Schutz von Minderjährigen. Sehr viele unserer Missionare arbeiteten auf der ganzen Welt mit Kindern. Durch den nennenswerten Anstieg von Missbrauch und Pädophilie waren wir uns der Notwendigkeit eines sehr hohen Ethikstandards und der Erstellung von Richtlinien bewusst, die für alle Missionare innerhalb des GLOBE-Netzwerks, die mit Kindern und Jugendlichen arbeiteten, gelten mussten. Mit diesen vier Gesellschaften beginnend, wurde die Grundlage dafür gelegt, weitere Gesellschaften zu gründen, die auch zum GLOBE-Netzwerk dazugehören würden. Wir hatten gesehen, wie Gott in der gesamten nicht-westlichen Welt wirkte, und so war es nur eine Frage der Zeit, bis viele andere Länder ebenfalls Missionare aussenden sollten, um bei der Erfüllung des Missionsauftrags mitzuwirken. Das GLOBE-Netzwerk war dabei, Strukturen zu schaffen, um diese Art von Wachstum und Entwicklung zu begünstigen.

21. Kapitel: Übergänge

Wenn es eines gibt, das ich über Missionsarbeit gelernt habe, dann ist es die Tatsache der „konstanten Veränderung“. Egal ob Wachstum allmählich, plötzlich oder unerwartet passierte, es brachte immer Veränderung mit sich. Und tief in mir wusste ich, dass das Endziel aller Missionare war, die Arbeit, die sie unter einem bestimmten Volk begonnen hatten, an die jeweils Einheimischen zu übergeben, damit diese sie fortführen konnten. Wenn wir alle Missionare aus Großbritannien und der Schweiz mitzählten, dann erreichten wir das Ziel von 100 Missionaren auf dem Missionsfeld in der ganzen Welt im Jahr 2009. In unserem Strategie- und Planungstreffen im August jenen Jahres traf sich das Leitungsteam, das aus Eddi Riepl, Armin Weissenfels und mir bestand, um die Prioritäten für das folgende Jahr festzulegen. Wir hatten auch Johannes Baumann dazu eingeladen, um die Perspektive des Dienstes an Jugendlichen ganz bewusst mit einzubeziehen. Meine persönliche Meinung zu Beginn des Treffens war, dass wir uns auf den notwendigen Ausbau unseres Schulungsangebotes konzentrieren sollten. Ich meinte, dass wir einen zweifachen Ansatz adoptieren mussten, zum einen, um eine bessere und detailliertere Ausbildung für Missionskandidaten anzubieten, die darüber hinausging, was wir bereits taten, und zum anderen, unsere Werbung für Mission in den Gemeinden noch zu verbessern. Um das zu bewerkstelligen, wollte ich, dass wir gemeinsam darüber nachdachten, zusätzlich jemanden einzustellen, der sich um den gesamten Schulungsbereich von Globe Europe kümmert. Ich war mir nicht sicher, wie wir das finanzieren würden, aber so war es bei diesen Treffen immer, wenn wir zusammenkamen, um gemeinsam zu beten, zu planen und Strategien zu entwerfen. Wir fanden am Ende immer eine machbare Lösung. In dem Jahr war unser Coach Jochen Geiselhart, der Pastor einer Foursquare-Gemeinde, der einige Jahre zuvor auch als der erste Geschäftsführer bei der APCM gedient hatte. Wir schätzten seine Fähigkeiten als Coach, besonders in Bezug auf seine administrativen, organisatorischen und strukturellen Kompetenzen. Als ich anfing zu erläutern, wie ich die Erweiterung des Dienstes sah, trat Jochen einen Schritt zurück vom Flipchart und schaute uns an. „Wie alt seid ihr?“, fragte er. „In welcher Weise ist das relevant für diese Diskussion?“, antwortete ich. „Nun, wenn ich das richtig sehe, dann seid ihr alle drei nicht mehr sehr weit vom Ruhestand entfernt, und ihr werdet diese Arbeit an jemand anders übergeben müssen. Habt ihr schon einmal darüber nachgedacht, wie lange so ein Prozess dauern wird?“ – „Nein, nicht wirklich“, erwiderten wir. „Wenn ihr allerdings jetzt noch weitere Mitarbeiter einstellt, dann werdet ihr einen neuen Mitarbeiter an einen neuen Leiter übergeben, der nicht daran beteiligt war, die Leute auszusuchen, mit denen er arbeiten möchte. Und außerdem werdet ihr eure finanziellen Kapazitäten ziemlich dehnen müssen, wenn ihr jetzt noch Personal hinzufügt, besonders wenn ihr bald auch noch einen Missionsdirektor bezahlen müsst und die bestehende Mitarbeiterschaft beibehalten wollt. Könnt ihr euch das leisten?“ – „Nein, im Augenblick können wir das nicht“, musste ich zugeben. Tatsache war, dass Janet und ich immer noch Missionare bei GLOBE International waren, was hieß, dass wir unseren Lebensunterhalt durch Spenden bestritten, die wir, wie alle anderen Missionare auch, selbst sammeln mussten. Globe Europe zahlte uns kein Gehalt. Die gesetzliche Lage wäre anders, wenn nun ein Deutscher in Deutschland arbeiten würde. Er müsste ein geregeltes Gehalt bekommen. Uns zu ersetzen, würde für Globe Europe sehr viel höhere Ausgaben bedeuten, auch wenn die Zahl der Mitarbeiter gleich bliebe. „Habt ihr jemand im Auge, der die Leitung dieses Werkes übernehmen könnte?", fragte Jochen. „Wir haben schon ein wenig darüber gesprochen, aber wir haben nicht genauer darüber nachgedacht", mussten wir ihm antworten. „Fangen wir mit dir an, Brad", fuhr Jochen fort. „Wann möchtest du in Rente gehen?" Ich dachte einen Augenblick darüber nach. „Ich würde gerne noch eine andere Art von Dienst wahrnehmen, ehe ich in den Ruhestand gehe", erwiderte ich nachdenklich. „Mir bleiben noch ein paar Jahre im aktiven Dienst, die ich auskosten möchte. Es wäre gut, auf eine Übergabe hinzuarbeiten, solange ich noch jung genug bin und noch genug Energie und geistige Kraft habe, das zu tun. Das müsste ich wohl lieber früher als später tun. Wir müssen jemanden finden, der etwa 20 Jahre jünger ist als ich und der sowohl mit Menschen meines Alters als auch mit Menschen, die 20 Jahre jünger sind als er selbst, arbeiten kann. Je länger ich mit der Übergabe warte, umso schwieriger wird es für meinen Nachfolger sein, Veränderungen durchzuführen. Ich möchte für meinen Nachfolger kein Hindernis sein. Er muss sowohl unsere Unterstützung als auch unseren Segen haben, um die Veränderungen einzubringen, die für die Fortführung des

Dienstes in der Zukunft notwendig sein werden. Er braucht sowohl die Begeisterung der Jugend als auch die Stabilität und die Weisheit der Erfahrung." Jochen ermutigte uns dann zu prüfen, wie lange es dauern würde, mich zu ersetzen, und dann diese Tatsache in alle Entscheidungen bezüglich neuer Mitarbeiteranstellungen einzubeziehen. Wir erkannten, dass dies ein weiser Ratschlag war und fingen an, in diese Richtung zu überlegen. „Nun", eröffnete ich die Diskussion, „wenn ich mich richtig erinnere, dann hat es etwa zwei Jahre gedauert, bis Eddi sich gut in seiner neuen Position zurechtfand. Und alle anderen Mitarbeiter waren vor Ort, um ihm zu helfen und ihn zu ermutigen. Angesichts der Tatsache, dass die Missionare über alle möglichen Länder weltweit verstreut sind, wird es eine Weile dauern, bis ein Nachfolger sie kennenlernt und ihr Vertrauen gewinnt. Dann müssen wir auch an die Organisationen denken, mit denen Globe Europe in Verbindung steht, und an die Beziehungen, die wir mit Gemeinden und Pastoren aufgebaut haben. Sie alle unterstützen unseren Dienst, weil wir über die Jahre Freundschaften aufgebaut haben. Jemand Neues in all diese Gruppierungen hineinzubringen, wird einiges an Zeit benötigen. Vertrauen zu übertragen, geschieht nicht automatisch." Im Laufe der Diskussion wurde es offensichtlich, dass das Gesicht von Globe Europe mein Gesicht war und dass die Leute unsere Missionsgesellschaft in erster Linie mit dem Gründer verbanden und nicht unbedingt mit dem Zweck der Organisation. Ein neuer Missionsleiter musste sich der Aufgabe stellen, die Wahrnehmung von Globe Europe zu verändern, von einem personenorientierten zu einem dienstorientierten Werk. Und das war eine ziemlich einschneidende Veränderung.

„Wo werdet ihr eine solche Person finden?", fragte uns Jochen. „Er muss aus der Globe-Familie sein", erwiderten wir und listeten alle Eigenschaften auf, die in einem zukünftigen Missionsleiter vereint sein müssten. „Er muss Missionserfahrung haben und auch mit den Kernwerten und der Missionsphilosophie von Globe vertraut sein. Er muss ein guter Verwalter, aber gleichzeitig auch ein Visionär sein. Er müsste selbst eine Familie haben, ansonsten wäre es schwierig für andere Missionarsfamilien, eine Beziehung zu ihm aufzubauen." Wir führten diese Liste noch weiter und überlegten, welche Art von Leiter wir ausfindig machen mussten. „Er muss anders sein als ich", fügte ich hinzu. „Ich bin ein Pionier, und was wir jetzt brauchen, ist jemand, der fähig ist, auf dem Fundament, das wir schon gelegt haben, aufzubauen. Wir brauchen jemanden, dessen Gaben und Talente sich von meinen unterscheiden, und der dieses Werk in die nächste Phase leiten kann." Jochen unterbrach uns: „Nehmen wir einmal an, dass ihr eine solche Person findet. Normalerweise hat so jemand bereits eine Beschäftigung. Das bedeutet, dein Nachfolger muss auch für seine Arbeitsstelle einen Ersatz finden, ehe er dort gehen kann. Selbst wenn ihr also jemanden findet, der herkommen und mit dir arbeiten möchte, könnte es sein, dass es ein bis eineinhalb Jahre dauert, bis er tatsächlich nach Hamminkeln kommen kann. Danach bräuchte seine Familie Zeit, um sich hier einzugewöhnen, besonders wenn sie direkt vom Missionsfeld kommt. Da wäre dann auch ein Re-Entry-Prozess nötig. Natürlich betrachten wir hier eine optimale, gesunde Übergangsphase, die mindestens dreieinhalb Jahre dauern wird, nachdem jemand einverstanden ist, diese Stelle zu übernehmen. Wie lange kann es dauern, bis ihr jemanden ausfindig macht, den ihr fragen könnt? Und wie viel Zeit wollt ihr ihm geben, damit er mit seiner Frau darüber beten kann, ehe er antwortet? Vergesst nicht, wenn der erste Kandidat ablehnt, dann müsst ihr den ganzen Prozess wieder von vorne beginnen." Wir diskutierten diese verschiedenen Etappen für eine gut durchgeführte Übergabe und kamen zu folgendem Schluss: Wenn wir als Leitung an jemanden dachten, dann mussten wir auch die gesamte Mitarbeiterschaft über diesen Prozess informieren. Die Mitarbeiter mussten die Möglichkeit haben, sich über den potenziellen Kandidaten zu äußern, und die Vor- und Nachteile abwägen, die eine Zusammenarbeit mit dieser Person mit sich brächten. Dann mussten wir jedem die Möglichkeit geben, darüber zu beten, um uns zu versichern, dass alle damit einverstanden waren, diesen Kandidaten zu kontaktieren. Nachdem die Anfrage an den Kandidaten und seine Frau gestellt wurde, würden wir ihnen drei Monate Zeit geben, um darüber zu beten, ehe sie eine Antwort gaben. Wenn sie einverstanden wären, würden wir damit beginnen, sie auf alle erdenkliche Weisen nach und nach in unser Leben im Zentrum zu integrieren, und ihnen gleichzeitig die nötige Zeit geben, sich von ihrem gegenwärtigen Dienst zu lösen. Wir kalkulierten, dass diese Übergangszeit insgesamt mindestens vier bis fünf Jahre dauern würde, bis Janet und ich einem neuen Direktor die Zügel in die Hand geben konnten. Wie alt würden wir dann alle sein? Armin wollte in ein paar Jahren in den Ruhestand gehen und sich danach weiter um Missionsprojekte in Indien kümmern, gleichzeitig aber in Deutschland leben. Eddi wäre zu dem Zeitpunkt noch eineinhalb Jahre vom Ruhestand entfernt und Edith ebenfalls. Der Ausdruck auf dem Gesicht von Johannes spiegelte den Schock wider, als er merkte, dass er eventuell in fünf Jahren der Einzige wäre, der noch übrig war. Er wollte die Last dieses Dienstes nicht tragen, er wollte sich darauf konzentrieren, junge Leute für die Mission zu motivieren. Wir waren mit der rauen Tatsache konfrontiert, dass uns nicht mehr viel Zeit blieb, um den Prozess einer gut geführten Übergabe einzuleiten. Die restliche Zeit unseres Planungs- und Strategietreffens verbrachten wir hauptsächlich damit, den Vater zu fragen, wen er als nächsten Direktor von Globe Europe haben wollte. Als wir über die Qualifizierungen unterschiedlicher Missionare, die wir kannten, sprachen, fiel unsere Aufmerksamkeit auf Andreas und Marion Pestke. Sie waren Pastoren einer Gemeinde in der Nähe von Aachen gewesen, die von Globe-Missionaren gegründet worden war. Sie hatten Globe Europe aktiv unterstützt, indem sie Missionare sowohl aussandten als auch finanziell unterstützten. Sie hatten Janet und mich auf mehreren Missionsabenteuern begleitet, und sie hatten vor einiger Zeit schließlich die Leitung eines Waisenhauses in Nicaragua übernommen. Sie sprachen fließend Englisch und Spanisch. Tatsächlich schienen sie in jeder Hinsicht die perfekten Kandidaten zu sein – mit einer Ausnahme: Sie hatten zu dem Zeitpunkt noch keine Kinder. Doch das war ein Punkt, den wir dem Vater anvertrauten.

Als wir wieder zum Zentrum zurückkehrten, teilten wir unseren Mitarbeitern die Ergebnisse unserer Auszeit mit und erklärten, warum wir nun eine wichtige Übergangsphase einleiten mussten. Wir wollten, dass die Mitarbeiter mit uns zusammenwuchsen und sich aktiv an der weiteren Entwicklung dieser Übergangsphase beteiligten. Als wir die Möglichkeit erwähnten, die Pestkes zu fragen, waren sich alle einig, dass sie die beste Wahl wären. Trotzdem baten wir alle, noch drei Monate mit uns gemeinsam darüber zu beten und uns dann zu sagen, ob sie einen Grund hätten, Andreas und Marion nicht zu fragen, die nächsten Leiter von Globe Europe zu werden. Wir nahmen uns weiter Zeit, um die unterschiedlichen Anforderungen an eine neue Leitung zu besprechen und baten die Mitarbeiter um weiteren Input. Als es soweit war, waren sich alle Mitarbeiter einig, dass wir ihnen den Vorschlag unterbreiten sollten.

Janet und ich hatten ein Regionaltreffen für alle unsere Missionare in Zentralamerika organisiert, das im Januar 2010 in Guatemala stattfinden sollte. Im Anschluss daran wollten wir Andreas und Marion bei sich zu Hause in Nicaragua aufsuchen. Es gab einen außergewöhnlichen Moment bei diesem Regionaltreffen, als Janet gerade anfangen wollte zu lehren. Sie hatte ihre Bibel aufgeschlagen und angefangen zu beten, als das ganze Gebäude plötzlich erbebte. Zunächst waren wir von dieser Kraftdemonstration völlig überwältigt, doch dann merkten wir, dass es sich um ein Erdbeben der Stärke 6,4 handelte, das die gesamte Region erschütterte. Doch der Zeitpunkt war absolut sensationell.

Als wir wieder in Nicaragua ankamen, stellte Marion uns die beiden kleinen Jungen vor, die sie adoptieren wollten, und erzählte, wie der Vater sie beide mit einer

Familie segnete. Diese Tatsache bestätigte für Janet und mich, dass der Vater jegliche Einwände aus dem Weg räumte, die wir noch hätten haben können, damit sie die nächsten Leiter von Globe Europe werden konnten. Als wir gemeinsam am Esstisch saßen, erzählten wir ihnen, was der eigentliche Grund unseres Besuchs in Nicaragua war, nämlich sie zu bitten, die Möglichkeit in Betracht zu ziehen, wieder nach Deutschland zurückzukommen und die zukünftigen Leiter der Missionsgesellschaft zu werden. Worum wir sie jetzt baten, war, sich Zeit zu nehmen, darüber zu beten und den Vater zu fragen, ob das die richtige Richtung für ihre Zukunft war. Sie waren in ihrem Dienst in Nicaragua sehr engagiert, aber sie waren einverstanden, in den nächsten drei Monaten über unser Angebot zu beten, ehe sie uns eine definitive Antwort gaben. Anfang April erhielten wir einen Brief von ihnen, in dem sie unser Angebot annahmen, und damit begann die nächste Phase des Übergabeprozesses. Sie hatten allerdings ein wichtiges Gebetsanliegen: Sie konnten Nicaragua nicht verlassen, ehe die Adoption der beiden Jungen unter Dach und Fach war und beide deutsche Pässe erhalten hatten, mit denen sie das Land verlassen konnten. Wir erlebten, dass der Vater ihr Gebet zur rechten Zeit erhörte, und so begann für sie die Loslösung von ihrem Dienst in Nicaragua.

Im Lauf der nächsten beiden Jahre kamen entweder Andreas oder Marion zu unserer Kandidatenschule und auch zu unserer jährlichen Missionarsfreizeit, die wir nun „Zeit der Zurüstung" nannten. Andreas machte es sich auch zur Aufgabe, an all unseren jährlichen Strategie- und Planungstreffen mit dem Leitungsteam teilzunehmen. Zusätzlich kamen sie auch zu den Konferenzen des GLOBE-Netzwerks dazu, und ich stellte sie dabei so vielen unserer Partner wie möglich vor, während sie immer noch in Managua lebten. Im Januar 2012 kamen sie nach Hamminkeln und zogen in die Wohnung im Zentrum ein. Wir gaben ihnen ein paar Monate Zeit, um sich an das Leben in Hamminkeln zu gewöhnen, ehe wir sie in die tägliche Arbeitsroutine im Zentrum einbanden. Die gesamte Mitarbeiterschaft gab ihr Bestes, um Andreas und Marion zu helfen, sich in unsere Dienstfamilie zu integrieren. Sie verstanden sehr schnell, von welchen Prinzipien und Verfahren unsere Arbeit bestimmt wurde. Ich stellte sie den Missionaren, Pastoren, Gemeinden und Organisationen vor, mit denen wir in Verbindung standen. Sie lernten schnell, passten sich gut an und machten sehr gute Vorschläge, nachdem sie nach und nach einen guten Überblick über das gesamte Werk bekommen hatten.

Einer der wichtigeren Vorschläge von Andreas war, uns dazu zu bewegen, den Namen unserer Organisation neu zu überdenken. Globe Europe war damals ein Arbeitstitel gewesen, und uns war damals einfach kein besserer Name eingefallen. Doch es war eine Bezeichnung, die oft Fragen aufwarf und noch öfter missverstanden wurde. Wir waren uns alle einig, dass es von Vorteil wäre, einen Namen zu haben, der unseren Dienst besser beschrieb. Über ein ganzes Jahr lang dachten wir darüber nach, wobei uns bewusst war, dass der Name geändert werden musste, während Janet und ich noch am Entscheidungsprozess mitwirkten. Wir waren uns aber alle bewusst, dass ein neuer Name auch eine neue

Ära im Leben der Missionsgesellschaft bedeuten würde. 2013, nach viel Gebet und Diskussion, entschieden wir uns schließlich für den Namen „Globe Mission“.

Im Verlauf dieses Jahres sollte ich auch als Vorsitzender von Globe Europe Schweiz zurücktreten, wodurch dieser Arbeitszweig nun zu einer eigenständigen Missionsgesellschaft mit Markus Zaugg als Missionsleiter wurde. Ich trat auch von dem Amt des Direktors von GLOBE-UK zurück und übergab die Leitung dieser Organisation an George Alexander. Somit gab es jetzt drei eigenständige Gesellschaften in Europa, die mit GLOBE in Pensacola zusammenarbeiteten – und eine neue Ära der Zusammenarbeit innerhalb des GLOBE-Netzwerks wurde damit eingeleitet.

Während der „Zeit der Zurüstung“ bei Globe Mission übergaben Janet und ich am 26. November 2013 offiziell die Leitung des Dienstes an Andreas und Marion Pestke und beendeten damit über 36 Jahre Missionsdienst in Europa. Drei Tage darauf zogen Janet und ich nach Hampstead an der Atlantikküste von North Carolina um, wo wir wohnen und von wo aus wir weiterarbeiten würden. Auch wir befanden uns in einer Übergangsphase und an der Schwelle eines neuen Dienstes.

Dieses Kapitel unseres Lebens, unser 23-jähriges Engagement mit Globe Mission zu schließen, hatte unterschiedliche Auswirkungen auf uns beide. Janet freute sich darauf, näher bei der Familie zu wohnen und sich mehr in die Leben ihrer Enkel einbringen zu können. Nachdem sie auf der ganzen Welt herumgereist war, war sie jetzt eher daran interessiert, vor Ort Freundschaften zu vertiefen und anderen zu dienen. Sie liebt es weiterhin, Freunde zu bewirten und Familien, die uns besuchen, in unserem Heim zu beherbergen. Sie zeigt keine Anzeichen eines umgekehrten Kulturschocks. Im Gegenteil, sie hat große Freude an unserem neuen Haus und unseren neuen Freunden.

Ich dagegen durchlief eine ganze Mischung von Empfindungen, als wir wieder in die USA zurückkehrten. Das Gewicht der Verantwortung als Direktor einer Missionsgesellschaft lastete nun nicht mehr auf mir, und das empfand ich als eine große Erleichterung. Wieder ganz von vorne anzufangen und einen neuen Dienst zu beginnen, war jedoch eine enorme Herausforderung. Obwohl wir unser Bestes gaben, unsere weitere missionarische Aktivität zu definieren und zu kommunizieren, mussten wir feststellen, dass viele unserer Freunde und Unterstützer einfach von der Annahme ausgingen, dass wir jetzt im Ruhestand waren. Das Leben im Glauben war also immer noch ein Abenteuer.

Wir hielten es für angebracht, mindestens neun Mo nate nicht wieder nach Deutschland zurückzukehren, damit Andreas und Marion in ihrer Rolle als Leiter der Mission sowohl unter den MItarbeitern in der Zentrale und den Missionaren als auch gegenüber den anderen Leitern in Deutschland festigen konnten. Wenn wir mit Fragen über Globe Mission kontaktiert wurden, dann verwiesen wir die betreffende Person immer auf die neue Leitung. Es war zwar nicht unsere Absicht, den Kontakt zu unseren Freunden abzubrechen, aber eine gewisse Distanz zur Organisation war von großer Bedeutung, damit unsere Beziehung sich rein auf die Rolle eines Ratgebers beschränkte, wenn es nötig war. Die Freundschaft, die uns mit Andreas und Marion verband, war einer der Hauptgründe, warum wir ihnen vertrauen konnten, jeden Aspekt des Dienstes zu verändern, wenn sie es für erforderlich hielten. Es war zweifellos das Werk der Barmherzigkeit Gottes in meinem Herzen, dass ich in der Lage war, die Leitung eines Werkes, das ich gegründet hatte, an jemand anderes zu übergeben und gleichzeitig so von Herzen die neuen Leiter zu unterstützen. Das Einbringen neuer Ideen und Ansätze für die Missionsarbeit in einer sich ständig wandelnden Welt war auf jeden Fall etwas, das Janet und ich nur ermutigen und unterstützen konnten.

Unser erstes Jahr weg vom Dienst war allerdings für uns beide eine sehr kritische Zeit. Wir brauchten Zeit, um einerseits zu verstehen, was der Vater in unserem Leben getan hatte, und um andererseits auch aus der Vergangenheit zu lernen und uns auf unseren zukünftigen Dienst vorzubereiten. Wir hatten beide den Eindruck, dass der nächste Abschnitt unseres Lebens sicherlich nicht so geschäftig sein würde wie die Jahre davor, aber dass auf jeden Fall das Potenzial bestand, einen größeren Einfluss auf junge Leiter auszuüben.

Es gab eindeutig drei Phasen des Wachstums und der Veränderung in unserem Leben auf dem Missionsfeld. Die erste Phase war durch einen jugendlichen Überschwang gekennzeichnet. Wir waren uns sicher, dass wir die Welt für Christus gewinnen würden. Nichts war für Gott unmöglich, und er war auf unserer Seite. Wir arbeiteten hart und evangelisierten die Verlorenen. Wir waren kreativ und mutig und erlebten, dass der Vater viele Menschen dadurch segnete. Als wir uns der Größe der Aufgabe mehr bewusst wurden, fanden wir heraus, dass mehr dazugehörte, als dass viele Menschen eine Entscheidung für Christus trafen, wenn wir die Welt gewinnen wollten. Alle, die von der Gegenwart Gottes angezogen wurden, mussten zu Jüngern gemacht werden. Und die vorrangigste Methode, wie der Vater seine Kinder zu Jüngern macht, ist, dass er sie in Lokalgemeinden sammelt.

Die zweite Phase war durch die Gemeindegründung gekennzeichnet. Wir wollten das Wirken Gottes durch die radikale Veränderung und Ausbildung neuer Jünger erleben. Wir gründeten Gemeinden und halfen anderen, Gemeinden zu gründen. Wir arbeiteten schwer daran, Leiter auszubilden, sie zu lehren, die Bibel zu studieren, vollmächtig zu predigen und mit Liebe und Disziplin zu dienen. Wir konzentrierten uns darauf, Leiter zu bevollmächtigen und Visionen weiterzugeben. Der Prozess, Gemeinden zu gründen, die selbstleitend, finanziell unabhängig und sich selbst multiplizierend waren, schien jedoch sehr langatmig zu sein. Wir hatten den Eindruck, dass mit dieser Methode die Welt nie für Christus gewonnen werden könnte, da die jährliche Geburtenrate sehr viel höher lag als die Wachstumsrate der Gemeinden, die wir gründeten.

In der dritten Phase konzentrierton wir uns darauf, sich multiplizierende Leiter auszubilden. Dabei entschieden wir uns, in erster Linie mit jenen Leitern zu arbeiten, die zu einer kulturübergreifenden Arbeit berufen waren. Durch die Weitergabe von nicht nur Wissen, sondern auch Weisheit, Leben und Vision, fanden wir einen Weg, im Leben von Menschen, die sich treu wiederum in das

Leben anderer investierten, jene Dienste zu reproduzieren und zu multiplizieren, die der Vater uns anvertraut hatte. Ob wir nun Evangelisten förderten, die einer des Lesens unkundigen Bevölkerung biblische Geschichten erzählen konnten, oder Pastoren, die sich um die Menschen kümmerten, oder Lehrer, die umherreisten und die mächtigen Wahrheiten des Reiches Gottes lehrten, oder Propheten, die Gottes Volk ermutigten, das zu tun, was der Vater von ihnen verlangte – wir versuchten immer, solche Leute auszusenden, die ihr Leben und ihren Dienst in anderen multiplizieren konnten. Unser Ziel war, eine Leidenschaft für Jesus unter allen, die das Evangelium hörten, anzuzünden und ein schnelles Wachstum an Jüngern zu sehen, die ihren neuentdeckten Glauben an andere weitergaben.

Unser beider Leben war wie eine Reise auf einer Straße der Erkenntnis, die uns von vollmächtiger Evangelisation zu Gemeindegründung und Leiterschaftsentwicklung geführt hatte, und die eine ganze Serie von Missionsbewegungen entzünden konnte. All diese Dienste verbanden sich im Leben und Dienst der Missionare miteinander, um die sich Globe Mission kümmerte. Das Wachstumspotenzial in vielen reifen Erntefeldern auf der ganzen Welt wäre unermesslich groß.

Vor dem Hintergrund dieser Überlegungen lud ich im Frühjahr 2013 eine Reihe deutscher Missionsfachleute zu einem Treffen ein, bei dem wir die Megatrends besprechen wollten, die sie weltweit beobachtet hatten, insbesondere im Hinblick darauf, was Gott im Zusammenhang mit der Leiterschaft von Globe Mission tat. Andreas, Eddi und ich waren die Organisatoren dieses

Workshops gemeinsam mit Markus Zaugg von Globe Mission Schweiz und Jochen Geiselhart als unser Coach. Wir luden vier Gäste ein: Peter Riedl, Pastor, Coach und Gemeindegründer, war auch viele Jahre lang mein 2. Vorsitzender bei Globe Europe gewesen. Er wurde gebeten, die globalen Megatrends aus der Sicht eines Pastors und der Gemeinde zu behandeln. Andreas Franz war der Missionswissenschaftler, der die globalen Megatrends von einer akademischen Perspektive her analysieren sollte. Tobias Schulz war der deutsche Leiter von Operation Mobilisation, und wir baten ihn, aus der Sicht der Kurzzeit-Missionsteams zu sprechen. Außerdem hatten wir noch Siegfried Tomazsewski von Calling Ministry eingeladen, um die globalen Megatrends aus der Sicht eines Evangelisten her zu behandeln.

Nach einer sehr lebhaften Diskussion einigten wir uns auf drei hauptsächliche Megatrends, die wir für das aktuelle Wirken Gottes weltweit als kritisch beurteilten. Wenn wir uns daran beteiligen wollten, was der Vater tat, dann mussten wir sehr genau auf folgende drei Bereiche achten:

1. Gott wirkt hauptsächlich in der „Mehrheitswelt“ oder „Nichtwestlichen Welt“. Darunter fielen die Länder in Süd- und Ostasien sowie der Nahe Osten, Afrika und Lateinamerika.

2. Gott wirkt durch viele verschiedene Organisationen, und die Zukunft missionarischer Tätigkeit wird die Arbeit in Netzwerken erfordern, um eine maximale Wirksamkeit und Effektivität zu erreichen.

3. Wir dürfen die Rolle der modernen Medien bei zu-

künftigen missionarischen Projekten nicht unterschätzen. Gott wird viele verschiedene Mittel gebrauchen, um das Evangelium zu unterschiedlichen Volksgruppen zu tragen.

Als wir dann anfingen zu forschen, was dies alles für Globe Mission und andere deutsche Missionsgesellschaften bedeuten könnte, dachte ich auch darüber nach, was es für unseren persönlichen zukünftigen Dienst bedeuten könnte. Besonders interessierte mich die Tatsache, dass Gott in der „Mehrheitswelt" wirkte. Janet und ich waren in vielen dieser Länder einem explosiven Wachstum und geistlichen Hunger begegnet, sogar an Orten, die man nicht als ein reifes Erntefeld betrachten würde. Doch besonders bestimmte Länder schienen, bereit und fähig zu sein, Missionare auszusenden. Christen in Südafrika, Brasilien, Peru, Kolumbien und Guatemala brannten darauf, Missionare in andere Kulturen zu allen möglichen Volksgruppen auf dem gesamten Globus auszusenden. Wenn sich durch ein mächtiges Wirken Gottes in diesen Ländern eine solche Begeisterung ausbreitet, dann gibt es immer zu wenige Missionsgesellschaften, die helfen können, Langzeitmissionare auszubilden, zu fördern, auszusenden und sich um sie zu kümmern. Die Ausfallquote unter Missionaren aus lateinamerikanischen Ländern ist dabei außergewöhnlich hoch. Die Ursache dafür liegt teilweise in dem Mangel an Beständigkeit und Ermutigung, die eine fachlich spezialisierte Agentur bieten kann, an einem Überschwang an Eifer, der nicht durch ausreichende Schulung ausbalanciert wird, um einen langzeitlichen Dienst zu gewährleisten, und an unzureichender Finanzierung.

All das sind Punkte, denen abgeholfen werden könnte, indem man mehr im Land ansässige Missionsgesellschaften etablieren würde.

Das Modell einer eigenständigen Missionsgesellschaft, das durch das Globe-Netzwerk ermutigt und gefördert wird, ist ein geeignetes Modell, das leicht in unterschiedlichen Ländern angepasst werden kann. Die Lehreinheiten wurden schon in verschiedenen nichtwestlichen Ländern sehr erfolgreich getestet. Als Folge davon könnte das Globe-Netzwerk bei der Ausbildung und Entwicklung nationaler Agenturen behilflich sein. Es ist auch die Art von Unterstützung, die Janet und ich in der Lage wären zu geben. Die Investition in zukünftige missionarische Tätigkeiten aus Ländern heraus, die zuvor Zielländer missionarischer Aktionen gewesen sind, ist eine enorme Herausforderung. Doch ist es auch genau das, was die Gemeinden in der Mehrheitswelt heute brauchen.

Nachwort

Während ich diese Zeilen niederschreibe, bin ich dabei, ein Team zu coachen, das eine Globe-Mission-Agentur in Mexiko aufbauen möchte. Die Reaktionen, die ich auf meine kurzen Besuche in Südmexiko erhalten habe, sind sehr beeindruckend. Die Pastoren der Gemeinden in dem Bundesstaat Chiapas sind eifrig darum bemüht, eine mexikanische Missionsgesellschaft zu gründen, um die wachsende Zahl von Missionskandidaten bewältigen zu können. Eine junge Agentur in Guatemala, die mich 2014 als Gastredner zu ihrer Missionskonferenz eingeladen hatte, bittet weiter um Hilfe bei ihren Schulungsprogrammen für zukünftige Missionare und Jugendmitarbeiter. Es gibt einen zunehmenden Bedarf für die Weitergabe von Ideen und Schulungsmethoden und auch für verwaltungstechnische Kenntnisse an eine ganze, neue Generation hochmotivierter Missionare aus den Ländern der „Mehrheitswelt". Ich glaube nicht, dass es uns an Gelegenheiten zum Dienen mangeln wird. Viele der Coaching- und Ratgebertätigkeiten können heutzutage mithilfe moderner Technologie sehr kostengünstig durchgeführt werden. Früher waren Videokonferenzen eine sehr komplizierte und teure Kommunikationsmethode, aber heute ist es eine der billigsten Weisen, einen Austausch zwischen Menschen zu ermöglichen, die sich an verschiedenen geografischen Orten oder sogar auf unterschiedlichen Kontinenten befinden. Durch die Fortschritte in der Technologie kostet die Arbeit in Netzwerken und das Coaching nur noch wenig und kann von überall dort durchgeführt werden, wo es eine gute Internetverbindung gibt. Vieles machen wir ganz einfach von zu Hause aus.

Wie haben wir uns wieder in das Leben in den USA eingewöhnt? Die Rückkehr in eine Kultur, mit der man vertraut sein sollte, wo die Sprache gesprochen wird, mit der man aufgewachsen ist, und wo man seine Familie in der Nähe hat, sollte normalerweise die Wiederanpassung erleichtern. Und so ist es auch bei uns. Manche Dinge haben sich im Laufe der Jahre verändert, und da müssen wir uns umstellen, aber das ist normal, weil es Fortschritt bedeutet. Bisweilen kämpfen wir ein wenig mit der „deutschen" Seite unserer persönlichen Kultur und müssen es ganz neu lernen, „amerikanisch" zu handeln und uns dementsprechend anzupassen. Es kann schon lustig sein, wenn einem ein Wort oder ein Lied nur noch auf Deutsch einfällt, und man sich nicht daran erinnern kann, wie es auf Englisch heißt. Doch all das sind geringfügige Anpassungsschwierigkeiten, und wir bewältigen sie, so gut wir können. Wir genießen unser Haus, unsere neuen Bekannten und Freunde, und ganz besonders freuen wir uns darüber, dass wir jetzt in der Nähe unserer Enkelkinder sind und miterleben, wie sie heranwachsen. Wir empfinden eine große Dankbarkeit für ein Leben voller kostbarer Erlebnisse, bei denen wir die Liebe Gottes empfangen und weitergeben durften. Der Vater hat uns mit all diesen unterschiedlichen Erfahrungen wahrlich gesegnet, die wir gemeinsam mit so unterschiedlichen Menschen aus einer Vielzahl unterschiedlicher Kulturen gemacht haben. Unser Leben ist in einer Weise bereichert worden, die alles übersteigt, was wir uns je erhofft hatten. Und wir nutzen freudig jede Gelegenheit, alles, was wir gesehen und gehört haben, an andere weiterzugeben. Wir bleiben also weiterhin aktiv engagiert, andere für die Mission zu mobilisieren, sie zu lehren, zu coachen und Leitern als Mentor zur Seite zu stehen.

Mehrere Leute haben mich gefragt, was ich am meisten vermisse, seit wir Europa verlassen haben. Sicher, ich vermisse den englischen Tee, den deutschen Kaffee und die Schweizer Schokolade. Ich vermisse die atemberaubende Schönheit der nordenglischen „Dales“, des schottischen Hochlands und der Berner Alpen. Ich vermisse Dresden, Prag und das Durchstreifen der ländlichen Dörfer in Holland und Deutschland. Ich vermisse die geschichtsträchtigen alten Ruinen. Ich vermisse die große Vielfalt sprachlicher Akzente in den einzelnen Ländern und ebenso die Besuche in den berühmten Museen der Hauptstädte Europas.

Doch am meisten vermisse ich unsere Freunde. Ich vermisse die gemeinsamen Gebetszeiten. Und ich vermisse unsere Teamarbeit, die gutgemeinten Neckereien, die Debatten und die engagierten Diskussionen. Und ich bin auch irgendwie froh darüber, dass ich sie vermisse, denn daran merke ich, dass sie uns wirklich sehr viel wichtiger sind als unser Dienst oder unsere Besitztümer oder irgendetwas anderes in dieser Welt. Man stelle sich einmal vor, was es bedeutet, wenn Jesus uns als seine Freunde bezeichnet. Der Weg, auf dem wir beständig mit ihm gemeinsam unterwegs sind, wird durch einige unserer beliebtesten Bibelverse wohl am besten beschrieben:

> *„Denn wir sind sein Gebilde, in Christus Jesus geschaffen zu guten Werken, die Gott vorher bereitet hat, damit wir in ihnen wandeln sollen.“ (Eph 2,10)*

„...um ihn und die Kraft seiner Auferstehung und die Gemeinschaft seiner Leiden zu erkennen, indem ich seinem Tod gleich werde, ob ich irgendwie hingelangen möge zur Auferstehung aus den Toten.“ (Phil 3,10-11)

Printed in Poland
by Amazon Fulfillment
Poland Sp. z o.o., Wrocław

53231781R00161